2016北京文博会

时尚控股
BEIJING FASHION

华鼎集团
HINA TING GROUP

ABOUTUS 公司简介

华鼎集团（控股）有限责任公司是一家实力雄厚，以服装制造为主体，集纺织、印染、家纺、毛纺、品牌零售、房地产开发和进出口贸易为一体的综合性大型企业集团，共拥有工商企业38家。

2003年以来在杭州余杭国家级开发区先后投资10多亿元兴建了集团工业生产基地——华鼎工业园。一期、二期园区占地1000余亩，建筑面积达40万平方米，共有二十多家集团下属全资生产企业入驻，形成了以服装生产为主体，纺纱、织造、针织、家纺、毛纺、印染、仓储物流相配套的生产经营格局，实现了资本、人才、技术和信息资源的共享，产生了规模化的生产效应。仅服装一项年生产能力即达2000万套件，年销售额达25亿元，其中出口销售1.6亿美元。产品以中高档的丝绸服装为主，同时生产棉、麻、毛、化纤等面料的服装，主要出口美国、欧洲及北美市场。良好的信誉和可靠的品质保证使集团公司与国际几十家大百货公司和品牌时装公司建立了长期稳定的合作伙伴关系。

为适应全球经济一体化的趋势，与国际现代科学技术接轨，集团公司先后引进意大利、日本、瑞士、德国等先进技术装备，对原有的技术工艺进行改造，大力开发新产品，使企业的市场竞争力不断增强。产值和利润双双进入全国行业百强，丝绸服装生产和出口居全国之首。

集团公司在做大做好外销服装的基础上，还大力发展国内服装品牌的市场开拓，与国际著名品牌公司合作。成功推出了FINITY、ELANIE、RIVER STONE等国际品牌，形成了遍布全国的越650家专卖店，年销售额达8亿多人民币。家纺毛纺产品也已进入国际市场，为华鼎集团的进一步发展打下了坚实的基础。

目前，华鼎集团以产业链完整、规模化效应及拥有充足土地储备等资源优势广受行业关注，行业管理水平也得到业界一致首肯，期望与各界携手合作，共创美好未来。

沭阳智能针织产业园

沭阳智能针织产业园是由沭阳经开区与亚洲最大袜业经销商--上海中昊针织有限公司共同投资建设，按照“未来针织靠智能、智能针织看沭阳”的发展定位，全力打造全国首个智能针织产业园区，园区位于新205国道东侧，规划面积1030亩，主要以智能针织品为主，向上下游延伸到锦纶、包覆纱、面料、袜子、无缝内衣等针织品，建成后将完成孵化区、成长区、样板区、配套区建设，计划建设金融投资平台、网络信息平台、营销策划平台、大学生创业平台、电商平台、贸易平台、研发平台等，实现企业集聚、产业集群、品牌服务、物业管理等园区生产要素优化配置。目前，项目一期厂房、食堂、职工宿舍楼、综合楼服务楼等12.3万平方米已全部完工,共投入2.4亿元，现已签约入驻企业6家。另外，二期10万平方米厂房也正在紧张建设中，预计8月底可交付使用。

产业园将围绕“设计智能、制造智能、管理智能、产品智能、物流智能”的“五个智能”做文章，着力将沭阳打造成现代针织制造业高地、品牌集聚高地、创意设计策源地、针织商品国内外市场的集散地，把沭阳打造成为名副其实的“中国针织名城”。

沭阳经济技术开发区基本情况简介

沭阳经济技术开发区

SHUYANGJINGJIJISHUKAIFAQU

沭阳经济技术开发区始建于2001年8月，2006年被省政府批准为省级经济开发区，2013年11月被国务院批准升级为国家级经济技术开发区，成为苏北县份中唯一一家国家级开发区。开发区规划总面积65平方公里，目前建成区面积达42平方公里，供水、排水、污水、供电、热力、通讯、亮化、天然气、有线电视、绿化、学校、医院、车站、市场、邻里中心、蓝领公寓等设施配套完善，已建成道路158公里、供水管网130公里、排水管网260公里、污水管网140公里、供热管网35公里、天然气管网210公里、绿化面积420万平方米、热电厂1座、污水处理厂4座、自来水厂1座、3.5—22万伏变电站5座，标准化厂房45万平方米，蓝领公寓和邻里中心30万平方米，建成了大型医院2所、车站2个、星级酒店3个、物流园3个、小区15个、学校5所、文化中心1个、市场群4个、公园2个、开发区劳动力市场1个。构建了开发区加快发展的新平台，载体功能显著增强。

近年来，沭阳开发区按照“园区产业化、产业集群化”的思路，加快特色产业园区规划建设，重点围绕“3+2”产业体系，高起点、高标准规划了纺织服装、装备制造、电子信息和生物医药、新能源新材料产业园，促进了产业集聚集群发展，提升了开发区核心竞争力。截止目前，区内拥有各类企业785个，其中规模以上企业218家，画材、丝袜、包覆纱、针织毛衣、手机扬声器、单缸机活塞、电动车蓄电池等近20个产品单体生产规模位于全国前列。在省商务厅刚刚公布的全省开发区建设水平综合排名中，沭阳经开区位列全省省级以上开发区第27位（全省110家）、国家级开发区第21位（全省27家），综合实力和位次达到了历史最好水平。跻身“中国最具投资潜力开发区百强榜”，荣获“中国纺织产业转移试点园区”、“中国包覆纱产业生产基地”、“国家墙布及窗帘产品开发基地”、“全国纺织产业结构调整突出贡献奖”、“中国智能针织产业创新奖”，还先后获批了新能源、纺织纤维新材料、装备制造、绿色食品和软件五大省级特色产业园区，省两化融合示范园区、知识产权试点园区、循环化改造试点示范园区等称号，省级生态示范园区通过了专家技术评估。

CNTAC

2016/2017 中国纺织工业发展报告

2016/2017 CHINA TEXTILE INDUSTRY DEVELOPMENT REPORT

中国纺织工业联合会　　编著

中国纺织出版社

图书在版编目（CIP）数据

2016/2017中国纺织工业发展报告／中国纺织工业联合会编著. -- 北京：中国纺织出版社，2017.6
ISBN 978-7-5180-3616-5

Ⅰ. ①2… Ⅱ. ①中… Ⅲ. ①纺织工业－工业发展－研究报告－中国－2016－2017 Ⅳ. ①F426.81

中国版本图书馆CIP数据核字（2017）第112249号

策划编辑：王军锋　　责任印制：何建

中国纺织出版社出版发行
地址：北京市朝阳区百子湾东里A407号楼　邮政编码：100124
销售电话：010－67004422　传真：010－87155801
http://www.c-textilep. com
E-mail: faxing@c-textilep. com
官方微博http://weibo.com/2119887771
中国纺织出版社天猫旗舰店
廊坊飞腾彩印有限公司印刷　各地新华书店经销
2017年6月第1版第1次印刷
开本：889×1194　1／16　印张：19.5
字数：310千字　定价：380.00元
京朝工商　广字第8172号

《2016/2017中国纺织工业发展报告》

CNTAC

内容提要

《中国纺织工业发展报告》是我国唯一一部集中反映纺织工业及其子行业年度发展与趋势的研究报告，即“中国纺织白皮书”。该书2016／2017年版主要包括：中国纺织工业现状与趋势综合分析；中国纺织12个行业（包括化学纤维、棉纺织、毛纺织、丝绸、麻纺织、长丝织造、印染、针织、服装、家用纺织品、产业用纺织品、纺织机械）年度状况分析与展望；科技创新；三品战略；行业研究；原料供求及年度国内外统计资料等栏目和内容。《中国纺织工业发展报告》主要面向国内外纺织及相关企业，国内外金融与投资、贸易与咨询、科研与教育机构，以及各级政府综合管理部门和行业社团组织。为全面、客观了解中国纺织工业发展状况与趋势，提供权威性指南，为相关企业、部门机构科学决策和国家宏观经济管理提供可靠依据，极具研究和收藏价值。

Abstract:

China Textile Industry Development Report, the white paper for China textile industry, is the only report that reflects the annual development trend of China textile industry and individual sectors within the industry. The main contents of the 2016/2017 edition include the followings:

- The performance analysis of China textile industry in 2016 and the development trend prospection in 2017
- A review and prospection of the 12 sectors of China textile industry including: chemical fiber, cotton textile, wool textile, silk, bast fiber textile, filament weaving , printing and dyeing, knitting, apparel, home textile, industrial textile and textile machinery
- Technology Innovation
- Strategy of Quality, Brand and Variety
- Industrial Research
- Raw Material Supply
- Statistics

The target readers of the report are mainly overseas and domestic textile enterprises, departments of finance, investment, textile trade, scientific research and education, within the government, textile industrial associations and organizations. The report provides an authoritative guide for all textile organizations related and it is highly collectable.

目　录 Contents

行业运行　Industries

科技创新　Technology Innovation

CNTAC

三品战略 Strategy of Quality, Brand and Variety

行业研究 Industrial Research

CNTAC

原料供求 Raw Material Demand and Supply

统计资料 Statistics

国内统计 Domestic

国际统计 Overseas

CNTAC

行业运行

纺织工业

中国纺织工业联合会产业部

2016年纺织工业经济运行情况

2016年，国际形势复杂多变，国内改革任务繁重，纺织行业积极推进供给侧结构性改革，落实“三品”战略，努力适应国际国内市场变化，行业运行态势基本平稳，行业发展质量稳步提高，转型升级显现成效。但是，逆全球化风潮渐起、国际需求不足、国内消费升级、综合成本上升等外部挑战仍然存在，行业规模增长指标趋于放缓。2016年，纺织行业经济运行特点具体表现为：

一、生产增速逐渐放缓，原料端减速更为显著

2016年，纺织行业生产增速呈现逐渐趋缓态势。根据国家统计局数据，全国38480户规模以上企业工业增加值同比增长4.9%，低于上年同期增速1.4个百分点，分别低于2季度和3季度增速1.6和0.7个百分点。根据支出法计算工业增加值，内销、投资和出口增速较2015年同期均有不同程度放缓，其中内销和投资增速均低于全国工业增速，2016年纺织行业工业增加值增速低于全国工业增加值增速1.1个百分点，见表1。根据收入法计算，劳动者报酬和利润总额增速也较2015年同期有所下降。从产业链看，原料端放缓更为显著。受棉花放储进度不及预期等因素影响，棉花价格大幅上涨，下游需求不旺难以跟涨，棉纺行业利润空间挤压，棉纺织及印染精加工增加值增速较2015年同期降低2.7个百分点；由于化纤产品结构性问题以及原油价格上涨等因素，化学纤维制造业增加值增速较2015年同期降低5.1个百分点。

表1 2016年全国工业及纺织行业工业增加值情况

行业名称	工业增加值增速(%)	较2015年增减(百分点)
全国工业	6	−0.1
纺织行业	4.9	−1.4
纺织业	5.5	−1.5
棉纺织及印染精加工	5.4	−2.7
家用纺织制成品制造	4.3	2.1
非家用纺织制成品制造	9.1	−3.3
纺织服装、服饰业	3.8	−0.6
化学纤维制造业	6.1	−5.1

资料来源：国家统计局

根据国家统计局数据，纺织行业主要大类产品中，纱产量增速有所加快，2016年规模以上企业纱产量同比增长5.5%，增速较2015年同期加快0.8个百分点；化纤和布产量增速有所放缓，2016年产量分别增长2.3%和2.7%，增速分别低于2015年同期10.2、0.4个百分点；服装产量同比下降1.6%，低于2015年同期增速3.6个百分点，见表2。

二、投资增速回落较大，新疆增长较为显著

纺织行业固定资产投资增长明显放缓，2016年

表2 纺织行业主要大类产品产量情况

产品名称	单位	产量	同比(%)	产品名称	单位	产量	同比(%)
化学纤维	万吨	4943.7	2.3	苎麻布	亿米	5.5	-1.3
纱	万吨	3732.6	5.5	亚麻布	亿米	2.8	-6.4
布	亿米	714.5	2.7	蚕丝	万吨	15.8	0.5
印染布	亿米	533.7	3.3	非织造	万吨	578.4	6.8
毛机织物	亿米	5.9	-7.2	服装	亿件	314.5	-1.6

资料来源：国家统计局

表3 2016年纺织行业及主要子行业投资增长情况

行业名称	同比增长(%)	拉动行业投资增长(百分点)	贡献率(%)
纺织行业	7.8	7.8	100
纺织业	10.7	5.4	69.3
棉纺织及印染精加工	18.2	4.5	57.7
棉纺纱加工	19.2	3.1	40.5
棉织造加工	21.1	1.1	14.5
棉印染加工	7.2	0.2	2.7
家用纺织制成品制造	-5.2	-0.3	-4.4
非家用纺织制成品制造	4.5	0.3	3.2
纺织服装、服饰业	5.6	2.1	27.3
化学纤维制造业	0.3	0	0.4
纺织专用设备制造业	10.5	0.2	3.1

资料来源：国家统计局

全行业500万元以上项目投资完成额为12838.7亿元，同比增长7.8%，增速较上年同期降低7.2个百分点，见表3。其中，新疆产业政策效应显现，棉纺纱和棉织造行业投资贡献率最大，拉动投资增长4.2个百分点；由于环保压力加大，印染项目环评备案困难，棉印染及化纤织物印染行业投资仅拉动投资增长0.1个百分点；终端行业贴近市场，精益发展的特征更为显著，服装、家纺、产业用行业利润增长尚好，但合计仅拉动行业投资增长2.1个百分点。

地区投资结构继续调整。2016年，中西部地区投资额占全国40.8%，所占比重较2015年提高0.9个百分点。中部6省中，江西、河南承接转移后续发展较好，投资增长较快，合计对行业增长贡献率为25.8%；西部12省中，新疆在产业政策利好带动下，投资同比增长50%，对行业增长贡献率为17.3%；东部10省投资比重仍保持在57.3%，山东、广东、河北投资增长较快，合计对行业投资增长贡献率为44.7%，见图1。

图1 2016年纺织行业分省市投资增长贡献率情况

单位:%

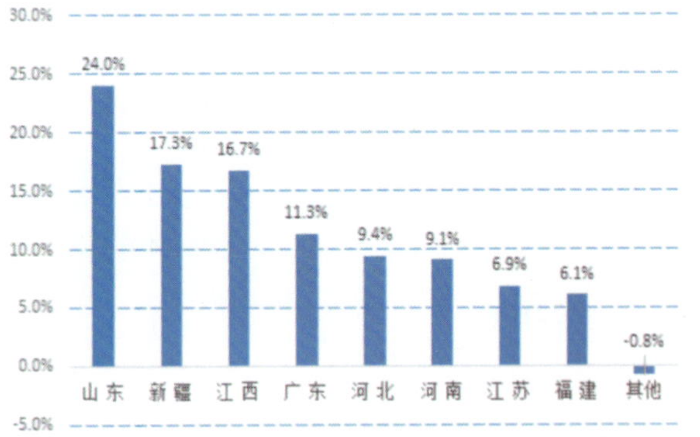

资料来源：国家统计局

三、出口规模持续萎缩，价格下降更为明显

2016年，纺织行业出口压力继续加深。根据中国海关数据，行业累计出口纺织品服装2701.2亿美元，同比下降7.2%，降幅较2015年加深2.4个百分点，见图2。其中，出口纺织品1106.7亿美元，同比下降4%，出口服装1594.5亿美元，同比下降9.4%。若以人民币计价，我国纺织品服装出口同比下降1.7%。在主要出口市场中，对美国出口增速降幅较大，2016年出口美国纺织品服装金额增速较2015年下降10.6个百分点，其中出口数量同比减少0.5%；对欧盟、非洲、东盟出口金额分别减少41.4亿美元、31.6亿美元和30.5亿美元。纺织行业参与国际市场竞争的压力仍然突出，2016年我国出口的纺织品服装在美国、欧盟和日本市场所占比重分别下滑1.8、2.1和2.6个百分点。

图2 中国纺织品服装主要出口市场出口额

单位：亿美元

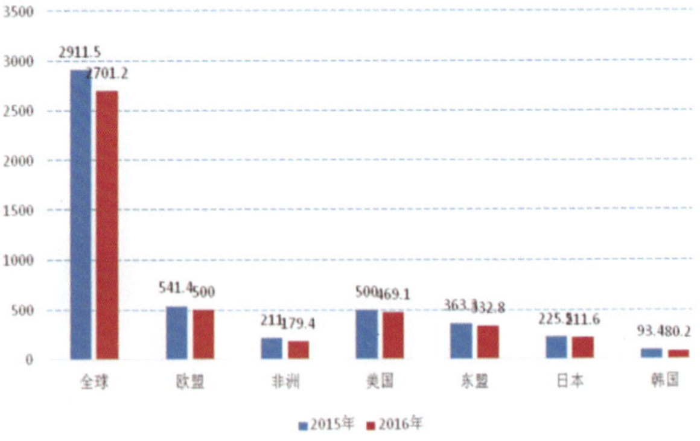

资料来源：中国海关

分产品来看，纺织品价跌量增，出口价格同比降低9.4%，出口数量同比增长4.5%；服装量价齐跌，出口价格和数量同比分别减少6.5%和3%，其中，针织服装同比下降12%，化纤制服装同比下降12.1%，降幅在同类中最大，见表4。

四、内销增速缓中趋稳，消费升级特征显著

与投资和出口相比，纺织行业内销增长相对稳定，对行业平稳运行发挥重要的支撑作用。根据国

表4 2016年我国纺织品服装分产品出口情况

主要出口产品	出口额(亿美元)	同比(%)	增速比2015年增减(百分点)
纺织品服装	2701.2	−7.2	−2.4
纺织品	1106.7	−4	−1.7
棉制纺织品	243.9	−4.6	1.7
化纤制纺织品	623.2	−2.5	−1
服装	1269.1	−10.2	−3.3
棉制服装	528.9	−7.7	1.4
化纤制服装	578.8	−12.1	−7.1
针织服装	626.4	−12	−2.1
机织服装	642.7	−8.3	−4.6

资料来源：中国海关

家统计局数据，2016年全国限额以上服装鞋帽针纺织品零售额达到14433亿元，占限额以上单位商品零售额的10%。但是受宏观经济放缓、内需升级等因素影响，我国纺织服装商品限上零售额同比仅增长7%，较上年同期放缓2.8个百分点。网上零售交易额实现较快增长，但增速也有所放缓，2016年全国网上穿着类商品零售额同比增长18.1%，较2015年下降3.3个百分点，见图3。

图3 2015～2016年纺织行业内销情况

单位：%

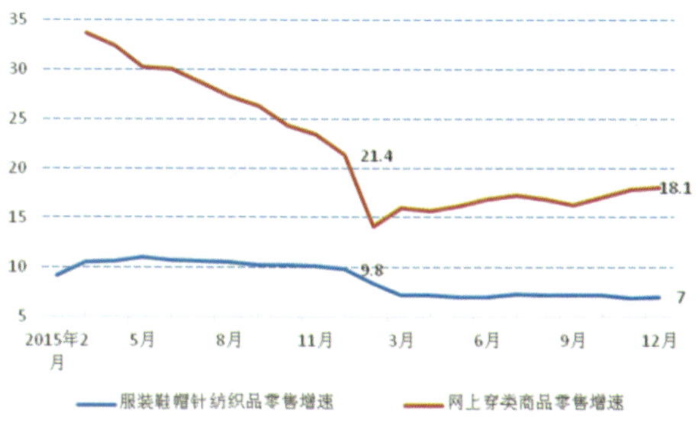

资料来源：国家统计局

纺织服装商品价格增幅放缓。2016年，服装鞋帽类商品零售价格同比增长1.3%，纺织品类商品零售价格同比增长0.5%，较2015年增幅略有下降（图4），而金银珠宝类、中西药品保健类、燃料类、建筑材料及五金电料类商品零售价格增幅较2015年不同程度提高，从侧面反映出居民消费结构正在升级，娱乐型、享受型消费需求增长较为显著，纺织品服装类商品需求增长速度有所放缓。

图4 纺织服装等产品商品零售价格指数

（上年同期=100）

单位：%

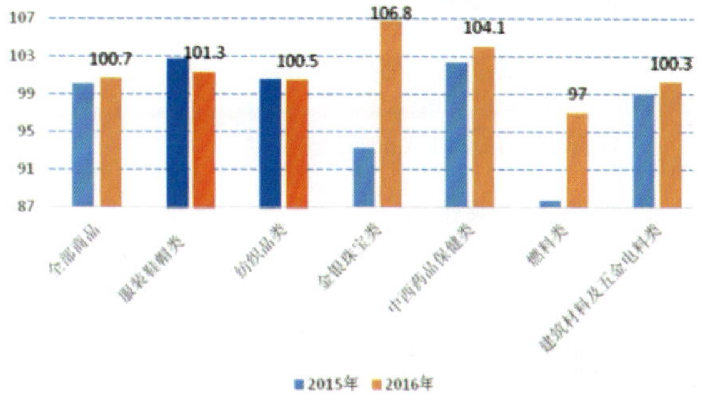

资料来源：国家统计局

五、转型升级显现成效，运行质量有所提升

纺织企业效益增长情况相对平稳。2016年，规模以上纺织企业实现主营业务收入73302.3亿元，同比增长4.1%，由于市场需求及价格增长缺乏支撑，增速较2015年同期放缓0.9个百分点。其中，纺织业和服装贡献率较高，分别为54%和36.3%。

2016年，纺织行业实现利润总额4003.6亿元，同比增长4.5%，增速较2015年同期放缓0.9个百分点（见图5）。其中，化纤、家纺和纺机行业利润同比分别增长19.9%、5.5%和8.7%，分别较2015年提高4.7、1.7和7.4个百分点，其余行业利润增速较2015年都有所下降。

图5 2016年纺织行业规模以上企业利润增速

单位：%

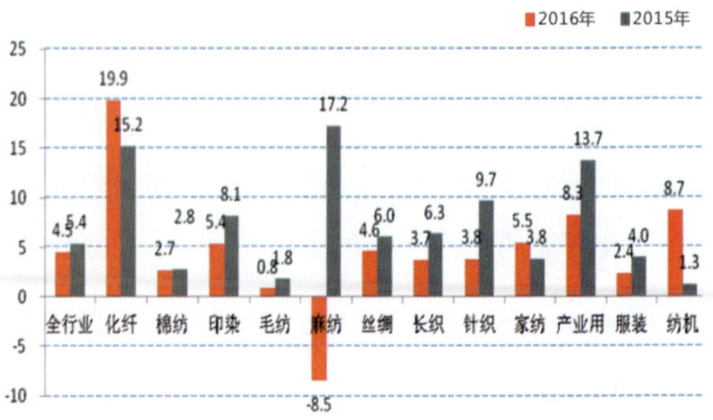

资料来源：国家统计局

运行质量有所提升。2016年，规模以上纺织企业销售利润率为5.5%，较2015年同期略有提升；总资产周转率1.6次/年，基本与2015年同期持平；产成品周转率为21.98次/年，较2015年同期加快4.4%；三费比例为6.1%，较2015年同期下降近0.1个百分点；行业企业结构积极调整，虽然亏损企业数同比增加6.7%，但亏损企业亏损额同比下降

表5 2016年纺织主要子行业主营业务收入情况

行业	增速(%)	贡献率(%)
纺织行业	4.1	100
纺织业	3.9	54
棉纺织及印染精加工	3.7	32.9
家用纺织制成品制造	3.2	2.9
非家用纺织制成品制造	5.8	5.9
纺织服装、服饰业	4.6	36.3
化学纤维制造业	3.7	9.5
纺织专用设备制造	0.5	0.2

资料来源：国家统计局

6.7%；资产负债率为51.3%，较2015年下降0.8个百分点，反映出行业企业经营风险有所降低。

产业链终端转型升级效果更加显著。2016年，产业用纺织品行业工业增加值、利润总额同比分别增长9.1%和8.3%，销售利润率为6.2%，均显著高于行业平均水平，继续发挥产业链新增长点作用。服装、家纺行业品质提升与品牌建设工作取得成效，2016年销售利润率分别达5.8%和6.2%，好于全行业水平。

2016年纺织行业运行中存在的主要问题

一、棉花供需仍存矛盾

2016年，国家继续实施棉花直补政策，并于5月开始轮出储备棉，对于补充国内棉花供给起到积极作用，但是由于投放量不及预期以及棉花出库效率较低等原因，棉价大幅波动使纺纱企业生产和利润受到影响。储备棉品质较为低下，不仅影响纺纱产品质量，而且也直接增加了纺纱成本，不利于提高高附加值的棉制纺织品的出口竞争力。

二、转型升级存在制约因素

当前，纺织行业正处于转型升级关键时期，加大技术装备投入的需求较为迫切。但2016年以来，行业固定资产投资增速逐步放缓，行业扩大投资、推进升级面临制约因素。

2016年，国家出台了很多减税降费的政策，但是劳动力、能源和融资成本负担并未减轻，融资难、融资贵问题始终未能有效解决，银行惜贷、利息上浮、收取贷款服务费、要求定期转贷等问题仍然存在。2016年纺织行业除贷款利息以外的财务费用同比增加11.8%。

环保监管措施有待完善。有些地方环保部门为完成减排任务，不允许印染项目进行环评，或者设置过于繁琐的环评手续，致使企业无法进行技术、装备升级投资。我国印染废水排放标准对苯胺、锑、可吸附有机卤素等非特征性污染物设置严格的限制标准或要求不得检出，而美、欧、日等发达国家和地区对此均不做强制要求，由于行业中缺少可行的针对性处理技术，纺织企业无从应对。

三、内外需求增长缺乏动力支撑

2016年以来，国际市场需求仍然低迷。欧盟、美国、日本等传统消费市场进口纺织品服装规模均不同程度缩减，2016年美国自世界进口纺织品服装同比减少6.4%，比2015年增速下降了10.6个百分点，从全球进口规模下降到2013年水平；2016年日本从全球进口纺织品服装同比减少11.9%，较2015年增速下降了16.6个百分点，从全球进口规模甚至低于2013年水平；2016年欧盟从全球进口纺织品服装同比减少0.1%，较2015年增速下降了10.1个百分点。

内需市场增速自2016年以来大幅下降，传统渠道下降更为明显。主要是由于宏观经济以及居民收入增长有所放缓，消费情绪偏冷；消费结构升级特点显著，体育娱乐用品类、中西药品类、通讯器材类消费增长较快；新零售模式时代，互联网移动消费挤占传统渠道。

2017年纺织行业发展的环境与趋势

2017年，世界经济增长低迷的态势仍在延续，“逆全球化”思潮和贸易保护主义倾向抬头，国内宏观经济增速或将放缓，消费升级既赋予机遇也带来挑战，纺织行业面临的发展环境依旧复杂严峻，行业实现平稳运行的压力依然存在。

一、出口市场不确定性较大

多家权威机构预测2017年世界经济增速将有所

提高，国际货币基金组织和世界银行分别预测2017年世界经济将增长3.4%和2.7%，分别高于2016年增速0.3和0.4个百分点，对于国际市场需求增长起到支撑作用，见图6。但是美国总统新政、欧洲各国大选、美联储加息等政策和事件加大了全球贸易的不确定性，尤其是美国计划提高进口关税等措施一旦实施将对行业出口产生较大影响。

图6 权威机构经济发展增速预测

单位：%

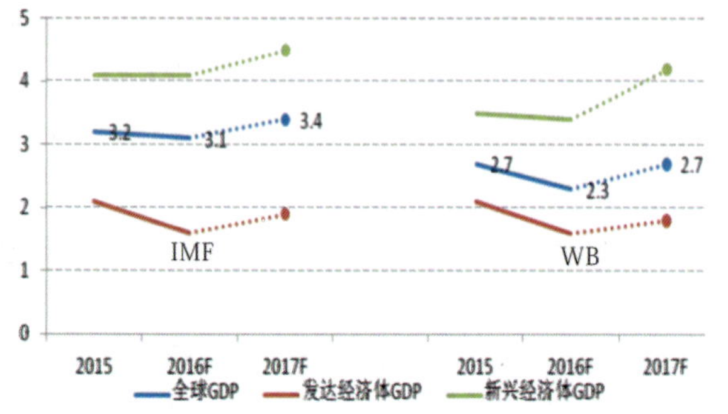

资料来源：国际货币基金组织、世界银行

从主要出口市场来看，美国经济将在加大基建投资、降税等新政刺激下加快增长，居民收入增长和消费信心情况较好，库存压力会进一步减轻，能为行业出口增长提供积极支撑；欧元区经济继续温和复苏，纺织品服装盟内贸易较为稳定，但是自欧盟外进口需求回升空间不大；日本经济增长依然乏力，居民消费及投资意愿不强，进口需求无明显恢复动力；由于外需拉动力量有限，东盟进口纺织品需求增长也极为有限。

由于2016年基数较低，2017年行业出口增速将在积极因素支撑下有所提高，但是不确定因素也较多，出口增速明显提高的压力较大。

二、内销面临消费升级挑战

2017年，国内将继续深化供给侧结构性改革，稳增长是经济工作的大局。经济合作组织（OECD）和我国2016年《政府工作报告》中同时预测2017年中国经济将实现6.5%的增长，居民收入也将稳步增长，宏观经济将实现充分就业下有质量的增长，这些都将为国内消费提供积极支撑，为纺织服装商品需求创造稳定增长的前提。

然而，内需消费升级的特点更加显著。从消费结构看，消费者更加青睐休闲娱乐消费，在身体保健，电子产品以及个性化服务方面的花费更多，相对在衣服和配饰方面的开支越来越少；从产品看，消费者更加看重商品性价比，会考量价格和品质是否能令人满意，更加关注产品本身而非品牌；从消费观念看，消费者更加注重消费体验，关注随产品衍生的价值、服务和理念；从消费方式看，数字化改变了消费者的消费习惯，通过手机、移动网络等终端购物越来越多，线上渠道对实体渠道的替代作用越来越强。

在宏观经济稳增长的支撑下，行业内销有望保持平稳增长。如果行业从生产到零售环节可以积极适应消费升级的特点，则限上单位零售可保持当前增速，网上穿类商品将会保持2位数较快增长。

三、保持平稳运行的压力较大

2017年，除了出口市场不确定性加大、内需升级带来新的挑战以外，纺织行业还面临一系列现实压力。一是棉花原料供给仍然不能满足需求。棉花抛储期间，棉价会因抛储量及预期量不同而波动，下游纱线和坯布价格涨幅若不及棉花，将会对棉纺行业乃至纺织行业开工及效益产生影响；高等级棉花严重短缺将会直接增加纺纱企业的成本，带来较大生存压力。二是综合成本依然较高。虽然国家减税降费政策频繁出台，但是行业企业中劳动力、能源和融资成本较高的问题仍未解决，直接影响企业盈利及转型升级资金投入状况。三是环保监管措施直接影响印染行业技术改造速度，产业链中间环节的投资增长及产品附加值提高速度将直接影响整个行业。此外，国内纺织企业正在加快国际产能布局，也会对纺织行业运行指标的国内统计结果产生影响。

面对各种不确定因素，纺织行业将坚持深入推进供给侧结构性改革，化解外部风险和矛盾，提升行业运行质量和效益，增加有效供给，为国家“稳中求进”的宏观经济目标做出积极贡献。

2017年纺织行业主要发展任务

2017年，纺织行业将在稳中求进的工作总基调下，以五大发展理念为指引，以提高发展质量和效益为中心，以推进供给侧结构性改革为主线，落实《纺织工业“十三五”规划》，提高纤维材料和纺织服装产品的供给质量和效率。

一、科技进步引领创新发展

科技是引领行业未来发展的第一动力，是行业转型升级必须打造的战略制高点。行业将加快实施《纺织工业“十三五”科技进步纲要》，加强新型纤维材料设计与制备、绿色纺织染加工、智能制造与两化深度融合等重点领域基础理论与前沿技术研究；大力推进高性能、功能性、多元化、生态纤维材料，高效、低碳、安全、环保绿色制造技术，高性能产业用纺织品加工技术，智能化纺织装备、生产及管理等重大关键共性技术研发；加快国家级工程研究中心、重点实验室、企业技术中心等主体及各种创新联盟建设，优化完善协同创新体系；强化强制性标准，制定通用性终端消费品标准，加强国际标准化工作，加强标准支撑体系建设。

二、智能制造实现精益发展

智能制造是中国制造业转型升级的重点方向，纺织行业将与数字化、大数据、控制系统、传感系统、物联网深度融合，形成较为成熟的智能制造体系。推广纺纱、印染、化纤和服装智能制造应用技术；加强自动化、数字化、智能化纺织装备开发，推进智慧决策、自动执行系统的开发和应用，推进智能化生产线的研发；推进智能工厂建设，推动信息化技术在纺织生产、研发、管理、仓储、物流等各环节广泛运用；培育发展大规模个性化定制，实现远程测量、消费者与生产端直接交互的产业链协同供应平台。

三、“三品”战略实现优质发展

“三品”战略是积极适应内需消费升级和巩固国际竞争优势的有效途径。品种、品质和品牌分别是供给侧改革的基石、支柱和利刃，纺织行业将优化产品供给结构，充分挖掘消费热点和需求盲点，扩大中高端纺织服装产品供给；开发适应养老、运动休闲需求的功能性纺织品；加快开发推广医疗、环保、应急防护等产业用纺织品。提升质量保障能力，树立质量为先的经营理念，加强从原料采购到生产销售全流程质量管控，推进质量追溯体系和测量管理体系建设，提高企业质量保证能力和产品消费安全；提高第三方检测实验室的技术水平，广泛普及ISO9001质量管理体系认证及其他先进质量管理体系和管理经验。大力推进品牌建设，引导企业加强品牌战略管理，明确品牌定位，促进品牌与文化创意产业、高新技术产业融合，提高品牌产品附加值和性价比。

四、绿色循环实现责任发展

绿色循环是实现可持续发展的有效途径。纺织行业将加强纺织绿色制造基础管理，推进纺织行业绿色制造、绿色产品标准体系建设，适时制修订重点产品能耗、水耗及重点行业污染物排放标准，进一步完善纺织清洁生产评价体系；建设废旧纺织品回收和再利用体系。开发推广先进绿色制造技术，推广先进无水少水加工技术和装备，推动水效对标达标，大幅降低单位产品取水量；支持重点用能企业建立能源管控中心，加快变频电动机、节能空调、锦纶熔体直纺、再生丙纶直纺等短流程技术推广应用；推广废水、废气中的热能、水资源、染料、化学品、原材料的回收循环利用技术；加强有毒有害化学品替代技术开发，建立纺织化学品风险管控机制。

五、文化融合实现时尚发展

时尚发展是美化人民生活、提高生活质量的重要方面。研究消费者的审美和潜在需求，将非物质文化遗产等元素融入产品设计中，体现纺织服装产业的文化底蕴和文化自信，做好生产性保护。研究发布从色彩、纤维、面料到终端产品的流行趋势，打造全产业链的“大时尚”，引领新潮流。积极探索将传统纺织与文化创意相结合，拓展开发出文化产品、高端装饰品及艺术品等创新领域，以创意设计、时尚推广、品牌建设为重心系统打造行业竞争新优势。

（撰稿人：孙淮滨　张　倩）

化纤业

中国化学纤维工业协会

2016年全球经济总体保持温和复苏的发展态势。我国经济结构调整加快，国民经济运行保持在合理区间，发展的质量和效益提高，2016年中国GDP增长6.7%，增速比2015年回落0.2个百分点。

2016年化纤行业正逐步适应新常态，并主动接受新常态，响应国家供给侧改革，化纤新产品开发加快，去产能、去库存成效明显。主要体现在一是主要产品新增产能投放放缓，运行质量明显好转，产量中速增长，开工率受季节变动明显，整体开工率比2015年提升；二是受G20峰会影响，部分企业停产检修，供需关系有所改善，产销平衡，库存达到历史低位；三是受国内织造需求增长及化纤产品出口增加带动，化纤产品销售良好，但品种间差异显著；四是受油价温和上涨的带动，大宗商品价格回升，化纤主要品种价格上半年保持微涨，下半年价格上升明显，但仍处于历史低位，化纤主要产品盈利能力均显着增强，企业现金流状况有所好转，加上库存盘盈，企业总体效益相比2015年同期大幅度增长；五是大型龙头企业产业链一体化发展，成本优势明显。但行业结构性、阶段性产能过剩仍然存在，部分品种及企业经营困难，呈现两级分化。

2016年化纤行业工业增加值增速6.1%，增速高

表1 2016年1～11月化纤产量

纤维	2016年1～11月（万吨）	2015年同期（万吨）	同比(%)
化学纤维	4514.99	4348.03	3.84
人造纤维	369.19	344.65	7.12
其中：粘胶短纤	309.15	279.45	10.63
粘胶长丝	15.32	16.74	-8.51
醋酸长丝	32.74	33.29	-1.66
合成纤维	4145.67	4003.15	3.56
其中：涤　纶	3621.25	3518.17	2.93
锦　纶	308.97	275.55	12.13
腈　纶	65.24	65.13	0.16
维　纶	7.82	6.64	17.76
丙　纶	24.64	22.54	9.29
氨　纶	48.27	47.22	2.22

资料来源：国家统计局

于工业及纺织行业增速。实现主营业务收入7662.8亿元，同比增加了3.71%，实现利润总额366.4亿元，同比增长19.9%，销售利润率4.78%，较2015年销售利润率增加了0.65个百分点，亏损面16.27%，比2015年亏损面减少了3.62个百分点。

2016年化纤行业运行情况

一、生产

据国家统计局统计，2016年1～12月化纤累计完成产量4943.7万吨，同比增长2.32%，但根据中国化纤协会抽样调查分析，2016年化纤产量增速为3.98%。其中2016年1～11月化纤完成产量4514.99万吨，涤纶完成产量3621.25万吨，同比增加2.93%，见表1。

2016年化纤行业整体开工率继续提升，见图1。涤纶长丝平均开工率在76%附近，有效开工率在82%，涤纶短纤在70%左右；粘胶长丝和短纤的年均开工率分别为91.3%和90.4%，均高于2015年水平；锦纶的年均开工率为70%，开工率同比2015年提升有限。

氨纶行业平均开工率在86%，呈下降趋势。受少部分氨纶工厂停减产检修及G20峰会的影响，四季度下游备货积极，去库存效果较为明显。

图1 2015～2016年化纤主要子行业开工情况

资料来源：中国化学纤维工业协会

二、价格

2016年特别是下半年国际大宗商品价格有不同程度回升，合成纤维原料和产品价格受此传导，化纤市场主要产品价格成上涨趋势，下半年特别是10月份以后更是上涨迅速，全年上涨幅度在30%～50%之间，见图2～图6。原油从年初的37.07美元/桶升到了年末的53.77美元/桶，升高了45.05%。涤纶POY长丝产品价格升高了44%，短纤全年升高了34%。腈纶由于价格向下游传导乏力，价格基本持平。氨纶受新增产能释放及原料价格下降的影响下，平均价格虽有波动，但全年价格下降了10%左右。

图2 2016年涤纶长丝、涤纶短纤与PTA价格走势图

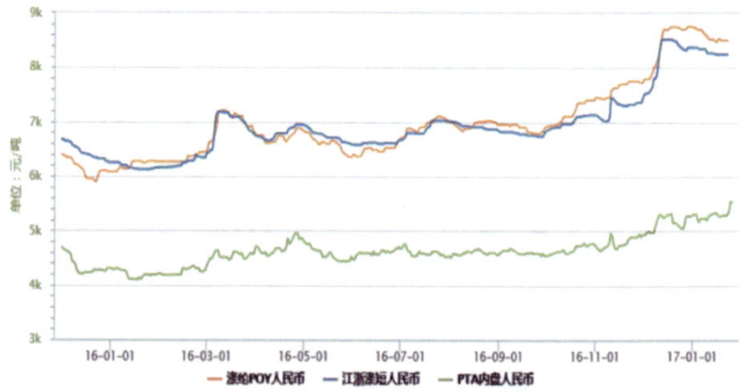

资料来源：中纤网

图3 2016年锦纶与CPL价格走势图

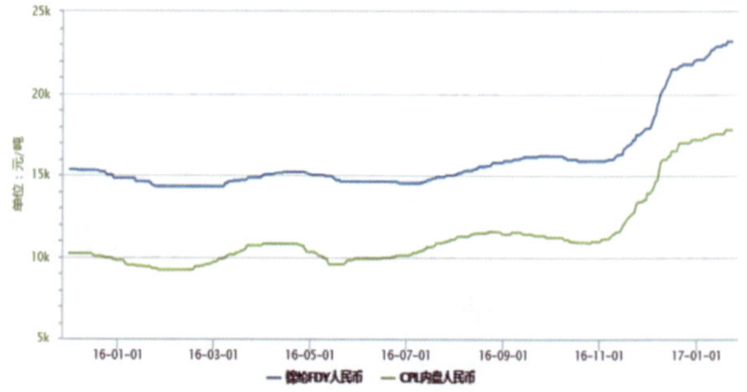

资料来源：中纤网

图4 2016年腈纶与AN价格走势图

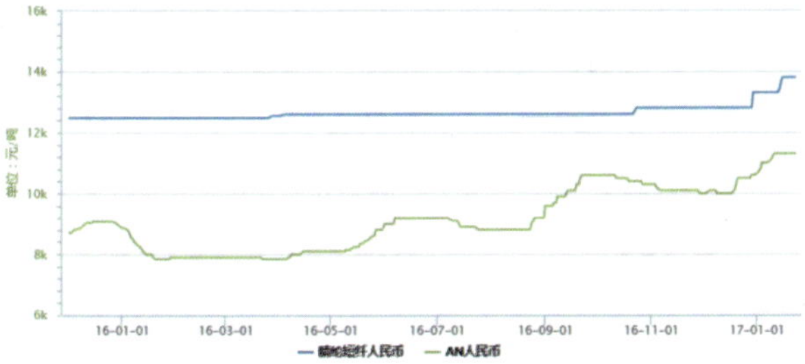

资料来源：中纤网

图5 2016年粘胶长丝、粘胶短纤与棉浆价格走势图

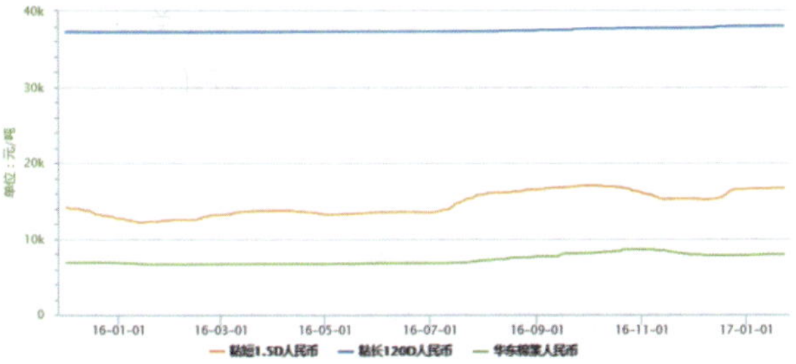

资料来源：中纤网

图6 2016年氨纶与PTMEG价格走势图

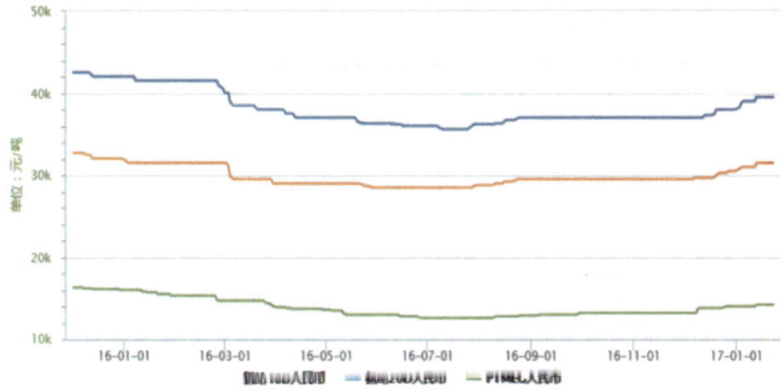

资料来源：中纤网

分析化纤产品价格的上涨的原因：一是成本驱动，2016年原油价格从年初的37.07美元/桶升到了年末的53.77美元/桶，上升了45.05%，见表2；二是在国家去产能政策的推动下，化纤主要产品新增产能投放放缓，供需关系得到改善；三是部分产品受G20峰会影响，政策性停车，2016年9～11月的产量同比均有减少，加快了价格快速升高；四是需求良好，国内及国外需求良好，行业开工率提升的情

表2 2016年化纤主要产品价格变化表

项目	单位	年初	年中高点	年末	年末比年初（%）	年末比高点（%）
原油WTI	美元/桶	37.07	—	53.77	45.05	—
PX韩国	美元/吨	716	817	795	11.03	−2.69
PTA	元/吨	4400	—	5350	21.59	—
涤纶POY	元/吨	6080	—	8755	44.00	—
涤纶短纤（江浙）	元/吨	6250	8525	8375	34.00	−1.76
CPL	元/吨	9800	—	17200	75.51	—
锦纶FDY	元/吨	14800	—	22000	48.65	—
AN	元/吨	8800	—	10800	22.73	—
腈纶短纤	元/吨	12475	—	13300	6.61	—
PTMEG	元/吨	16000	—	14000	−12.50	—
氨纶	元/吨	42000	—	38000	−9.52	—

资料来源：中国化学纤维工业协会

表3 2016年以来锦纶产业链主要产品价格变化表

项目	单位	2016年初	2016年末	同比(%)	2017年2月	2017年2月比2016年初(%)
CPL	元/吨	9800	17200	75.51	18700	90.82
锦纶高速纺切片	元/吨	11100	18750	68.92	20800	87.39
锦纶FDY	元/吨	14800	22000	48.65	24300	64.19

资料来源：中国化学纤维工业协会

况下，库存特别是下半年达到历史低位，也是支持产品价格上涨的原因；五是价值回归，最近几年化纤主要产品的价格处于历史低位，不能反映产品价值，与其他大宗商品价格上升相同，属于报复性反弹，回归产品的本来价值。

合成纤维以石化资源为原料，合成纤维产品在此次价格上涨中，依然低于原油上涨的幅度。以价格上涨较快的锦纶为例，原料CPL在2016年全年上涨了75.51%，在2017年2月中旬涨到了18900元/吨，比2016年初涨幅90.82%；锦纶FDY的原料成本占到了总成本80%以上，从2016年初到2017年2月价格涨幅在64.19%，涨幅明显低于原料价格的涨幅，见表3。

三、库存

2016年化纤产品库存除涤纶产品在9月初G20峰会期间有暂时升高外，总体呈现前高后低趋势，大多在12月末是全年最低点，见表4。全年销售良好，一是主要品种新增产能投产放缓，二是化纤行业下游需求特别是下半年需求转好，三是化纤下游企业“买涨不买跌”的心理也促进了销售。此外，G20期间聚酯企业政策性停产及控制开工率也是聚酯库存减少的原因。

四、进出口

2016年共进口化纤81.06万吨，同比减少3.64%。分品种看，进口量增加的有涤纶长丝和氨纶，涤纶长丝进口量同比增加11.46%，但仅多进口了1.23万吨，氨纶同比增加792吨；粘胶短纤进口量达19.63万吨，同比减少8.58%，仍占总进口量的24.22%，占比最大，和国内莱赛尔纤维研发起步较晚，产量较低有关；其他纤维进口量同比均有下降，说明我国纤维生产技术进一步提高，产品供应逐步满足了国内需求，见表5。

2016年我国共出口化纤392.68万吨，同比增长15.48%，占到产量的7.94%，实现了出口金额2.92%的增加。在出口产品中，涤纶长丝占到了50.34%，涤纶短纤占到了25.98%，合计占到出口量的76.32%，合计出口金额占到了总金额的55.04%；腈纶和粘胶短纤由于基数较小，出口增幅较大，见表6。

在2016纺织行业主要子行业出口双降的情况下，化纤是唯一一个实现出口数量和金额双升并且出口数量增速达两位数的行业，技术进步、产品的品质提升、纺织产业转移、国外需求增加、“盛虹·中国纤维流行趋势发布”及纱线展等因素推动了出口增加。化纤行业应进一步开拓国际市场，但随着出口的增多，行业需要警惕国外贸易壁垒及贸易诉讼问题。

2016年我国化纤主要品种进出口均价中，涤纶长丝的进出口价格同比均有降低，但进出口价差同比增加了131.1美元/吨，分析应该是工业丝增加了0.45万吨有关。进出口价差相差最大的是粘胶长丝，主要是进口的多为高档西服里子面料。国内细旦长丝产品质量还有差距，出口的为常规粘胶长丝。涤纶短纤进出口价格相差最小，同比减少了174美元/吨，说明我国涤纶短纤的技术达到国际先进水平。进出口价

表4 化纤主要产品月末库存天数变化

单位：天

月份	1月	2月	3月	4月	5月	6月	7月	8月	9月	10月	11月	12月
涤纶POY	12	18	16	13	15	14	10	11	12	8	6	5
涤纶FDY	13	17	15	12	13	14	12	12	14	8	7	6
涤纶短纤	20	16	15	11	15	11	11	10	12	7	6	7
锦纶	29	28	25	27	28	31	30	27	26	27	28	22
腈纶	10	12	13	14	16	18	20	21	15	14	11	9
氨纶	55	59	51	47	45	45	43	36	35	37	36	36
粘胶长丝	82	85	82	72	68	63	60	58	56	56	56	53
粘胶短纤	13	10	8	12	12	12	8	6	6	8	11	7

资料来源：中国化学纤维工业协会

表5 2016年化纤产品进口情况

产品名称	进口数量			进口金额		
	2016年（吨）	2015年（吨）	同比（%）	2016年（万美元）	2015年（万美元）	同比（%）
化学纤维	810550.1	841210.0	−3.64	246960.6	269313.2	−8.30
其中：涤纶长丝	119349.3	107075.7	11.46	30315.3	28650.5	5.81
涤纶短纤	123677.4	126824.8	−2.48	16894.9	19002.8	−11.09
锦纶长丝	111919.0	115932.2	−3.46	40870.0	44669.6	−8.51
腈　　纶	138235.4	158464.1	−12.77	30012.6	42547.8	−29.46
粘胶长丝	4983.9	5432.1	−8.25	4270.6	4320.8	−1.16
粘胶短纤	196301.5	214732.4	−8.58	46492.6	46553.7	−0.13
氨　　纶	26432.3	25640.2	3.09	20239.7	21982.5	−7.93

资料来源：中国海关

差除考虑运输、保险成本外，品质差距、原材料成本因素外，随着中国企业管理水平的提升，化纤加工成本相对较低也是造成价差的主要原因。价差的逐步缩小，体现了化纤结构调整和技术进步，见表7。

五、投资

2016年化纤行业实际完成固定资产投资1116亿元，占到当年主营业务收入的14.6%，投资增速

表6 2016年化纤产品出口情况

纤维	出口数量			出口金额		
	2016年（吨）	2015年（吨）	同比（%）	2016年（万美元）	2015年（万美元）	同比（%）
化学纤维	3926798.5	3400330.2	15.48	645472.7	627162.1	2.92
其中：涤纶长丝	1976715.4	1690079.6	16.96	259174.3	254186.3	1.96
涤纶短纤	1020050.8	957909.0	6.49	96080.5	101122.6	−4.99
锦纶长丝	188159.5	163420.0	15.14	56000.7	56448.3	−0.79
腈　纶	30108.0	19514.5	54.29	5212.9	4323.8	20.56
粘胶长丝	74587.2	67912.0	9.83	38861.2	38324.4	1.40
粘胶短纤	314899.1	219967.7	43.16	56584.6	38211.4	48.08
氨　纶	58702.3	52200.1	12.46	30709.3	32491.7	−5.49

资料来源：中国海关

表7 2016年化纤产品进出口价格情况

产品名称	2016年进出口			2015年进出口		
	进口（美元/吨）	出口（美元/吨）	价差（美元/吨）	进口（美元/吨）	出口（美元/吨）	价差（美元/吨）
化学纤维	3046.8	1643.8	1403.1	3434.8	2125.0	1309.8
其中：涤纶长丝	2540.0	1311.1	1228.9	2902.2	1804.4	1097.8
涤纶短纤	1366.0	941.9	424.1	1869.3	1270.7	598.6
锦纶长丝	3651.7	2976.2	675.5	3646.5	4042.0	−395.5
腈　纶	2171.1	1731.4	439.7	2452.6	2710.0	−257.4
粘胶长丝	8568.8	5210.2	3358.6	6770.2	5646.7	1123.5
粘胶短纤	2368.4	1796.9	571.5	2621.9	1731.1	890.8
氨　纶	7657.2	5231.4	2425.8	11021.0	6982.6	4038.4

资料来源：中国海关

0.34%，比2015年投资增速减少了2.53个百分点，见表8，投资增速从2011年以来呈下降趋势，见图7。这反应出化纤行业正逐步适应我国经济发展的新常态，表现在产能新增放缓，实现了行业去产能。其中涤纶行业固定资产投资同比减少了16.02%，氨纶行业固定资产投资同比减少了10.67%，其他合成纤维固定资产投资同比增加28.66%，这些纤维装置投产后，能增加高新技术纤维及生物基纤维的供给，但行业固定资产投资减少，也会影响设备的更新换代及采用智能化装备的历程。

表8 2016年化纤行业实际完成投资情况对比表

行业	2016年实际完成投资额（万元）	同比（%）	2015年实际完成投资额同比（%）	2014年实际完成投资额同比（%）
化学纤维制造业	11160436	0.34	2.87	4.74
纤维素纤维原料及纤维制造	2308139	9.81	0.54	5.64
化纤浆粕制造	455087	52.23	−3.76	−36.20
人造纤维制造	1853052	2.77	1.29	17.83
合成纤维制造	8852297	−1.86	3.43	4.50
锦纶制造	1908328	4.95	12.80	40.64
涤纶制造	2734429	−16.02	2.75	−20.20
腈纶制造	184510	−18.47	83.53	410.36
维纶制造	87698	−73.79	−25.75	146.21
丙纶制造	141998	−41.04	9.53	21.91
氨纶制造	567745	−10.67	30.86	24.70
其他合成纤维制造	3227589	28.66	−5.72	7.18

资料来源：国家统计局

但据了解，2017年、2018年涤纶长丝的新增订单达到了历史高位，粘胶短纤也有大量新增投产项目，控制产能合理释放，仍将是行业需要认真对待的问题。

图7 2008～2016年国内生产总值、化纤固定资产投资及化纤产量增值

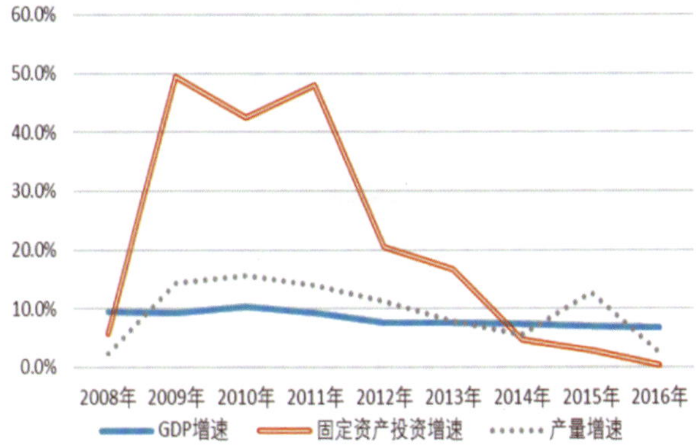

资料来源：国家统计局及化纤协会

六、质效

国家统计局数据显示，见表9，2016年化纤行业实现利润总额366.4亿元，同比增长19.86%，比2015年利润增长率增加了4.63个百分点，是纺织子行业中增长最快的行业。行业亏损面16.27%，同比减少了3.62个百分点，但亏损企业亏损额同比减少23.11%，大型企业集团显示了较强的盈利能力。

在化纤子行业中，涤纶提供48.26%的主营业务收入，实现利润总额152.38亿元，同比增长了34.45%，占化纤行业利润总额的41.59%，但相对产量占比超过80%来讲，单位产品利润率相对较低，仍需提升产品的附加值，实现效益增加；维纶产品利润由于2015年基数较低，实现了66倍增长；人造纤维利润同比增长19.85%，效益相对较好；氨纶行业利润总额同比下滑了43.50%，亏损企业亏损额同比增加了295.5%。

表9 2016年化纤行业经济效益情况

纤维	利润总额			亏损企业亏损额		
	2016年（万元）	2015年同期（万元）	同比（%）	2016年（万元）	2015年同期（万元）	同比（%）
化学纤维制造业	3664391	3057188	19.86	355904	462884	−23.11
纤维素纤维原料及纤维制造	1333765	1070629	24.58	48968	91071	−46.23
化纤浆粕制造	134731	70165	92.02	12495	34899	−64.20
人造纤维制造	1199034	1000464	19.85	36473	56173	−35.07
合成纤维制造	2330626	1986559	17.32	306936	371813	−17.45
锦纶制造	433629	409354	5.93	36557	61958	−41.00
涤纶制造	1523886	1133436	34.45	199407	263256	−24.25
腈纶制造	36848	31133	18.36	2236	3079	−27.40
维纶制造	15492	231	6618.04	1502	15885	−90.54
丙纶制造	22653	24968	−9.27	10041	1644	510.95
氨纶制造	129623	229423	−43.50	39638	10023	295.47
其他合成纤维制造	168496	158014	6.63	17556	15969	9.94

资料来源：国家统计局

从化纤行业运行质量来看，见表10，由于化纤产品价格上升及行业利润的同比增加，使化纤行业运营能力明显好转。企业资本的增加提升了企业偿债能力，在营运能力中，应收账款周转率同比提升了0.65个百分点，存货周转率提高了2.85个百分点，流动资产周转率提升了0.38个百分点，产销两旺。在盈利能力指标中，主营业务利润率为4.78%，同比提高0.64个百分点，净资产收益率提升了0.72个百分点，盈利能力提升；在产量增长放缓的情况下，在产品价格的上升的推动下，销售增长率同比提高了2.5个百分点。

2016年化纤行业销售利润率4.78%，利润率从2012年开始逐步上升，和化纤行业持续不断地推进结构调整和产业升级、打造核心竞争力有直接关系。随着利润率的回升，或许会促进行业固定资产投资的热情，控制产能合理增长，继续调整产业结构，仍将是行业未来发展的关键，见图8。

图8 2005～2016年化纤行业利润率

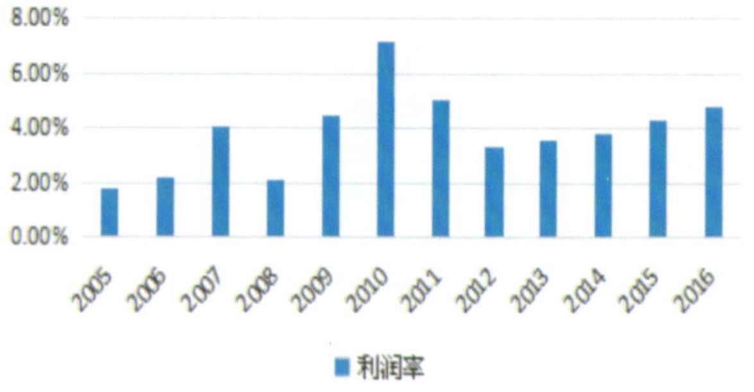

资料来源：国家统计局

行业发展关注的几个问题

一、产能增长

表10 2016年化纤行业运行质量情况

项目		2016年	2015年同期	同比（%）
偿债能力	资产负债率(%)	56.98	60.83	-3.85
	产权比率(%)	132.44	155.28	-22.84
	已获利息倍数	4.39	3.52	0.87
营运能力	应收账款周转率(次)	16.13	15.48	0.65
	存货周转率(次)	19.94	17.09	2.85
	产成品周转率(次)	2.29	2.29	0.01
	流动资产周转率(次)	47.46	47.08	0.38
	总资产周转率(次)	1.09	1.08	0.01
盈利能力	主营业务利润率(%)	4.78	4.14	0.64
	成本费用利润率(%)	5.00	4.30	0.70
	总资产报酬率(%)	6.22	5.63	0.59
	净资产收益率(%)	12.09	11.37	0.72
发展能力	销售增长率(%)	3.71	1.21	2.50
	总资产增长率(%)	2.61	3.96	-1.35
百元销售收入三项费用	销售费用(元/百元)	1.25	1.19	0.06
	管理费用(元/百元)	2.94	2.86	0.07
	财务费用(元/百元)	1.62	1.90	-0.27

资料来源：国家统计局

2016年化纤行业销售利润率提升，行业运行质量转好，会激发行业新增产能的积极性，仍需谨慎对待面临的发展形势，控制产能过快增长仍是提高行业利润率的主要途径之一。化纤行业“十三五”规划经过反复推敲、测算，总量增长的目标制定的合理性、科学性、可操作性日臻提高，需认真对待。

在控制新增产能过快释放的同时，也应该关注PTA、涤纶长丝、粘胶短纤等不具备竞争优势产能“死灰复燃”式增加，避免市场过度竞争所带来的运行风险。有改造空间的装备可通过改造，生产小批量、多品种差别化的纤维非常有利，如2016年聚酯涤纶一些3～6万吨装置生产阻燃纤维、低熔点纤维、阳离子纤维差别化产品，同样获得较好利润。

二、原料价格

2016年原油价格上升，推升化纤产品价格上升，但从2007年至今来看，化纤产品仍处于中低位运行，原油上涨有利有弊，价格上涨会增加原料资金成本，但在目前价位下利大于弊。化纤原料的价格除了关注原有价格波动外，PX增收进口检测费，会推升原料价格，增加产业链成本，EG期货上市加大产业链价格波动，对不同工艺EG尚缺乏完善鉴别检验手段的情况下，也会增加原料风险。此外棉花的产量及放储政策与价格走势，也会影响涤纶短纤及粘胶短纤的使用量。

三、固定资产投资

2016年化纤固定资产投资1116亿元，扣除化纤浆粕制造投资大幅增加外，化纤主要品种固定资产均有减少趋势，同比减少有往年基数高和控制产能过快释放原因，同时也有资金“由实入虚”，脱离实体经济的一面，影响落后产能的淘汰更新及新工艺新设备的更新换代。保持一定量的固定资产投资，使产能增速在合理水平，有序淘汰没有改造空间产能，积极采用智能化、信息化技术、绿色生产、节能减排等新技术、装备武装化纤工业，通过设备更新促使产品升级发展，也是行业需要关注的地方。

四、绿色发展趋势

化纤企业作为纺织产业链的重要源头，响应国家号召，不断改进工艺，坚持绿色制造，走可持续发展道路是行业发展趋势，2017年将完成《合成纤维制造业（聚酯涤纶）清洁评价指标体系》等6个行业清洁生产评价指标体系制修订工作，《中国化纤行业绿色行动计划》也在有序制定中，必将推动化纤行业的结构调整和改造升级。

五、产业链一体化发展

2016年行业龙头企业向产业链上游发展，平衡产业链上下游发展及原料匹配，竞争优势明显，如涤纶行业形成了炼化–PTA–聚酯–纺丝–加弹一体化生产。如盛虹在连云港兴建的炼化一体化项目，2016年12月进行了环评公示；荣盛和桐昆参股的舟山炼化项目，2016年9月进行了环评二次公示；恒力的炼化项目已经于2016年12月开工；恒逸文莱炼化项目顺利推进；锦纶行业中恒申己内酰胺项目一期40万吨生产线已经完成开工准备。这些多为行业内上市公司，借助资本的力量，实现了产业链一体化发展及工艺设备的升级换代，稳定了原料来源，成本优势明显，抗风险能力增强，盈利有望高于行业平均水平，将在今后的竞争中处于优势。

六、中国纤维的品牌建设

中国纤维的品牌建设逐步引起化纤企业重视，在“盛虹·中国纤维流行趋势”推动下，带动了化纤产业向以新产品开发、创新拉动需求为导向的价值链整体提升，增强产业链整体竞争能力，提高纤维品牌对纺织化纤产业发展的贡献率，还带动了企业开发差别化纤维的热情，推动了行业的品牌建设。企业还需要加大对品牌的认识，积极参与纤维品牌及产品推广活动，配合行业，加强互动、实现行业互相叠加放大的效应。

2017年化纤行业运行预测

一、2017化纤行业运行背景

（一）世界经济

2017年国际经济运行环境不稳定性因素加剧，美国政府的更迭，各种经济政策仍在调整中，或成为世界经济不稳定的来源；英国退出欧盟对双方经济的影响仍需保持观察；日本国内积极的财政政策在一定程度上将刺激经济复苏，但是结构性及周期性的不利因素共同决定了日本中期经济动力仍然不足；亚太经济的增长前景仍受到外需的不确定性、内需的可持续性以及长期增长动力转化等因素的影响。

国际货币基金组织预测，2017年世界GDP增长率为3.4%（PPP），世界银行预测2017年世界GDP增长为3.6%（PPP），经济合作组织预测2017年世界GDP增长为3.34%。中国社会科学院预测2017世界GDP为3.0%（PPP），他们的预测低于国际货币基金组织及其他国际组织的预测，主要反映了对世界经济潜在增长率下行、金融市场脆弱性加大、反全球化趋势、美国政策调整、欧洲内部政治冲突、难民危机、英国脱欧进程、日本通货紧缩等问题的担忧。

（二）中国经济

我国正处于经济中速增长期，经济发展仍具备不少有利条件和积极因素。多家国际组织看好中国经济增长前景，IMF、联合国及世界银行均预测中国2017年经济增速为6.5%；摩根大通、汇丰银行、花旗银行等多家外资机构也发布报告，预计2017年中国经济将进一步企稳。

（三）工业经济形势

刺激工业运行的积极因素正在积累，工业产品的价格指数回升，预示工业企业的实际收益回升，对企业的下一步扩大投资经营活动具有积极效应，去产能、去杠杆稳步推进，工业成本下降，消费增长降中趋稳，预测2017年规模以上工业增加值继续维持在6%左右的增长速度。

（四）原料价格

目前全球石油需求继续维持低速增长的态势，但增长速度将有所加快，低油价对石油输出国组织成员国、俄罗斯等的财政收入构成严重的负面冲击。2016年11月30日石油输出国组织已达成停产协议，俄罗斯也承诺降低石油产量，这将显著增强石油输出国组织的干预效果。不同国际组织也对2017年的原油价格进行了预测，IMF预计2017大宗商品价格仍将在中低位运行，且略有上行，原油价格在2017年有所上升，并超过60美元/桶，世界银行预测2017年原油价格升至53.2美元/桶，虽不尽相同，但是均预测了温和反弹的趋势。

（五）我国的化纤主要原料供应

从主要化纤原料来看，2017年的一些长期停车PTA装置或将重启，市场弱平衡状态将会被打破，PTA行业又将呈现供应过剩局面。锦纶产业链上的己内酰胺、切片以及纺丝仍有新产能投产，整个锦纶产业链竞争会更加激烈，企业运营风险继续加大。PTEMG及MDI供需状况维持相对平稳，价格预计在2017年也会出现不同程度的提升，此外人民币以及国内通胀水平也会提高PX、PTA等化纤原料的价格。

（六）纺织行业

2017年纺织业在宏观经济稳定及收入增加的支撑下，内需继续扩大，外需不确定性增加，发达经济体前景将改善，这些将能够支撑纺织行业运行基本保持平稳，行业质效将稳定增长，为化纤行业营造一个平稳的需求环境。

二、2017年化纤行业运行预测

2017年中国化纤新增产能继续放缓，内需继续扩大，外需不确定性增加，但预期增长，对化纤行业将是利好，预计2017年化纤行业产量增速在3%～5%，开工率保持平稳，略有回升。

2017年原油上涨预期推动下，化纤上半年主要产品价格仍会是上涨趋势，由于2016年基数较大，利润增速将回落，销售利润率保持2016水平。

随着产品品质提升、结构优化、纺织产业转移及国外需求的增加影响下，化纤产品进口将成继续下降趋势，化纤高端产品品质越来越被世界认可，常规产品的低成本也被东南亚等国接受，出口将保持继续增加，整个化纤行预计出口增加8%～10%，高新技术纤维出口增加。

（撰稿人：万　蕾）

棉纺织业

中国棉纺织行业协会

2016年，我国棉纺织行业运行总体平稳，面临着棉花原料的结构性矛盾突出，优质原棉短缺，订单短而小、价格波动，企业库存及产成品亏损风险加大等不利因素。同时，综合成本上升，国际竞争加剧、环保任务艰巨等外部因素也考验着纺织企业的经营能力，企业经营压力仍然较大。在市场需求乏力的形势下，企业生产动力有限，秉承“降成本、去杠杆、去库存”的经营策略，降低生产成本并控制产品库存、减少资金风险，行业增长速度趋于平缓。

据中国棉纺织行业协会与中国化学纤维工业协会统计，2016年棉纺用棉纤维715万吨，同比增长6%；非棉纤维（含涤纶短纤、粘胶短纤等）1263万吨，同比增长0.2%；共计1978万吨，同比增长2.2%；棉纤维占比36%，同比增长1个百分点；纱线产量1884万吨，同比增长2.2%。

行业运行情况

一、价格走势

（一）国内棉花现货、期货价格走势

2016年，中国棉花产量继续下降，高质量的棉花仍然紧缺，纺织工业运行平稳，棉花需求企稳，产需缺口扩大。2016年以来，国内棉价长期高于外棉价格，国家实施目标价格改革试点以来，内外棉价差趋于缩小。尤其是随着2016年4月份国家发布储备棉投放公告后国内外棉价逐渐接轨，而9月底储备棉投放结束后，10月份国内外棉价差再次拉大至2000元/吨左右，全年平均价差在1200元/吨左右，国内纺织企业用棉成本较高。

受供需基本面偏紧影响，资金借机炒作，2016年郑棉期货大幅波动，CF1701合约3月1日最低价至9645元/吨，4月份大幅拉升，最高价至13260元/吨，11月14日出现由涨停到跌停的极端走势，最高达17005元/吨，创2014年3月以来的新高，最低达14775元/吨。期货、现货价格联动，国内现货报价随之涨跌，见图1，在棉价不稳的情况下，纺织企业不敢大量采购原料，为规避市场风险，随用随买是主流。

图1 国内外棉花现货、期货价格走势

资料来源：中国棉纺织行业协会

（二）国内化纤短纤维价格走势

图2 非棉纤维价格

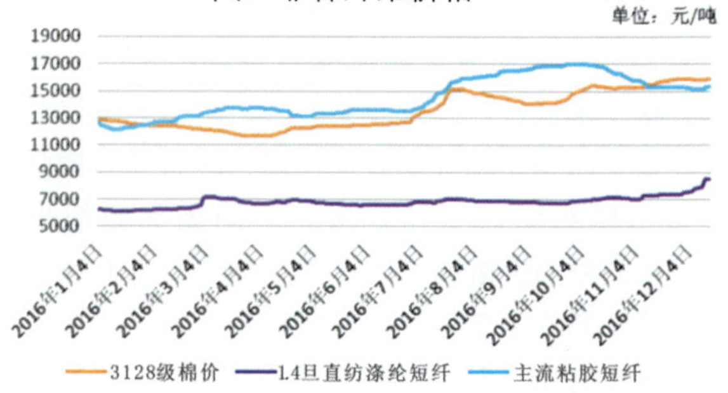

资料来源：中国棉纺织行业协会

涤纶短纤、粘胶短纤与棉花存在明显的替代关系，2016年以来，涤纶短纤和粘胶短纤价格均处于上涨状态。

2016年，涤纶短纤价格一路上扬，其中下半年涤短价格由6800元/吨上涨至8400元/吨，涨幅达到24%。分析其上涨的原因，主要是受宏观环境的推动，尤其是2016年下半年，钢材、煤炭、石油等价格普遍上涨，推动大宗商品价格进入上行通道，加上化纤行业的结构调整加速，产能向大的化纤企业集中，提高了化纤产品的定价权。不过，虽然涤纶短纤价格反弹上涨，但是棉涤价差仍保持在高位，全年平均价差6749元/吨，所以从性价比上看，涤纶短纤仍是较好的棉花替代品。

受环保政策带来的部分产能停产、粘胶纤维落后产能淘汰、市场供需结构改善等因素影响，自2015年以来，粘胶短纤的市场行情整体呈现“一枝独秀”的局面。2016年2月份以来，主流粘胶短纤价格持续高于3128级棉价，从2016春节的最低点12400元/吨一路上涨，年末时在17400元/吨左右，与棉花的价差在1500元/吨左右。粘胶短纤由于能与所有的纤维混纺，如棉、毛、麻等，用途极为广泛，下游市场需求旺盛，而且目前国内粘胶短纤企业新增产能有限，加上粘胶纤维行业内部交流沟通较好，这促进了粘胶纤维企业的积极发展，提高了粘胶短纤的定价权。

（三）主要纱布产品走势

原料价格上涨，主要纱布产品价格上涨，但布价格上涨困难，价格传导不畅，见图3。

2016年，在原料价格上涨的压力下，纺织企业跟进上调纱、布报价，纱线价格上调相对顺畅，坯布价格的调整则受到下游市场的制约，上调困难。

图3 主要纱布产品价格走势

单位：元/吨，元/米

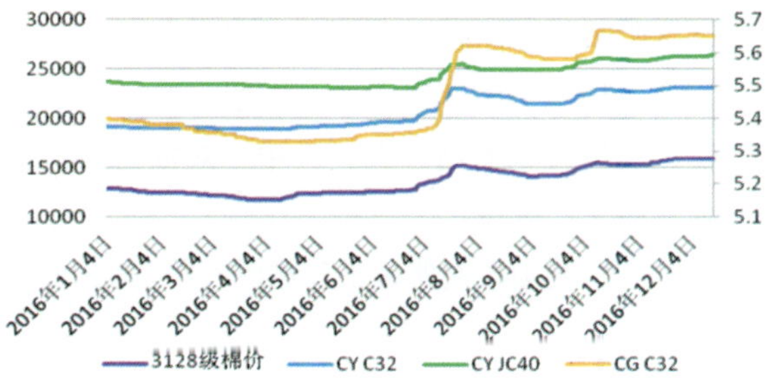

资料来源：中国棉纺织行业协会

（四）国内棉纱与棉花价差

棉花是纺织企业生产棉纱的主要成本，棉花价格上涨，棉纱价格跟涨，纺织企业才会有利润，但棉价上涨向下游传导存在滞后性，从2016年4月份开始棉花价格快速上涨，8月份棉纱价格才相继补涨，纺织企业利润及用棉量均有所增加，全年国内3128级棉花与纯棉18.2tex 32英支棉纱的平均价差为7095元/吨。2016年国内棉纱与棉花价差走势见图4。

图4 国内棉纱与棉花价差走势

单位：元/吨

资料来源：中国棉纺织行业协会

二.进出口

（一）棉制纺织品服装出口形势

2016年，我国棉制纺织品及服装累计出口

823.4亿美元，累计同比下降6.64%，出口压力较大。其中，棉制纺织品累计出口243.9亿美元，累计同比下降4.55%；棉制服装累计出口579.5亿美元，累计同比下降7.49%。对欧盟、东盟、美国、日本出口额同比降幅均有所扩大，其中，对欧盟出口额同比降幅最大，见表1。

2016年，我国棉制服装出口额579.5亿美元，同比下降7.49%，占我国服装出口额的36.3%；进口额24.6亿美元，同比增长0.71%，占我国服装进口额的31.7%。我国棉制纺织品出口额243.9亿美元，同比下降4.55%，占我国纺织品出口额的22%；进口额65.2亿美元，同比下降19.3%，占我国纺织品进口额的39.7%。

（二）棉花进口情况

2016年，我国棉花产业供给侧结构性改革迈出重要步伐，储备棉轮出成交踊跃，去库存达到预期效果。国内棉花供给相对充裕，同时配额政策收紧，棉花进口量大幅下降。2016年，我国累计进口棉花89.66万吨，同比减少57.59万吨，减幅39.11%。

从进口贸易方式来看，2016年加工贸易仍排在第一位，所占份额近四成，同比增长10.7个百分点；一般贸易配额占比下降。进口地区仍以山东和江苏为主，合计占比超过七成。

表1 2016年棉制纺织品及服装出口分地区情况

地区	出口额（亿美元）	同比（%）	棉纺织品（亿美元）	同比（%）	棉制服装（亿美元）	同比（%）
日本	54.7	−10.72	8	−5.94	46.7	−11.49
美国	128.2	−8.71	15.4	−10.41	112.7	−8.47
东盟	126.3	−7.32	73.3	2.41	53	−18.09
欧盟	126.1	−12.65	12.9	0.77	113.2	−13.96

资料来源：中国海关

表2 2016年我国棉制纺织品服装进出口占纺织品服装比重

项目	出口额（亿美元）	出口同比（%）	进口额（亿美元）	进口同比（%）
纺织品服装	1594.5	−9.35	77.5	−1.8
其中：棉制服装	579.5	−7.49	24.6	0.71
棉制服装占比（%）	36.3		31.7	
纺织品	1106.7	−3.98	164.3	−11.92
其中：棉制纺织品	243.9	−4.55	65.2	−19.3
棉制纺织品占比（%）	22		39.7	

资料来源：中国海关

表3 2015～2016年棉花进口分市场情况

名称	2016年占比(%)	2015年占比(%)	变化百分点
美棉	29.36	35.23	−5.87
澳棉	24.35	17.11	7.24
印棉	13.20	16.43	−3.23
乌棉	10.37	11.61	−1.24

资料来源：中国海关

从进口市场来看，美棉和澳棉依然是我国纺织企业主要的进口源，美棉因质量下降进口占比有所下滑，澳棉依然备受纺企青睐，占比上升，见表3。印棉、乌棉占比下降，主要原因是纺织企业配额有限，国内外棉花价差较小，纺织企业选择用质量好的棉花。

（三）棉纱线进口情况

受国内外棉差价缩小影响，国外纱成本优势明显减少，我国棉纱线进口量下降，见表4。2016年1～12月，我国累计进口棉纱196.83万吨，同比下降16.08%。

2016年，越南超过印度成为我国棉纱线进口第一大国，主要原因：近几年，我国棉纺企业在越南建厂；越南纱厂从设备、工人熟练程度到纱线品质得到中国买家的认可；进口越南纱享受零关税政策。

（四）棉织物出口情况

由于2016年上半年棉花价格相对较低，产品竞争力有所恢复；下半年人民币贬值加速，利好纺织品出口。2016年，我国棉织物累计出口88.10亿米，同比增长6.03 %，增幅放缓，见表5。

我国棉织物出口市场分布广泛，主要以东南亚的国家为主，还涉及部分非洲国家以及亚洲、欧洲等发达国家，近二百个国家。

三、企业运行

（一）行业产销存情况

1.生产

2016年棉花价格高位运行，下半年以来企业生产运行平稳，开工情况较好，国内纺纱、织布生产有所增加。中棉行协跟踪数据显示，纱、布产量同

表4 2015年～2016年棉纱线进口分市场情况

名称	2016年占比(%)	2015年占比(%)	变化百分点
越南	31.71	21.44	10.27
印度	21.07	29.96	−8.89
巴基斯坦	19.72	23.09	−3.37
中国	5.04	5.22	−0.18

资料来源：中国海关

表5 2015～2016年棉织物出口分市场情况

名称	2016年占比(%)	2015年占比(%)	变化百分点
菲律宾	12.66	6.02	6.64
孟加拉国	12.41	12.30	0.11
越南	7.62	9.89	−2.27
香港	5.73	11.76	−6.03
贝宁	3.86	6.02	−2.16

资料来源：中国海关

表6 2016年跟踪企业产销存情况

单位：%

项目		纱	布
生产	12月环比	2.87	−0.71
	1～12月累计同比	1.19	0.36
销售	12月环比	3.77	−1.12
	1～12月累计同比	2.36	2.6
库存	12月环比	−2.39	−2.72

资料来源：中国棉纺织行业协会

比分别增加1.19%和0.36%。

2.销售

2016年纺织企业经营情况整体好于去年，产品销售态势良好，纱、布销售有所增加，订单以短单为主。跟踪数据显示，纯棉纱、布销售同比分别增加2.36%和2.6%，见表6。

3.库存

产品库存呈下降趋势，尤其进入12月，企业努力消化库存，回笼资金，跟踪数据显示，2016年12月份纱、布库存分别环比下降2.39%和2.72%。

（二）企业经济效益状况

在全球经济低迷、市场需求偏弱的形势下，企业经济效益状况较差。从中国棉纺织行业协会跟踪企业数据来看，2016年棉纺织企业主营业务收入及利润降幅较大，2016年主营业务收入累计同比下降6.38%，利润累计同比下降6.60%，不过亏损面趋于缩小，见图4。

图4 2016年以来跟踪企业主要经济指标增长率

单位：%

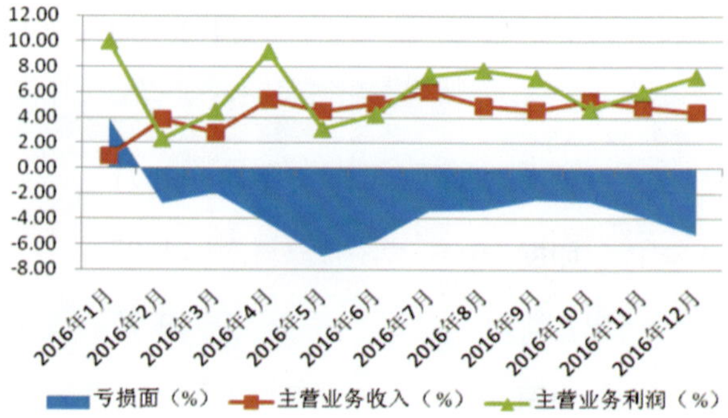

资料来源：中国棉纺织行业协会

（三）景气指数走势

2016年以来，棉纺织行业景气指数均处于50以下，见图5。据中国棉纺织行业协会调研了解，2016年企业运行平稳，但纺企利润增长水平较低，纺织机械等相关企业经营情况好于纺织企业。2016年12月中国棉纺织景气指数为48.10，与11月相比提高0.30，纺纱织造整体生产平稳，纺纱开台率略高于织造。我国棉纺织行业仍处于欠景气状态，关键原因仍是需求不足。

图5 景气指数走势

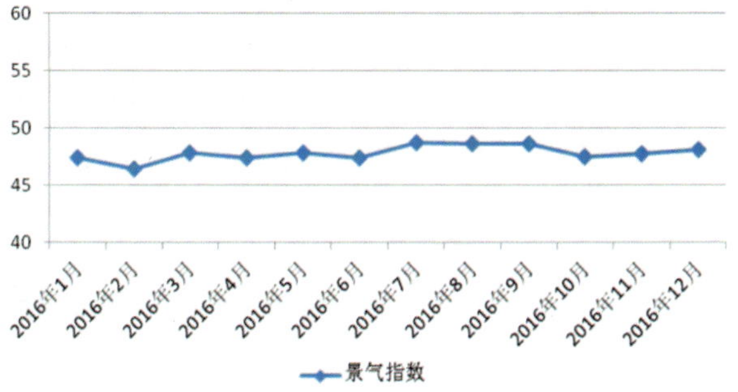

资料来源：中国棉纺织行业协会

（四）行业投资状况

2016年我国棉纺织行业投资同比增长，高于纺织工业平均水平，主要受新疆为主西部投资增长的拉动。随着新疆棉纺织产能的逐步饱和，预计2017年棉纺织行业投资将趋缓，见表7。

行业预测

一、在国家政策稳定的前提下，内外棉价差缩小，进口纱价格优势减弱，目前纺织企业订单好于同期，纺企利润有望回暖，加上粘胶短纤价格上涨，预计棉花消费需求增加。

二、2017年3月6日储备棉开始投放，受储备棉定价机制影响，内外棉价差可能会进一步缩小，2017年储备棉的竞拍底价会成为棉市价位走势的“风向标”。

三、全球经济及国内经济数据均有向好迹象，随着“一带一路”国家战略的不断推进，国内棉纺织产业也将迎来新的贸易机会，但实体压力依然较大，预计短期内需求不会增加，市场整体呈稳中趋缓态势。

四、美国总统特朗普就职，其加强贸易壁垒、减税、加息、鼓励产业资本回流美国的政策主张或将兑现，全球化进程受阻。加强贸易壁的矛头已经指向中国和墨西哥，国际贸易摩擦在所难免。

五、美联储加息，加上美国大选尘埃落定之后美元持续显著走强，人民币汇率承受一定贬值压力。展望2017年，尤其是考虑到中美双边的贸易博弈，预计2017年人民币汇率稳中有降，中国纺织出口有望从中受益。

六、未来国内棉纺织行业发展会更加注重产品创新、新技术的应用以及高附加值产品的研发，对棉花质量要求提高。生产向自动化、连续化、智能化方向发展，减少用工、减少成本、提高效率是必然方向。

（撰稿人：徐潇源）

表7 2016年行业投资情况

行业	实际完成投资(亿元)	比去年同期增长(%)
纺织业	6643	7.77
棉纺纱加工	2331	19.18
棉织造加工	771	21.13

资料来源：中国棉纺织行业协会

毛纺织业

中国毛纺织行业协会

2016年毛纺行业运行继续在调整中发展。市场需求增长放缓，投资区域转移以及产业结构调整为行业带来新的挑战。在2016/2017年度，行业继续加强创新与科研，改造升级生产，发展内需市场，实现提高生产效率，升级产品品质，提升行业运行质量。

一、生产

2016年规模以上毛纺企业毛线产量41.2万吨，同比提高3.27%，较2015年增速加快了2.98个百分点，见图1。同期毛织物累计产量5.9亿米，同比下滑7.23%，较2015年同比增速下调了7.79个百分点，见图2。

图1 2016年毛线产量与产量同比情况

单位：吨，%

资料来源：国家统计局

图2 2016年毛织物产量与产量同比情况

单位：吨，%

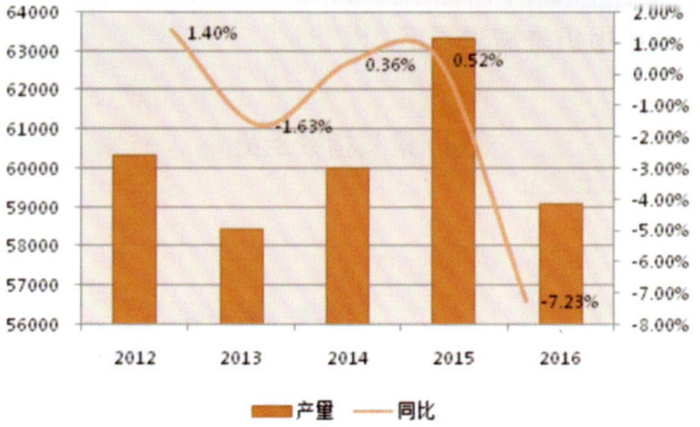

资料来源：国家统计局

二、进出口

（一）总体概况

2016年全国毛纺原料与制品的贸易总额为160.36亿美元，同比下跌5.68%。贸易额的跌幅主要来自人民币兑美元汇率的下跌，毛纺各类产品的贸易规模有涨有跌，总体贸易形势保持平衡，见图1。

（二）毛纺出口形势

1.2016年毛纺出口规模

2016年毛纺原料与制品累计出口总金额以美元

表1 2016年主要产品产量表

名称	单位	累计产量	累计同比(%)	去年同比(%)	同比增减(百分点)
绒线（俗称毛线）	吨	412012	3.27	0.29	2.98
毛机织物（呢绒）	万米	59079	−7.23	0.52	−7.79

资料来源：国家统计局

计达121.9亿元，同比下跌4.74%；以人民币计算的出口总额则呈现回升，同比增长1.56%，见图3。

图3 2016年毛纺产品出口总金额与金额同比情况

单位：万美元，%

资料来源：中国海关

从出口规模看，毛纺各类产品表现各异。以羊毛原料为主的毛纺产品出口规模多数呈现下滑，包括从羊毛条到羊毛衫等最终产品出口均下调，仅毛机织服装出口同比增长，增幅为3.24%，见图4、表3。

图4 2016年主要毛纺产品出口数量同比变化情况

单位：%

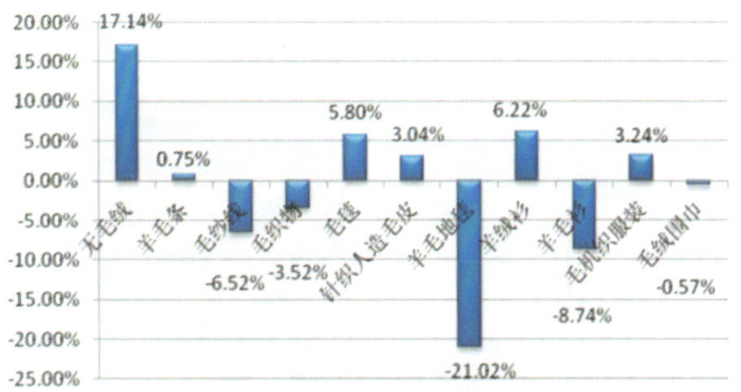

资料来源：中国海关

表3 2016年主要毛纺产品出口情况

出口商品	单位	出口数量	出口金额（万美元）	出口金额占（%）	数量同比（%）	金额同比（%）
羊绒	吨	2970	19492	1.60	17.14	−5.03
羊毛条	吨	47028	41018	3.37	0.75	−6.02
毛纱线	吨	37094	98618	8.09	−6.52	−8.29
毛织物	万米	10486	71955	5.90	−3.52	−2.44
毛毯	万条	66869	298358	24.48	5.80	−7.15
针织人造毛皮	吨	62034	17767	1.46	3.04	−7.08
地毯	万米^2	65008	238816	19.59	6.85	−3.22
羊绒衫	万件	1678	54382	4.46	6.22	−5.69
羊毛衫	万件	8745	120419	9.88	−8.74	−6.42
毛机织服装	万件	5910	190037	15.59	3.24	−2.55
毛绒围巾	万件	2201	30504	2.50	−0.57	−4.34
其他	—	—	37515	3.08	—	11.65
合计	—	—	1218882	100.00	—	−4.74

资料来源：中国海关

2.2016年毛纺出口市场

毛纺产品对主要出口市场多数呈现下滑态势，对占比21%的欧盟出口略有增长，同比增长0.9%，见图5。

图5 2016年毛纺产品主要出口市场情况

单位：美元

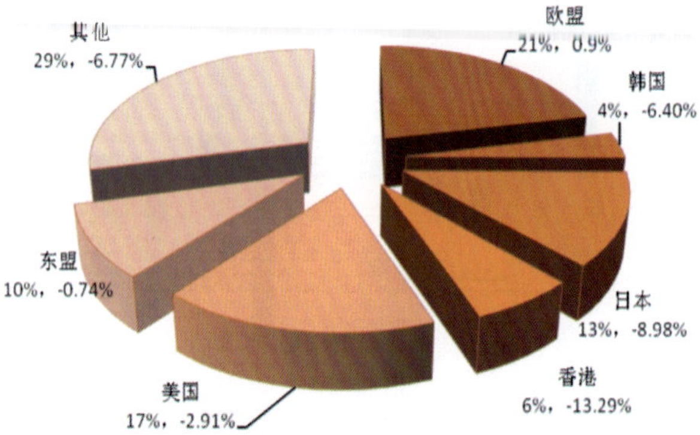

资料来源：中国海关

3.出口产品分析

（1）毛纱线。2016年毛纱线出口3.7万吨，同比再度下滑6.52%，出口规模较2012年缩水近三成，近5年的平均跌幅达7.85%，见图6、表3，其中，精梳与粗梳毛纱线出口规模均逐渐下滑，近5年的平均跌幅分别为4.46%和1.95%。毛纱线出口持续下滑，导致出口对市场的带动作用趋于减弱。

图6 毛纱线出口变化情况

单位：千克

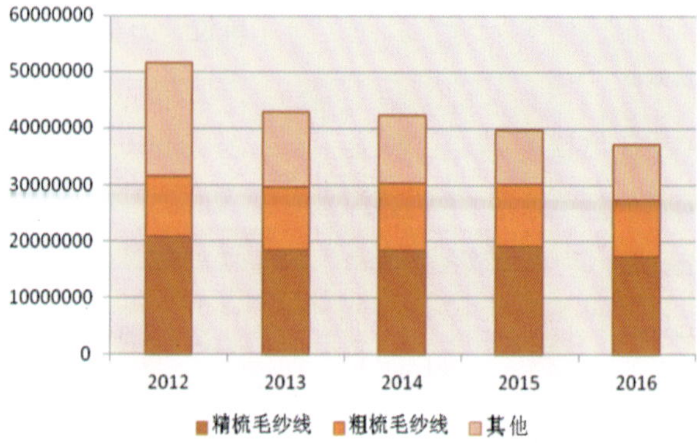

资料来源：中国海关

（2）毛织物。毛织物出口情况与毛纱线情况类似，出口规模继续呈现下滑，见图7。2016年毛织物累计出口1.05亿米，同比下跌3.52%，出口金额72亿美元，同比下滑2.44%。其中，精梳毛织物出口数量同比下跌2.14%，粗梳毛织物跌幅达到14.65%，见表4。粗梳毛织物出口量在过去两年（2015年、2016年）出口快速下跌，平均跌幅高达16%。国际市场需求持续疲软，促使企业生产逐步调整，内销市场的重要性进一步提高。

表3 2016年毛纱线出口情况

产品	数量（千克）	数量同比（%）	金额（万美元）	金额同比（%）
精梳毛纱线	17283025	−9.38	46090	−12.94
粗梳毛纱线	10007325	−8.62	42122	0.43
手编毛纱线	1894579	14.39	2588	−13.13
化纤毛纱	7909059	−1.14	7818	−19.18
毛纱线合计	37093988	−6.52	98618	−8.29

资料来源：中国海关

图7 毛织物出口变化情况

单位：千克

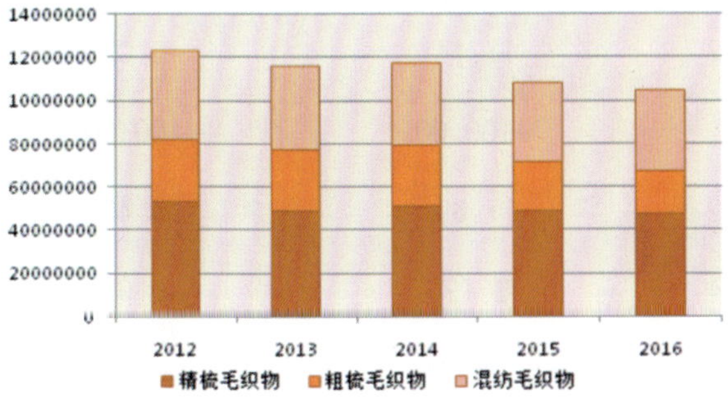

资料来源：中国海关

(3) 羊毛条。2016年羊毛条出口形势较为稳定，出口规模达4.7万吨，同比略有增长，增幅为0.75%；出口金额4.7亿美元，同比回落6.02%，见图7。

图7 羊毛条出口变化情况

单位：千克，%

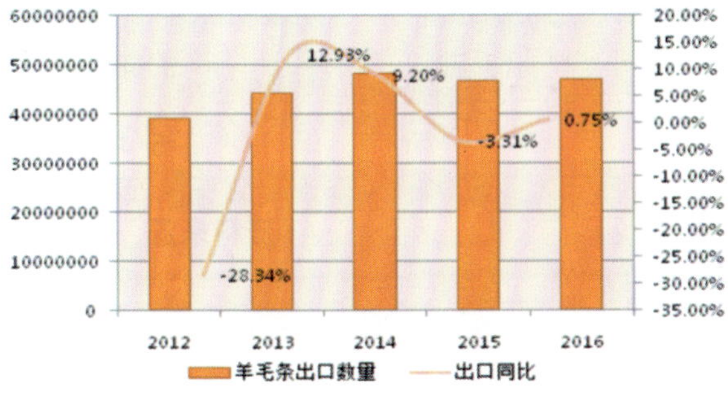

资料来源：中国海关

(4) 羊绒。2016年羊绒原料与制品出口总额近15亿美元，同比下滑5.48%，见表5。主要出口产品以无毛绒、羊绒纱线，以及羊绒衫为主。无毛绒出口量同比增长17.69%，单价同比下滑18.79%，约合人民币43万人民币/吨，无毛绒品质差异导致出口市场均价明显低于国内市场价格。

(5) 毛针织服装。2016年毛针织服装出口总计1.2亿件，同比下跌4.97%，同期美元单价增长1.85%，见图8。

图8 毛针织服装出口总量与单价变化情况

单位：万件，美元/件

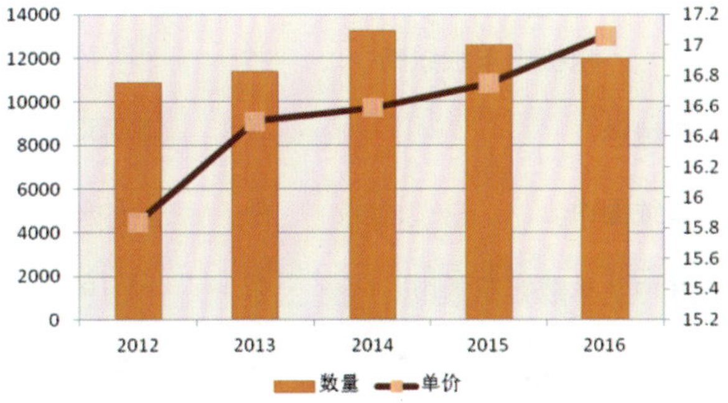

资料来源：中国海关

(6) 毛毯。2016年毛毯出口2.7亿条，同比增长5.8%，其中羊毛毯出口170万条，同比下滑30.58%，但仍处于较高的出口水平，见图9、图10。

表4 2016年毛织物出口情况

产品	数量(米)	数量同比(%)	金额(万美元)	金额同比(%)
精梳毛织物	47737669	−2.14	36889	−2.34
粗梳毛织物	19741090	−14.65	14869	−7.78
混纺毛织物	37377882	1.66	20197	1.71
毛织物合计	104856641	−3.52	719585	−2.44

资料来源：中国海关

表5 2016年羊绒制品出口情况

产品类别	单位	数量	金额(万美元)	数量同比(%)	同比增减(百分点)
山羊绒	千克	2970125	19492	17.14	-5.03
原绒	千克	0	0	-100.00	-100.00
无毛绒	千克	2970125	19492	17.69	-4.43
羊绒纱线	千克	3295837	38894	2.19	-6.95
其中：精梳羊绒纱线	千克	976134	12340	-25.94	-27.62
粗梳羊绒纱线	千克	2309784	26447	24.54	9.26
手编羊绒纱线	千克	9919	107	-81.16	-80.36
粗梳山羊绒织物	米	320448	1052	-39.87	-33.10
羊绒衫	件	16776055	54382	6.22	-5.69
羊绒围巾	条	6945470	16662	16.26	0.40
其中：羊绒针织围巾	条	1981617	3759	23.02	-9.45
羊绒机织围巾	条	4963853	12903	13.77	3.68
羊绒产品出口合计	—	—	149974	—	-5.48

资料来源：中国海关

图9 毛毯出口总量与单价变化情况

单位：万条，美元/件

资料来源：中国海关

图10 羊毛毯出口总量与单价变化情况

单位：万条，美元/件

资料来源：中国海关

（7）针织人造毛皮。人造毛皮在出口市场上的表现比较平稳，全年出口6.2万吨，同比增长3.04%；出口总额1.78亿美元，同比下滑7.08%，见图10。

图10 针织人造毛皮出口总量与单价变化情况

单位：吨，美元/件

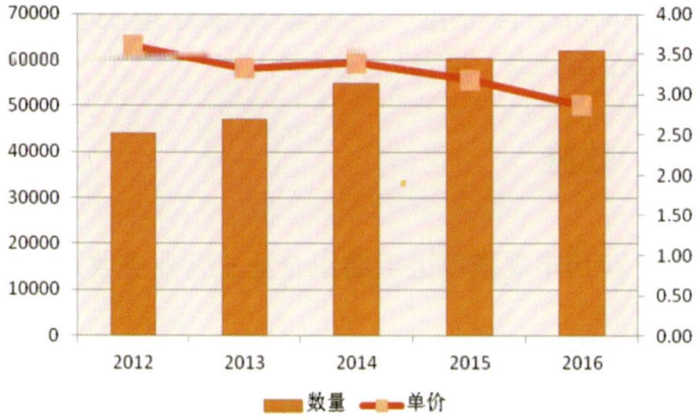

资料来源：中国海关

（8）毛机织服装。毛机织服装是毛纺产品主要的出口类别之一，出口总额占比约15%。近年毛机织服装产品出口下滑较快，2016年有所回升，全年出口5910万件，同比增长3.2%，出口金额继续下滑，同比下跌2.55，见图11%。

图11 毛机织服装出口总量与单价变化情况

单位：万件，美元/件

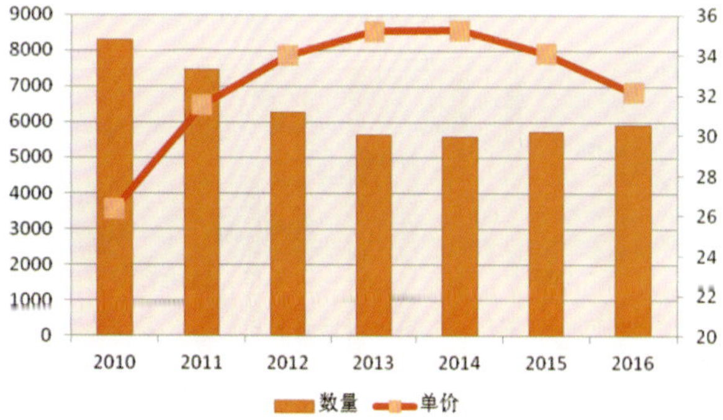

资料来源：中国海关

（三）毛纺产品进口情况

2016年中国毛纺原料与制品进口总额38.48亿美元，同比下滑8.54%。

毛纺产业链的原料对进口依赖较大，因此羊毛原料的进口占进口毛纺产品总额比重超过60%，未加工的原毛比重也超过55%，中国毛纺加工涵盖了全产业链。2016年中国进口羊毛总量32.39万吨，同比下滑11.44%。进口羊毛数量的下滑在第四季度逐渐回稳，见图12。毛纺加工链对精纺细支羊毛的需求，在这一波市场行情，尤其是工装市场的带动下不断升温。2016年，以制作精纺产品为主的23微米以细的澳大利亚羊毛对中国出口总量23.6万吨（含脂毛重），同比增长9.65%，见表6。

表6 2016年澳大利亚出口中国羊毛情况

细度	2016年对中出口数量（吨）	2016年对中出口金额（万澳元）	数量同比（%）	金额同比（%）
19微米及以细	148849	140182	0.87	12.80
20~23微米	87336	79637	28.76	43.89
24~27微米	19643	11646	−16.96	−9.31
28微米及以上	15663	7754	−27.86	−36.87
合计	271493	239219	4.12	16.84

资料来源：澳大利亚统计局

图12 2016年中国羊毛月进口量变化情况

单位：吨

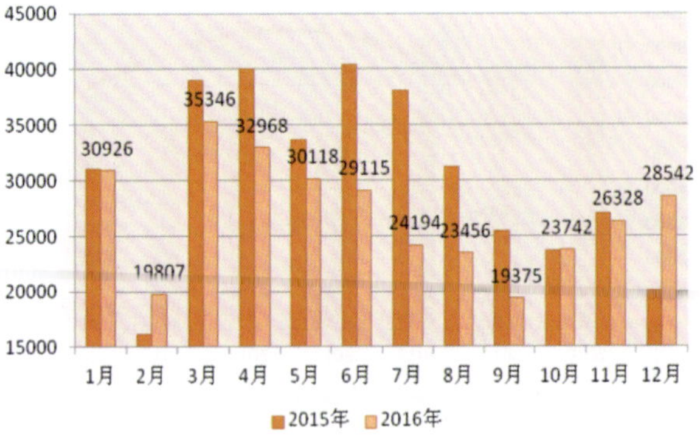

资料来源：中国海关

细支羊毛的需求旺盛，供应紧缩，2016年下半年以来这类产品价格不断高涨，达到近年来新高。

三、投资

2016年毛纺织行业500万元以上项目完成固定资产投资387.58亿元，同比增长12.72%，增幅较上年提高8.62个百分点，比同期纺织业增长水平高2.04个百分点，见表7。

四、效益

2016年规模以上毛纺织企业主营业务收入增速

表7 2016年毛纺织分行业固定资产投资情况

行业	实际完成（万元）		
	1～12月累计	上年同期	同比（%）
纺织业	66425704	60016028	10.68
毛纺织和印染精加工	3875809	3438526	12.72
其中：毛条和毛纱线加工	1653939	1521092	8.73
毛织造加工	1937287	1573561	23.11
毛染整精加工	284583	343873	-17.24

资料来源：国家统计局

表8 2016年1～12月三费比例情况表

效益指标	三费比例（%）		
	本月累计	去年同期	增减（百分点）
纺织业	66425704	60016028	10.68
毛纺织及染整精加工	3875809	3438526	12.72
其中：毛条和毛纱线加工	1653939	1521092	8.73
毛织造加工	1937287	1573561	23.11
毛染整精加工	284583	343873	-17.24

资料来源：国家统计局

2.95%，见表9，出口交货值增速为-0.55%，利润增速0.85%，分别较上年同期回落了5.91、0.24和0.95个百分点。1172家毛纺织及染整精加企业累计完成主营业务收入2345.8亿元，实现平均利润率为4.99%，见表10。毛纺企业平均负债率55.03%，高于纺织业51.93%的平均水平。由于原料价格的上涨，库存水平有所下滑，库存占比较上年降低0.42个百分点。

2016年毛纺行业在生产、出口、效益等各方面均无向好的表现，主要产品生产、出口的持续回落表明行业仍然处于比较困难的阶段。欧盟市场表现较好，呈现增长，但是对其他市场的快速回落令整体出口继续呈现下滑。行业效益增速也较上年有不同程度的下滑，质效水平也体现了行业的不佳形势。另一方面，行业两极分化越发明显。在对以大中型以及知名企业为主进行的企业调研中，企业和地区对经营的反映多比较乐观，对未来的预期也普遍看好。

经过2016年的调整，2017年国际、国内两个市场预计将好于上年。在扩大内消费升级带动下，国内市场需求提升，国际市场较上年的低基数水平预计将有所回调，毛纺服装类将有较好表现。

（撰稿人：张书勤）

表9 2016年1～12月资金运转情况表

效益指标	总资产周转率（次/年）			产成品周转率（次/年）		
	本月累计	去年同期	增减%	本月累计	去年同期	增减%
纺织业	1.65	1.66	-0.14	24.17	23.17	4.29
毛纺织及染整精加工	1.36	1.37	-0.46	12.30	12.29	0.06
其中：毛条和毛纱线加工	1.29	1.30	-0.87	10.56	10.26	2.95
毛织造加工	1.44	1.45	-1.11	15.84	16.72	-5.25
毛染整精加工	1.61	1.53	4.72	14.99	15.87	-5.53

资料来源：国家统计局

表10 2016年1～12月行业盈利情况

效益指标	销售毛利率（%）			销售利润率（%）			成本费用利润率（%）		
	本月累计	去年同期	增减（百分点）	本月累计	去年同期	增减（百分点）	本月累计	去年同期	增减（百分点）
纺织业	10.55	10.83	-0.27	5.37	5.39	-0.02	5.68	5.72	-0.04
毛纺织及染整精加工	9.85	10.14	-0.29	4.99	5.10	-0.10	5.27	5.39	-0.12
其中：毛条和毛纱线加工	9.79	10.14	-0.35	4.97	5.25	-0.28	5.24	5.56	-0.31
毛织造加工	9.63	9.90	-0.28	4.88	4.76	0.12	5.15	5.02	0.13
毛染整精加工	10.98	11.02	-0.03	5.53	5.41	0.12	5.87	5.74	0.13

资料来源：国家统计局

丝绸业

中国丝绸协会

2016年是“十三五”开局之年，丝绸行业在国内外经济下行压力不断加大的情况下，以推进供给侧结构性改革为主线，通过改造、提升传统比较优势，加快产业结构调整，不断发掘国内外市场需求，有效地化解了大部分的困难和风险，确保了行业经济的基本平稳运行。

行业运行情况

一、工业运行情况

（一）主要产品产量有增有降

2016年，据国家统计局统计，规模以上企业主要产品产量有增有降，见表1。其中，生丝产量15.84万吨，同比增长0.51%；绢丝产量8987吨，同比下降6.89%；绸缎产量66756万米，同比增长5.82%；蚕丝被产量2074万条，同比下降14.62%。各省市丝绸主要产品产量见表2～表4。

（二）工业经济增速企稳回升

据国家统计局统计，2016年全行业规模以上企业主营业务收入1273.91亿元，同比增长4.48%，见图1；利润69.47亿元，同比增长4.59%，其中缫丝加工实现利润41.41亿元，同比增长8.39%，丝织加工实现利润23.44亿元，同比下降6.05%，丝印染加工实现利润4.62亿元，同比增长41.34%，见图2。总体来看，全行业主营业务增速持续震荡调整，见图3。下半年受生产要素成本上涨、出口下降等影响，行业利润增速出现了前高后低走势，全年利润增速较2015年回落了1.44个百分点，见图4。

图1 2016年规模以上丝绸企业主营业务收入情况

单位：亿元

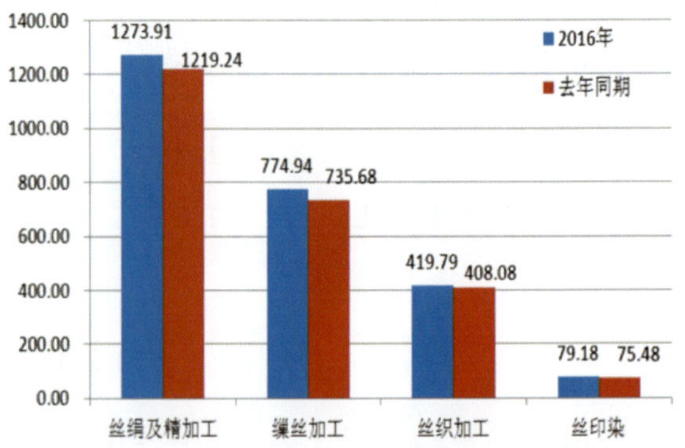

资料来源：国家统计局

表1 2016年全国规模以上企业产量情况

主要产品	单位	2016年	同比(%)
生丝	吨	158382	0.51
绢丝	吨	8987	−6.89
绸缎	万米	66756	5.82
蚕丝被	万条	2074	−14.62

资料来源：国家统计局

表2 2016年各省市生丝产量表

序号	地区	产量（吨）	同比(%)	序号	地区	产量（吨）	同比(%)
1	广　西	47568	1.81	9	云南省	4656	6.34
2	四川省	33289	13.95	10	广东省	2240	−17.77
3	江苏省	25333	−2.08	11	山东省	1903	−11.37
4	浙江省	14000	−11.57	12	辽宁省	1509	−17.78
5	江西省	7244	8.35	13	河南省	1293	30.47
6	陕西省	6327	−7.94	14	湖北省	1077	13.23
7	安徽省	6069	−24.67	15	贵州省	772	30.01
8	重庆市	5051	9.20	16	山西省	52	−36.29

资料来源：国家统计局

表3 2016年各省市真丝绸缎产量表

序号	地区	产量（万米）	同比(%)	序号	地区	产量（万米）	同比(%)
1	四川省	20761	18.55	7	广　西	1703	−25.80
2	浙江省	20471	−4.12	8	河南省	1185	12.11
3	江苏省	10481	14.22	9	青海省	308	219.22
4	安徽省	7400	1.45	10	云南省	249	−0.28
5	重庆市	2100	5.26	11	江西省	205	10.27
6	山东省	1789	3.60	12	陕西省	88	−7.63

资料来源：国家统计局

表4 2016年各省市蚕丝被产量表

序号	地区	产量（万条）	同比(%)	序号	地区	产量（万条）	同比(%)
1	江苏省	444	10.53	9	湖南省	61	−5.93
2	河南省	405	−31.92	10	陕西省	46	−0.76
3	浙江省	317	−7.89	11	上海市	37	−10.60
4	山东省	299	−14.71	12	重庆市	19	7.94
5	湖北省	159	−5.84	13	广　西	11	2.73
6	四川省	115	−25.06	14	辽宁省	3	−87.40
7	江西省	87	13.83	15	云南省	2	−46.33
8	广东省	67	−1.84	16	安徽省	1	−96.85

资料来源：国家统计局

图2 2016年丝绸工业各分行业利润情况

单位：亿元

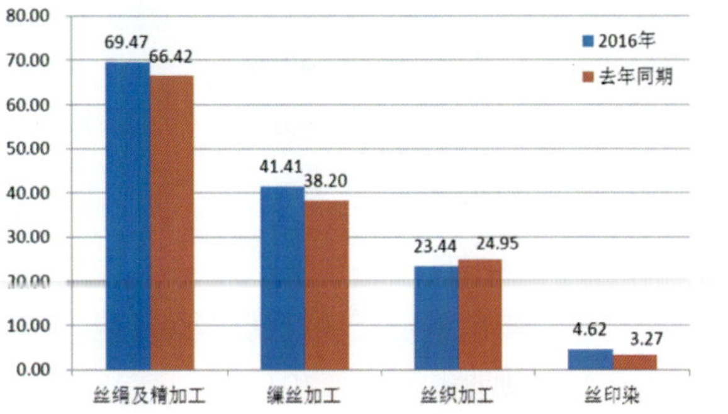

资料来源：国家统计局

图3 2016年1—12月丝绸工业主营业务收入增速情况

单位：%

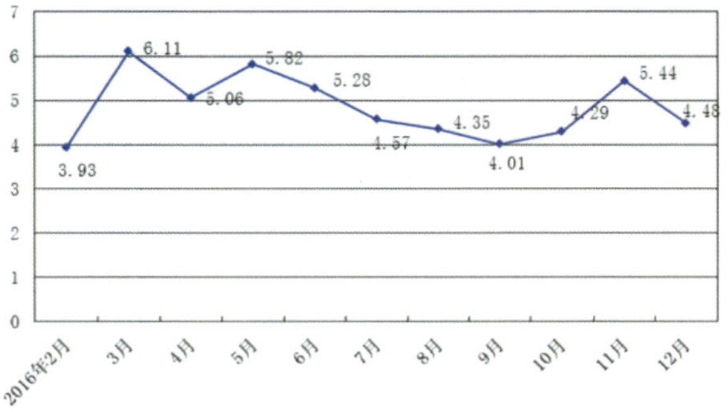

资料来源：国家统计局

图4 2016年1～12月丝绸工业利润增速情况

单位：%

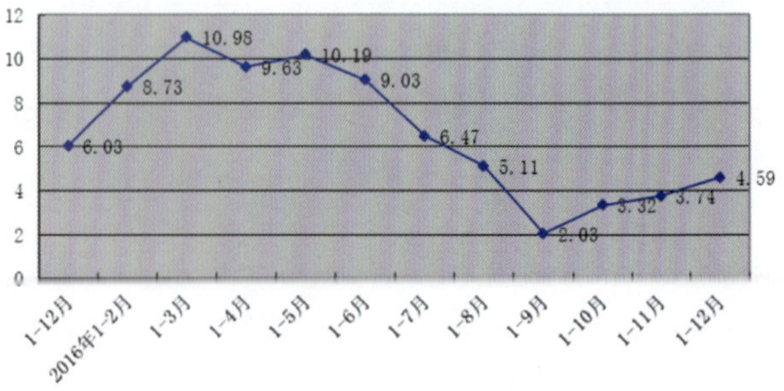

资料来源：国家统计局

（三）行业经济效益企稳

据国家统计局数据显示，尽管2016年丝绸行业主营业务收入增速较2015年提升了0.34个百分点，但亏损企业亏损总额2.49亿元，同比下降22.46%，企业亏损面12.30%，较2015年同期下降0.89个百分点，略高于纺织行业平均水平1.8个百分点。从行业主要经济指标来看，企业存货138.15亿元，同比增长7.61%；企业销售费用15亿元，同比增长7.39%；管理费用31.53亿元，同比增长3.68%；财务费用13.22亿元，同比增长2.08%，其中利息支出同比下降5.50%。以上部分经济指标显示，

表5 2016年与2015年丝绸工业主要经济指标对比情况

序号	主要经济指标	2016年同比(%)	2015年同比(%)	增速变化(百分点)
1	利润	4.59	6.03	−1.44
2	主营业务收入	4.48	4.14	0.34
3	主营业务成本	4.72	4.41	0.31
4	三费支出	4.22	−1.906	6.126
5	利息支出	−5.50	−8.97	3.47
6	亏损面	12.30	13.19	−0.89
7	负债合计	2.91	−2.26	5.17
8	亏损企业亏损总额	−22.46	21.53	−43.99

资料来源：国家统计局

受多种因素拖累行业利润增速持续回落，行业经济下行压力将持续存在。主要经济指标对比情况见表5。

二、丝绸外贸出口情况

据中国海关统计，2016年全国真丝绸商品出口29.36亿美元，同比下降了6.69%，见图5。

图5 2016年真丝绸主要商品出口金额情况

单位：万美元

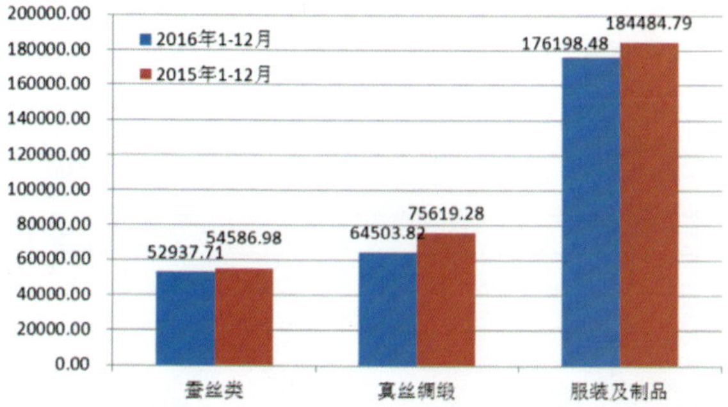

资料来源：中国海关

丝类产品出口13202.59吨，同比增长2.05%，出口金额5.29亿美元，同比下降3.02%，单价同比下降4.98%，其中生丝出口6156.06吨，同比增长3.34%，金额2.8亿美元，同比增长0.3%。

真丝绸缎出口数量12771.4万米，同比下降4.13%，金额6.45亿美元，同比下降14.7%，单价同比下降11.09%，其中坯绸出口数量9237.22万米，同比下降6.51%，出口金额4.53亿美元，同比下降10.97%，单价同比下降4.67%。

丝绸服装及制品出口17.62亿美元，同比下降4 49%，其中真丝绸服装出口0307.37万件（套），同比下降11.78%，金额13.35亿美元，同比下降0.75%，单价15.96美元/件套，同比增长12.47%。其中，针织服装出口3234.7万件（套）同比下降24.7%，金额同比下降25.32%；梭织服装出口5132.67万件（套）同比下降1.09%，金额同比增长3.14%，见表6。

2016年，国内真丝绸商品出口主要呈现以下特征。

（一）丝绸商品出口颓势明显

据中国海关统计，2016年全国真丝绸商品出口29.36亿美元，同比下降6.69%。从出口金额单月数据看，如图6所示，受国内春节长假影响，2月份出口金额出现大幅下降，随后逐步趋于平稳。尽管10月份真丝绸出口金额出现强劲反弹，但全年出口

表6 2016年真丝绸主要商品出口同比情况

	金额同比(%)	数量同比(%)	价格同比(%)
真丝绸商品	−6.69		
丝类	−3.02	2.05	−4.98
生丝	0.3	3.34	−2.94
绸缎	−14.7	−4.13	−11.09
真丝服装	−0.75	−11.78	12.47
针织	−25.32	−24.7	−0.93
梭织	3.14	−1.09	4.24

资料来源：中国海关

金额仍然较2015年下滑了6.69个百分点，国际丝绸市场出口前景依然不乐观。

图6 2016年真丝绸商品出口金额同比情况

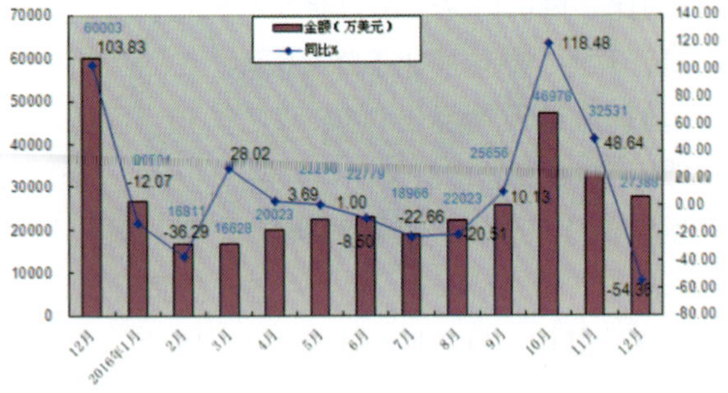

资料来源：中国海关

（二）真丝绸服装出口量额齐跌

2016年，真丝绸服装出口呈现量、额齐跌走势，其数量和金额同比分别下降11.78%和0.75%，虽然第四季度降幅有所收窄，但前期降幅太大，成为拖累全行业出口下降的主要因素，如图7所示。从真丝绸服装出口单价来看，全年平均出口单价15.96美元，同比增长12.47%，见图8。

图7 2016年真丝绸服装出口数量、金额同比情况

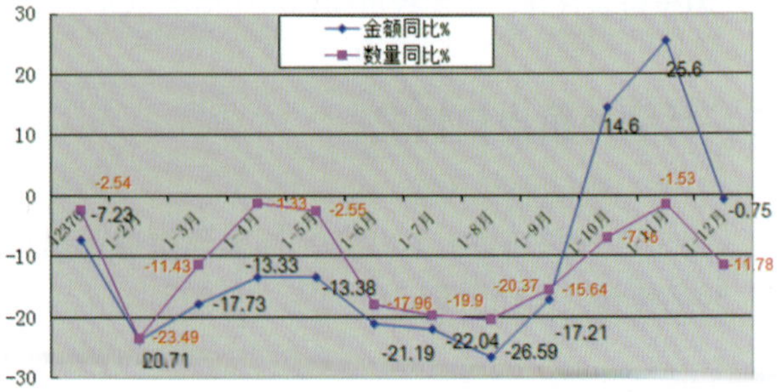

资料来源：中国海关

图8 2016年真丝绸服装出口价格情况

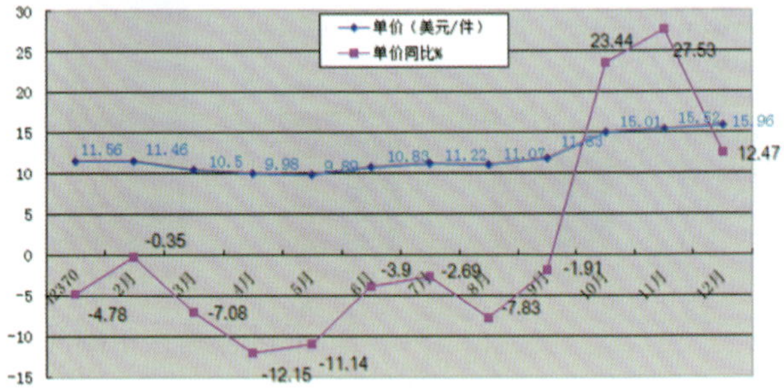

资料来源：中国海关

表7 2016年真丝绸商品各省市出口情况

排名	国家和地区	金额（万美元）	同比（%）
1	广东省	91705.14	51.6
2	浙江省	90052.80	−14.48
3	江苏省	33139.61	−21.92
4	上海市	18846.60	−9.57
5	山东省	13624.04	−27.38
6	四川省	11366.39	−18.18
7	广西区	5626.27	5.21
8	福建省	5537.20	−22.72
9	青海省	4994.27	−25.1
10	江西省	2704.52	−29.37

资料来源：中国海关

（三）主要省市出口降幅较大

2016年，根据各省市真丝绸商品出口金额排名情况分析，如表7、图9、图10所示，出口排名前十的省份中绝大部分省（区）都出现了不同程度地下滑，只有广东、广西同比有所增长。浙江、江苏、上海、山东、四川、福建、青海、江西，分别下降14.48%、21.92%、9.57%、27.38%、18.18%、22.72%、25.1%、29.37%。在各省市丝绸出口普降格局明显的情况下，广东省丝绸出口异军突起，出现了同比51.6%的大幅增长，成为2016年国内丝绸外贸出口最大的亮点。

图9 2016年各省市真丝绸商品出口金额情况

单位：万美元

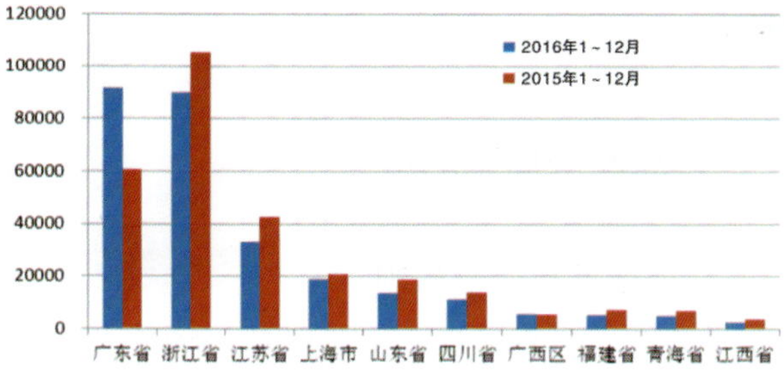

资料来源：中国海关

图10 2016年各省市真丝绸商品出口金额增速情况同比

单位：%

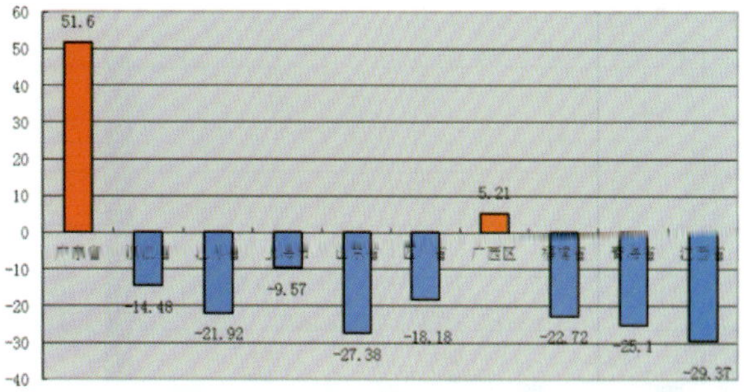

资料来源：中国海关

（四）对传统市场出口有降有升

2016年，国内真丝绸商品对前十位传统主销市场出口有降有升。其中，对美国、意大利、巴基斯坦、日本、德国、沙特阿拉伯等六个国家出口金额有不同程度减少，分别下降了15.88%、10.07%、13.9%、10.82%、12.52%和6.82%。对印度、香港、英国、尼日利亚等国家和地区分别增长4.03%、8.19%、6.92%和310.97%。整体呈现降多增少低迷格局，如图11、表8所示。

表8 2016年真丝绸商品主销市场出口情况

排名	国家和地区	金额(万美元)	同比(%)
1	美国	42357.16	−15.88
2	印度	29448.20	4.03
3	意大利	21240.56	−10.07
4	香港	19863.12	8.19
5	巴基斯坦	17387.52	−13.9
6	日本	15948.07	−10.82
7	英国	12546.33	6.92
8	德国	11904.40	−12.52
9	尼日利亚	11214.19	310.97
10	沙特阿拉伯	8487.59	−6.82

资料来源：中国海关

图11 2016年真丝绸商品主销市场出口金额同比情况

单位：%

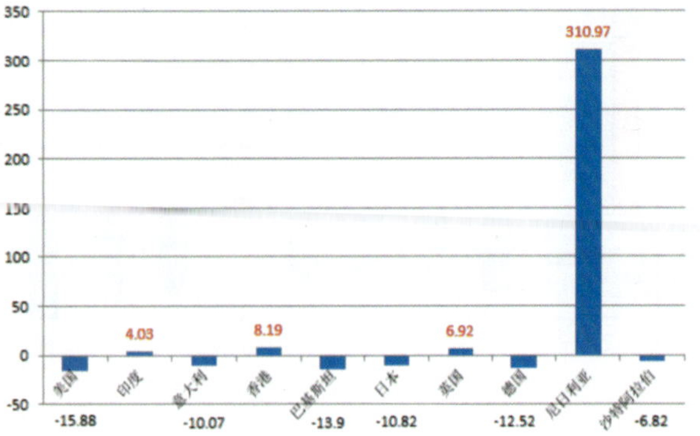

资料来源：中国海关

三、茧丝交易市场情况

2016年，受广西等地蚕茧产量下降，国内茧丝原料供应总体偏紧的影响，茧丝价格从二季度开始逐步震荡走高。截止到12月底，干茧和生丝价格分别较2015年同期增长了37.72%和26.52%，全年茧丝价格持续上升态势明显，如图12、图13所示。

图12 2016年1～12月干茧价格走势图

价格：万元/吨

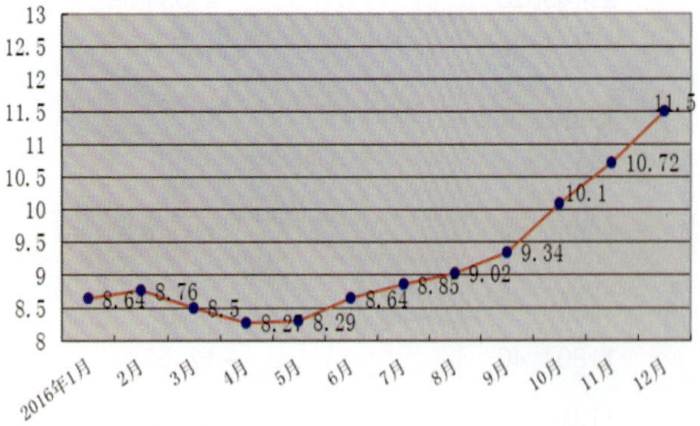

资料来源：嘉兴茧丝绸交易市场

图13 2016年3A级生丝价格走势图

单位：万元/吨

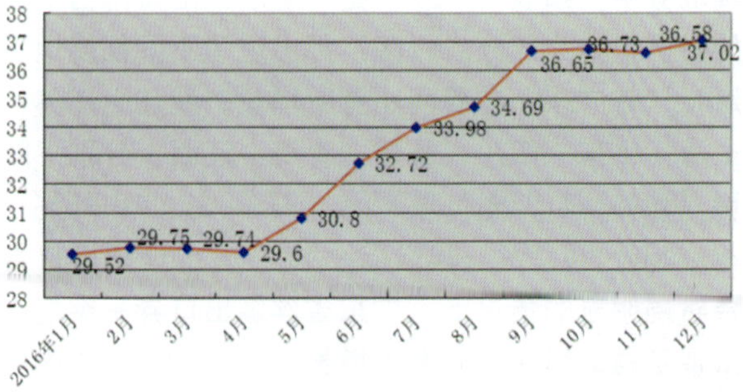

资料来源：嘉兴茧丝绸交易市场

2017年茧丝绸行业面临的形势及发展重点

一、行业发展面临的形势

（一）外贸形势谨慎乐观

近年来，世界经济发展处于国际金融危机以来的深度调整阶段，美国经济复苏乏力，欧元区内需不足矛盾突出，新兴市场面临结构调整、转型升级压力。整体来看，2017年国内丝绸商品外贸出口依然存在诸多不确定的因素，主要有以下三个方面。

一是全球经济复苏依然脆弱，世界主要经济体动力缺乏，投资活动低迷，对能源资源、中间产品、机械设备的需求不振，使得国际贸易增长显著放缓。此外美联储加息预期时有反复，市场投资者和消费者信心不足。新兴经济体市场消费增长有限，资本外流风险仍然存在。二是国际贸易格局继续发生演变，主要经济体结构调整加快。传统的消费大国尤其是美国正大力推进“再工业化”，部分进口的高附加值产品从离岸生产转向近岸、在岸生产，缩短了全球供应链。自由贸易区迅猛发展，全球贸易碎片化风险上升。三是“逆全球化”升温、国际贸易投资环境恶化，国际市场竞争加剧，不断刺激各国实施贸易保护措施，由此导致国际多边贸易体制维系举步维艰，影响了国际市场的公平竞争。根据国际货币基金组织（IMF）预计，2017年全球经济增长3.4%，比2016年略有提高。其中，发达国家增长1.8%，新兴经济体增长4.6%，均较2016年略有提高，世界经济将保持温和低速增长态势，处于“低增长、低通胀、低利率”的发展状态。综合来看，2017年中国的外贸形势虽然严峻复杂，但也正处在结构调整步伐加快、新旧动能接续转换的关键阶段，长期向好的基本面没有变。随着外贸稳增长调结构相关政策持续落地生效，进出口企业转型升级加快，质量效益不断提升，贸易结构继续优化，中国外贸占全球市场的份额有望保持基本稳定。

（二）内需市场稳步增长

在适度扩大市场需求和供给侧结构性改革等国家一系列组合政策的持续作用下，2016年国民经济运行保持了总体平稳、稳中有进、稳中提质的发展态势，生产需求基本平稳，就业形势稳中有好，市场供求有所改善，新动能加快成长，积极因素继续增加。经济好于预期的主要原因在于今年基建投资增速较高，为稳增长做出较大贡献。展望2017年，受财政政策和去杠杆任务制约影响，基建投资将有所回落。从消费和出口看，消费预计将与今年持平，出口形势依旧严峻，难有实质性好转。总体来看，虽然2017年经济增速有所回落的概率较大，但随着“一带一路”、“中国制造2025”、“互联网+”等国家改革措施的不断深入，工业化、信息化、城镇化和农业现代化将同步激发内需潜力，多样化、个性化和时尚化的消费升级，将进一步拓展国内市场空间，国民经济长期向好的基本面不会改变，发展前景依然广阔。

（三）行业结构性矛盾仍存

2016年，全行业经济运行基本平稳。2017年，国内外宏观环境依然错综复杂，行业仍然面临着不少困难和挑战。主要表现在以下五个方面。

一是行业经济下行压力依然较大。2016年全行业的主营业务收入及利润增速呈下滑态势，主营业务收入同比仅增长4.48%，行业利润增速较2015年回落了1.44个百分点，可见2017年行业完成“保增长、稳增长”任务依然艰巨。二是蚕桑生产基础不稳固。由于国内蚕桑生产集约化、机械化、自动化、标准化水平不高，加上蚕茧比价效益不高，导致江浙一带优质蚕茧数量和质量明显下降，已经逐步影响生丝、绸缎等下游高端产品的质量提高。三是企业流动资金短缺问题依然突出。据调查发现，一方面企业融资难、融资贵问题仍然未能有效解决，企业贷款难、担保难、贷款利率上浮，大大增加了企业融资成本负担；另一方面，丝绸原料本身价格高，占用资金相对较多，加上受市场需求低迷影响，生产企业产品库存增加、货款回收周期延长现象较为普遍，增加了企业资金周转的压力。四是生产要素的高成本压力凸显。劳动力、土地、资源等要素供求关系趋紧，生产成本持续攀升，茧丝绸加工传统比较优势明显弱化，行业需求的乏力和有效供给不足并存，限制了茧丝绸产业的应对腾挪空间。五是丝绸生产技术与装备研发滞后，产品创新设计与品牌建设能力不强，专业技术人才缺乏，使得茧丝绸企业产品结构优化与提质增效仍面临严峻考验。

二、行业趋势及发展重点

展望2017年，随着国家调结构、转动力、稳外贸、促内需的相关政策将进一步落实，供给侧结构性改革将持续深入推进，这将为行业经济发展和结构调整增添新的动能。综合国内外各种因素考虑，行业运行虽然下行压力较大，但将会保持基本稳定态势，外贸出口降幅有望逐步收窄，出口压力有所缓解。为此，全行业要认真贯彻落实商务部发布的《茧丝绸行业“十三五”发展纲要》精神，重点做好以下几个方面的工作。

一是推进行业供给侧结构性改革。积极利用土地流转政策，大力推广“公司+基地+农户”、家庭农场、蚕农专业合作社等经营模式，建设优质茧丝基地；加强产品设计研发、渠道创新，积极开展个性化定制、柔性化生产，不断优化产品结构；实施“三品”战略，进一步完善产品服务体系，促进品牌与传统文化及现代时尚的融合发展，不断满足消费升级需求。

二是增强科技创新和应用能力。推进各领域新兴技术协同创新，加快产业和信息的深度融合，把智能化、网络化、绿色环保作为提升产业竞争力的重点；加强企业与科研院所的协作，推动科技成果转化，加快推进桑蚕品种优化改良，创新开发新型蚕桑丝绸产品；抓住省力化养蚕设备、智能化缫丝机等关键薄弱环节，突破制约产业转型升级的技术瓶颈，推进蚕桑生产规模化和集约化、丝绸加工智能化和绿色化，提高茧丝绸产业全要素生产效率。

三是强化茧丝绸自主品牌建设。引导企业增强品牌意识，夯实品牌发展基础，提升产品附加值和软实力，推动中国丝绸产品向中国丝绸品牌转变；深入挖掘我国丝绸传统内涵和民族特色，依托丝绸历史，讲好丝绸故事；鼓励企业加大研发设计投入，提升品牌设计创意水平；通过产品开发、工艺革新、品牌创新，提升丝绸产品的附加值；积极融入互联网经济，创新营销模式，促进线上线下融合发展，提升产品品牌的影响力。

四是促进产业和文化融合发展。加强对蚕桑丝绸历史文化遗迹、非物质文化遗产项目和传统丝绸技艺的保护，鼓励各地因地制宜地开展丝绸博物馆、丝绸小镇、休闲蚕桑基地建设；引导企业将丝绸历史文化元素和市场需求有机融合，提高丝绸产品的文化附加值。支持企业、媒体等开展丝绸相关境内外宣传展示，提升中国丝绸的整体影响力。

五是加大对外合作贸易渠道的开拓力度。积极实施“走出去”和“引进来”战略，利用国际国内两个市场和两种资源，进一步提升产业和产品的国际化水平；鼓励企业对外投资、开展技术与生产合作、推广产品与品牌，积极引进国外先进技术、管理、品牌和专业人才，增强企业核心竞争力；继续巩固传统市场、开拓新兴市场，优化丝绸产品出口结构，提高终端丝绸产品出口比例，不断扩大我国丝绸产品国际市场占有率。

（撰稿人：刘文全　柳恩见）

麻纺织业

中国麻纺织行业协会

2016年中国麻纺织行业形势比较严峻，主要经济指标增速下降，利润负增长，进出口快速下降，原料进口价格上升，主要产品出口价格下降。预计2017年麻纺织行业将延续探底的走势。

行业运行情况

2016年中国麻纺织行业主要指标增速下降，利润负增长，主要呈现以下特点：

一、主营业务收入增速下降，成本增速上升，投资减少，利润负增长

据国家统计局数据，2016年，全国279家规模以上麻纺织企业主营业务收入累计599.66亿元，与2015年的565.80亿元同比增长5.98%，增速下降0.38个百分点，连续三年低于10%，增速下降的主要原因是行业负债合计同比增加1.84%，亏损企业亏损额同比增加36.74%，出口交货值增速仅为0.88%，下降19.42个百分点；而主营业务累计成本为533.73亿元，与2015年的494.82亿元同比增长7.86%，增速提高1.52个百分点。2016年我国麻纺织行业实际完成投资额136.77亿元，同比下降2.45%。受上述不利因素的影响，全行业累计实现利润总额32.21亿元，与2015年的35.19亿元同比下降8.47%，其中麻纤维纺前加工和纺纱的利润同比下降18.22%。

结合以上数据，从表1和图1可以看出，2011～2016年，我国麻纺织行业的主营业务收入增速、利润增速和实际完成投资增速逐年波动下降，2016年形势尤其严峻，亏损额加大，主营业务收入和出口交货值增速下降，主营业务成本快速上升，投资减少，利润为负，尤其是麻纤维纺前加工和纺纱企业的利润下降明显。

表1 2011～2016年麻纺织行业主要经济指标增速变化

单位：%

年份	主营业务收入增速	主营业务成本增速	出口交货值增速	利润增速	实际完成投资增速
2011年	39.6	38.6	16.61	66.4	42.24
2012年	14.48	11.86	−3.52	16.79	51.61
2013年	17.58	18.82	0.19	35.31	38.03
2014年	5.79	7.44	8.06	2.96	−3.43
2015年	6.36	6.34	20.30	17.24	26.67
2016年	5.98	7.86	0.88	−8.47	−2.45

资料来源：国家统计局

图1 2011～2016年麻纺织行业主要经济指标增速变化

单位：%

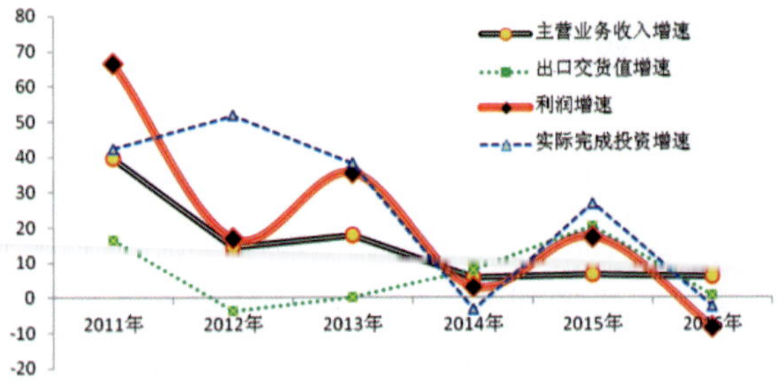

资料来源：国家统计局

二、进出口增速放缓

（一）进口下降加剧，麻原料价格上升

据海关统计，2016年，全国麻纺织行业累计进口总额8.12亿美元，与2015年的8.77亿美元同比下降7.39%。

2016年麻原料累计进口金额6.38亿美元，与2015年的6.93亿美元同比下降8.01%，累计进口数量83.44万吨，与2015年的81.89万吨同比增长1.93%；麻纱线累计进口金额1.04亿美元，与2015年的1.07亿美元同比下降2.09%，累计进口数量10.02万吨，与2015年的11.06万吨同比下降9.41%；麻织物累计进口金额0.53亿美元，与2015年的0.59亿美元同比下降10.12%，累计进口数量3198.84万米，与2015年的9610.27万米同比下降66.71%；麻制品累计进口金额0.17亿美元，与2015年的0.18亿美元同比下降5.77%。

从进口金额与数量的数据可以看到，麻原料为主要进口产品，占进口总金额的78.57%，继续负增长。主要进口种类是亚麻和黄麻原料，其中亚麻原料2016年累计进口数量为16.51万吨，与2015年的18.40万吨同比下降10.28%，累计进口金额4.15亿美元，与2015年的4.39亿美元同比下降5.53%，累计价格同比上升5.02%；黄麻原料累计进口数量为2.38万吨，与2015年同比基本持平，累计进口金额1691.42万美元，与2015年1515.00万美元同比上升11.65%，累计价格同比上升10.94%。从原料进口中可以看出，亚麻和黄麻原料都呈现价格上升趋势，对国内亚麻、黄麻纺织企业生产加工形势不利。

2016年从法国、比利时、白俄罗斯、埃及和荷兰进口的亚麻纤维及短纤占全部亚麻原料99%以上。其中从法国进口11.14万吨，同比下降1.18%，累计价格上升3.79%；从比利时进口3.08万吨，同比下降18.47%，累计价格上升6.75%，从白俄罗斯进口1.48万吨，同比下降38.72%，累计价格下降7.26%，从埃及进口0.47万吨，同比上升

表2 2011～2016年亚麻原料主要进口国家数量百分比变化

项目/年份	单位	2011年	2012年	2013年	2014年	2015年	2016年
累计数量	万吨	14.43	9.96	14.07	16.65	18.40	16.51
法国占比	%	55.13	69.40	64.81	65.02	61.25	67.46
比利时占比	%	31.11	22.17	24.70	20.75	20.50	18.63
荷兰占比	%	4.94	3.10	5.92	6.06	3.05	1.12
白俄罗斯占比	%	2.74	2.32	2.81	5.62	13.12	8.96
埃及占比	%	5.29	2.23	1.08	1.69	1.20	2.87

资料来源：中国海关

114.53%，累计价格下降3.68%，从荷兰进口0.19万吨，同比下降66.99%，累计价格下降10.77%。

从表2和图2可以看出，2011～2016年，从法国、比利时和荷兰进口的亚麻原料占总进口量的85%以上，占有垄断地位，而其价格基本维持在均价2.5美元/千克的高位上波动且有继续上涨趋势，从白俄罗斯和埃及进口的亚麻原料占比不到10%，近两年有所提高，由于白俄罗斯和埃及亚麻纤维的品质和稳定性普遍低于欧洲亚麻，其价格始终低于2美元/千克。建议亚麻纺织企业增加采购白俄罗斯和埃及的亚麻原料，适当调整配比，减少高价亚麻原料对我国亚麻纺织企业的不利影响。

图2 2011～2016年亚麻原料主要进口国家价格变化

单位：美元/千克

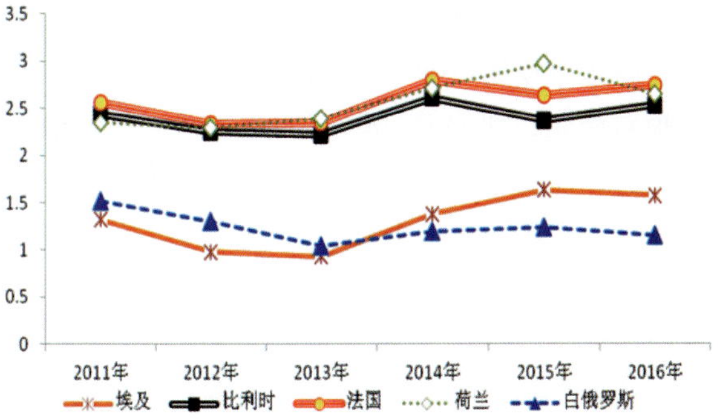

资料来源：中国海关

（二）出口快速下降，主要产品价格下滑

据海关统计，2016年，我国麻纺织行业累计出口总额12.86亿美元，与2015年的19.14亿美元同比下降32.80%。

2016年麻原料累计出口数量4145.99吨，与2015年的5040.75吨同比下降17.75%，出口金额850.44万美元，与2015年的1057.39万美元同比下降19.57%。麻纱线累计出口数量3.50万吨，与2015年的4.16万吨同比下降16.01%，出口金额2.67亿美元，与2015年的3.53亿美元同比下降24.20%，累计价格同比下降9.8%。麻织物累计出口数量2.69亿米，与2015年的3.38亿米同比下降20.38%，出口金额7.79亿美元，与2015年的12.05亿美元同比下降35.37%，累计价格同比下降18.82%。麻制品累计出口2.32亿美元，与2015年的3.46亿美元同比下降33.04%，主要产品价格均有大幅下滑。从上述数据可以看出，麻织物、麻纱线和麻制品这几个主要出口产品量价均快速下降，以出口为主的麻纺织企业形势严峻。

下面分别对出口三大产品（麻纱线、麻织物和麻制品）进行详细分析。

亚麻纱线。2016年累计出口数量2.87万吨，占麻纱线出口量的82.23%，与2015年的3.37万吨同比下降14.96%，累计价格同比下降10.29%，主要销

表3 2011～2016年亚麻纱线出口累计数量、价格及主要市场变化

年份	累计价格（美元/千克）	累计数量（千克）	印度（千克）	意大利（千克）	韩国（千克）	葡萄牙（千克）
2011年	8.97	23733021	8016189	5775093	1729242	759502
2012年	8.87	27741646	9212819	4555874	1337283	3509322
2013年	9.18	28690930	11596559	4026729	2016067	2580620
2014年	9.59	31843723	12335283	4619626	4158203	2672514
2015年	9.33	33742715	14593802	3927659	5888318	1757068
2016年	8.37	28693875	8824854	4503156	5833636	2964232

资料来源：中国海关

往印度、韩国、意大利和葡萄牙，其中排名前两位印度和韩国市场量价齐跌，排三四位的意大利和葡萄牙市场量增价跌。尤其是最主要的印度市场出口量同比下降39.53%，累计价格同比下降11.73%。

从表3可以看出，亚麻纱线累计价格从2014年的9.59美元/千克逐年下降到2016年的8.37美元/千克。在出口数量上，亚麻纱线的最大市场印度前几年增长较快，2016年急剧减少进口约6000吨，这主要是由于印度市场需求减少以及新增三万锭的亚麻湿纺生产线导致的；第二大市场意大利相对稳定，维持在4500吨左右；韩国市场增长迅猛，由2011年的不到2000吨增长到2016年的5800吨；葡萄牙市场约3000吨左右的需求量。

图3 2011～2016年亚麻纱线主要出口市场价格变化

单位：美元/千克

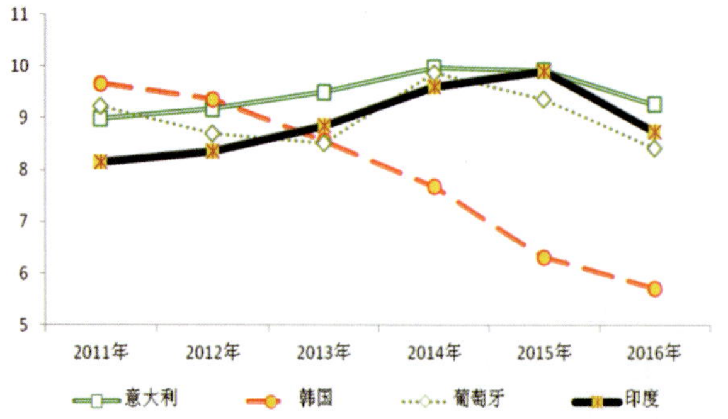

资料来源：中国海关

图3中，几个主要市场的亚麻纱线价格都从2014年或2015年开始下降，尤其是韩国市场价格（亚麻混纺纱为主）持续下降较为明显。我国亚麻纺纱企业要及时调整经营策略，要合理有序地在印度市场竞争，适当避开韩国市场，积极开拓意大利和葡萄牙市场。

苎麻纱线。近年来出口占比越来越小，2016年出口数量1095吨，仅占麻纱线出口量的3.13%，与2015年的1982吨同比下降44.76%，累计价格同比下降1.39%，主要销往韩国、日本、印度和中国香港，其中出口韩国和印度的苎麻纱线累计价格分别同比下降43.77%和15.59%。主要原因是苎麻原料的减少以及市场的萎靡。

从表4中可以看出，随着国内苎麻原料的萎缩，苎麻纱线累计出口数量由2011年的4353吨快速下降到2016年的1095吨，中国香港需求量逐年快速减少，由2011年的1109吨降到2016年194吨，日本和韩国相对稳定，维持在200～300吨之间。苎麻纱线的累计价格也在快速下降，由2011年21.88美元/千克下降到2016年的9.19美元/千克。

亚麻织物。2016年累计出口数量为1.76亿米，占麻织物出口量的65.33%，与2015年的1.75亿米同比增长0.64%，累计价格同比下降7.17%，主要销往孟加拉国和越南，其中出口孟加拉国0.50亿米，同比增加3.99%，累计价格同比下降7.06%，出口到越南0.19亿

表4 2011～2016年苎麻纱线出口累计数量价格及主要市场变化

年份	累计价格（美元/千克）	累计数量（千克）	中国香港（千克）	印度（千克）	日本（千克）	韩国（千克）
2011年	21.88	4353049	1109490	141165	309295	208245
2012年	15.91	3868681	735047	615449	264661	235401
2013年	9.41	2686098	555244	879725	292680	407933
2014年	8.69	2563001	584152	923851	307239	344100
2015年	9.32	1982492	523033	601547	293860	171015
2016年	9.19	1095145	194068	211495	218930	215735

资料来源：中国海关

米，同比下降11.15%，累计价格同比下降1.69%。

图4显示，亚麻织物出口数量在逐年上升，孟加拉市场和越南市场数量上升趋势类似，但出口累计价格在2016年快速降至最低点，跌破2.8美元/米，对以出口亚麻织物为主的企业冲击很大，不少企业面临亏损。

图4 2011～2016年亚麻织物出口累计数量价格及主要市场变化

单位：万米，美元/米

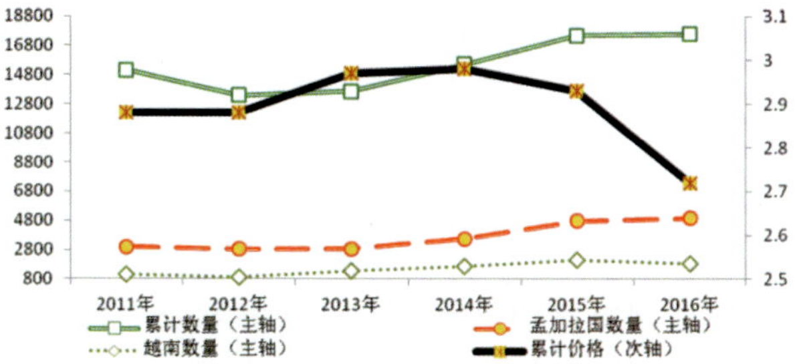

资料来源：中国海关

苎麻织物。2016年累计出口数量0.70亿米，占麻织物出口量的25.98%，与2015年的1.43亿米同比下降51.25%，累计价格同比下降16.45%，主要销往韩国和中国香港，其中出口到韩国苎麻织物0.34亿米，与2015年的0.38亿米同比下降9.71%，累计价格同比下降30.76%，而出口到中国香港0.21亿米，与2015年的0.83亿米同比下降74.75%，累计价格同比上升2.7%。

图5 2011～2016年苎麻织物出口累计数量价格及主要市场变化

单位：万米，美元/米

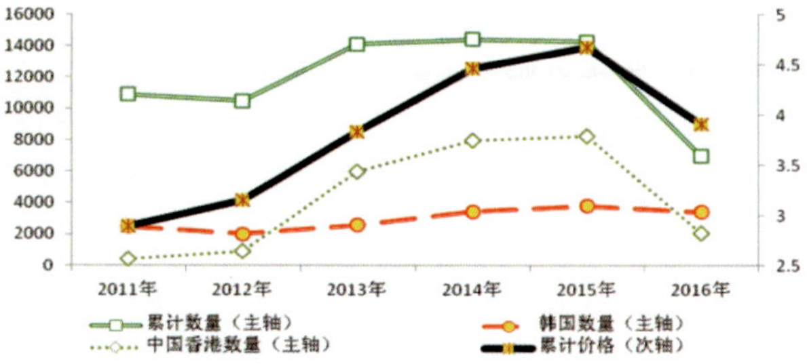

资料来源：中国海关

从图5中可以看出，苎麻织物出口在2015年以前一直维持在1.0亿～1.5亿米，2016年跌至0.7亿米以下，其中，韩国市场相对稳定，2011～2016年维持在0.2亿米～0.4亿米的需求量，中国香港从2013年开始成为苎麻织物的主要出口市场，到2016年也急剧下降至0.21亿米。出口价格从2011年的2.89美元/米一路快速攀升至2015年的4.68美元/米，但2016年又快速下跌至3.91美元/米。苎麻原料萎缩的终端传导效应已经显现，我国苎麻纺织企业要考虑转型和生存问题了。

麻制品。麻制床上用品，麻制餐桌、盥洗及厨房用品和其他麻制装饰用品是主要出口产品。

麻制床上用品2016年累计出口金额为1.41亿美元，与2015年的1.61亿美元同比下降12.45%，主要销往美国、韩国和澳大利亚。其中，出口美国0.54亿美元，同比下降0.97%，出口主要品种的价格均有不同程度的下降，如亚麻或苎麻制其他床上用织物制品（税号6302.3929）累计价格同比下降33.54%。

麻制餐桌、盥洗及厨房用品累计出口0.27亿美元，与2015年的0.93亿美元同比下降70.64%，累计价格同比下降57.19%，这主要是由于新加坡、马来西亚、印度尼西亚、印度、泰国等主要市场出口数量均呈−90%以上的速度下降的缘故。美国和中国香港成为2016年的支撑市场，其中美国0.06亿美元，同比下降21.06%，累计价格同比下降28.46%，中国香港0.05亿美元，同比上升1472.85%，累计价格同比上升104%，这个市场值得关注。

其他麻制装饰用品累计出口0.41亿美元，与2015年的0.69亿美元同比下降40.41%，累计价格同比下降17.63%。

（三）含麻服装出口价格下滑导致负增长

据海关统计，2016年，我国含麻服装出口总额243.10亿美元，与2015年的266.75亿美元同比下降8.87%；累计出口服装数量40.31亿件，与2015年的39.99亿件同比上升0.80%，主要品类的累计价格均同比下降10%以上。价格快速下滑导致含麻服装出口金额继续负增长，这一方面是由于含麻服装主要出口到美国、英国等欧洲发达国家，受2016年英国脱欧、美国大选导致的地缘政治因素和汇率波动影响较大；另一方面国民经济增速放缓，部分企业为了生存出现恶性竞争压价，也是价格下降的因素。

从海关数据可知，含麻服装服饰中以57棉30亚麻8涤5聚胺酯梭织女长裤（休闲、欧码A）和70棉30亚麻梭织女短袖上衣裁片（ACJK7202）为主要出口品种。前者主要出口到美国和英国，均呈现量增价跌趋势。其中，出口到美国18.59亿美元，与2015年的18.10亿美元同比增加2.72%，累计价格同比下降3.97%，出口到英国5.08亿美元，与2015年的4.56亿美元同比增加11.45%，累计价格同比下降11.46%。后者主要出口到越南和中国香港地区，也呈现量增价跌趋势。其中，出口到越南6.01亿美元，与2015年的2.92亿美元同比增加105.81%，累计价格同比下降30.47%，出口到中国香港地区4.82亿美元，与2015年的0.73亿美元同比增加557.58%，累计价格同比下降14.51%。

近几年来，我国含麻服装服饰在全球最成熟、最重要的服装消费市场美国和英国都占有一席之地，尤其是含麻女长裤。2016年这两个出口市场在英国脱欧和美国大选引发的消费不确定性增加以及汇率波动等因素影响，均呈现价格下降趋势。

含麻服装的出口近几年来一直是拉动我国麻纺织产品出口的主要力量，这两年连续出现负增长，对以出口为主的麻纺织行业的冲击很大，麻纺织企业尤其是以间接出口贸易为主的纱布企业应该保持清醒的头脑，合理安排生产，不要盲目扩大产能，以免库存积压。

2017年行业发展面临的形势

一、国际市场复杂多变，进出口不确定性增加

我国麻纺织行业近年来虽然一直在努力开拓内需市场，但还是难以改变以出口为主的行业格局。再加上占行业主要地位的亚麻纺织不仅70%以上产品依赖出口，而且95%以上的原料靠进口。这就导致我国麻纺织行业的发展很大程度上受国际形势变化的影响。据IMF在2017年1月预计：2017年和2018年的全球经济增速将分别提高至3.4%和3.6%（2016年为3.1%），在更大程度上得益于美国、中国、欧洲和日本前景的改善。美国总统选举之后，资产价格出现大幅调整，长期利率急剧上升，美元大幅升值，日元大幅贬值。与此同时新兴市场、股票市场随货币贬值而普遍下挫。在新兴经济体中，中国仍是世界经济发展的主要驱动力，但鉴于信贷继续迅速扩张、企业债务受损、政府对制造业的支持力度尚未全部落实，经济增长仍面临出现急剧减缓的风险。在美国和欧洲，抵制贸易、移民和多边合作的情绪日益高涨；公共和私人债务普遍高企；持续的气候变化，特别对低收入国家产生影响；一些发达国家继续面临着低增长和通缩压力。在欧洲，英国退出欧盟的条件仍不确定，很多国家都将举行全国大选，这些都可能在短期和长期内对经济产生不利影响。这些国际市场复杂多变，导致我国麻纺织行业的进出口面临极大的不确定性。据麻纺织行业的调查问卷结果显示，对2017年产品出口市场持乐观态度的占27.91%，持不乐观态度的为25.58%，持一般或不确定态度的占46.51%。

二、国内经济改革步伐加快，内需市场开拓效果明显

2017年是实施"十三五"规划的重要一年，是供给侧结构性改革的深化之年。国家将继续坚持稳中求进的经济工作方针，继续实施积极的财政政策和稳健的货币政策，以"创新、协调、绿色、开放、共享"理念为引领，主动适应并引领经济发展新常态，抓好去产能、去库存、去杠杆、降成本、补短板工作，继续深化供给侧结构性改革，提高供

给侧的质量和效率，着力振兴实体经济，坚持创新驱动发展，完善市场引导资源配置的机制体制，发扬“工匠精神”，加强品牌建设，培育更多“百年老店”，增强产品竞争力。持续推动大众创业、万众创新，汇聚经济发展新动能。随着“一带一路”、“中国制造2025”“互联网+”、“两化融合”等政策措施的推广落实，新技术、新产品、新模式不断涌现，为工业发展增添了新动能。供给侧改革步伐逐渐深入和加快，内需市场的潜力将进一步释放。麻纺织行业要适应这股潮流，重视增加品种、提高品质、强化品牌的“三品”工程建设，主动积极开拓内需市场。目前已有许多国际品牌如ZARA、优衣库等青睐麻制服装服饰，且在国内市场销售不错。国内许多企业对麻纺织品的兴趣也在逐步提高，内需市场逐渐呈现活跃态势。

三、麻纺织行业问题凸显，上行基础不足

目前影响我国麻纺织行业运行的几个主要问题仍然存在：原料问题困扰行业发展，亚麻、黄麻等优质原料进口依存度大且受限制，苎麻国内种植面积萎缩；内需市场还有待进一步开发，主要麻纺织企业终端产品比重低，产业链延伸不够，自主创新能力不足；行业整体技术装备水平有待进一步提高；节能减排任务重，环保压力大；融资难、税负重、用工成本高等问题进一步加剧。这些问题影响麻纺织企业正常运营，行业上行基础薄弱。据协会调研和问卷调查统计，69.77%的企业设备能力利用率在80%以上，55.81%的企业产品平均销售价格下降5%，53.49%的企业原材料采购价格上升5%左右，62.79%的麻纺织企业原料库存仅够两个月使用，企业经营中遇到的主要问题是成本上涨、市场竞争激烈、国际市场需求不足、招工难和融资难等，企业重视研发新产品技术、拓展销售渠道和产业链延伸。

2017年发展建议

近几年，我国麻纺织行业在协会、会员企业以及社会各界的共同努力下，不遗余力地宣传麻纺织时尚文化，开拓内需市场，并多次召开专业会议研究分析市场情况和解决措施，如2016年分别利用上海召开的“亚麻行业研讨会”、新余召开的“苎麻行业研讨会”、孙吴召开的“汉麻产业发展论坛”、嘉鱼召开的“纺织之光重点科技成果‘汉麻产业化关键技术及应用’现场推广活动”、上海春秋两季国际面料辅料博览会上的麻纺时尚展区和新余举行的国际麻纺织博览会等一系列活动，大力宣传，积极促进合作，坚持创新驱动，取得了较好的成绩，使麻纺织企业看到了走出困境的曙光和希望。

我们在处于“互联网+”和智能制造高速发展的时代，麻纺织行业要掌握这个时代的特点，抓住机遇，顺势而为。

一、互联网时代减少了许多中间环节

代理商、加盟商、百货商业渠道等传统的实体店营销模式正面临更扁平化、更离散化、更具强大自我复制能力的电子商务的挑战，D2C、C2M等模式的出现，进一步将“市场之手”伸向设计和制造环节，从源头开始提供有效供给，中间环节进一步减少。

二、互联网时代更需要个性化服务

互联网大潮，为不断膨胀、愈加多元的需求创造了更加细分的服务模式，将原来集聚式的标准化服务，进化为分散式的点对点服务。这就对麻纺织企业提出了更高的要求——个性化服务和私人定制服务。目前，新申集团和华升股份等麻纺织企业已经在专业定制方面做出了尝试，取得了很好的效果。

三、互联网时代信息更加透明

消费者可以足不出户就从手机、网络等渠道了

解到需要的信息，甚至实现交易。现在互联网集聚了太多的达人和行家，形成越来越多的垂直知识社群，使口碑效应发挥到极致。麻纺织行业要好好抓住互联网时代的机遇，创建品牌，利用口碑效应和新媒体进行宣传。

四、互联网时代促进共享经济的发展

世界范围内，共享经济正快速崛起，Uber、Airbnb已成为共享经济的代名词。国家信息中心研究显示，2015年中国共享经济市场规模约19560亿元，未来五年年均增速将达40%左右。目前已有许多纺织服装企业尝试共享经济，如产能共享、产品共享和创意共享等。共享经济有助于充分利用现有资源，化解过剩产能；有助于专注发展自身优势，促进行业分工；有助于汇聚融合资源创意，提升创新能力；有助于减少重复建设，推动绿色环保。麻纺织企业也要改变观念，将闲置资源充分利用起来共享发展，要在自己的优势和专业领域内做精做强，实现价值的最大化。

展望2017年，麻纺织行业的发展仍然面临着用工、税负等综合成本不断上升，投资拉动减弱、环保压力不断加剧、出口增速下滑和人民币汇率波动等诸多风险和挑战，预计2017年将进一步延续低位徘徊、调整巩固的“新常态”。

（撰稿人：罗玉成）

长丝织造业

中国长丝织造协会

2016年长丝织造行业经济运行分析

2016年中国经济继续呈现增速放缓态势，但随着供给侧结构性改革逐步显效，宏观经济平稳收官。国家统计局年初发布2016年全年国内生产总值为744127亿元，比2015年增长6.7%，中国经济增长对世界经济增长的贡献率达到33.2%，依然是世界经济增长的第一引擎。随着产业结构的深入调整与逐步升级，2016年中国纺织业生产、内销、出口逐渐趋稳，长丝织造企业的经营状况有了明显改善。

一、生产保持稳增长

2016年，我国化纤长丝织物总产量为448亿米，同比增长3.46%，增速比2015年提高1.58个百分点。另据各集群地区统计，2016年全年盛泽、长兴、秀洲、龙湖、泗阳、平望六地化纤长丝织物产量累计为302.18亿米，同比增长5.70%，见图1。从数据来看，成熟的产业集群地区增长有限，后起和新兴的产业集群增长较快，如长兴、泗阳两地的化纤长丝织物产量增速分别达到14.17%、21.03%。

图1 2011～2016年我国化纤长丝织物产量与增速情况

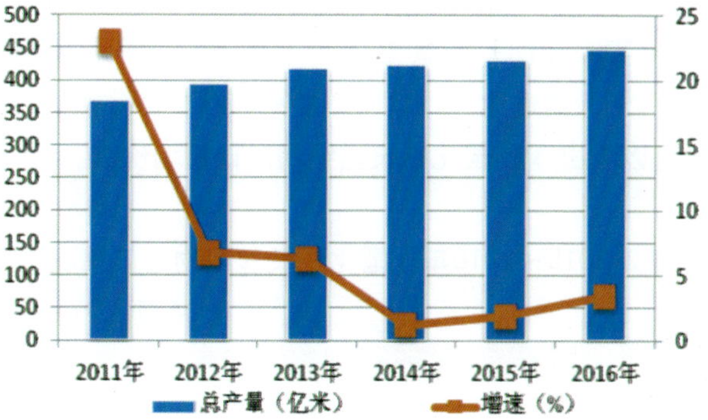

资料来源：各产业集群

二、产品出口竞争激烈

2016年，受原油等大宗商品价格上涨影响，出

表1 2016年我国主要长丝织造产业集群化纤长丝织物产量表

集群名称	单位	产量	同比(%)
盛泽	亿米	88.34	2.18
长兴	亿米	85.10	14.17
秀洲	亿米	43.12	1.79
龙湖	亿米	28.25	2.00
泗阳	亿米	8.37	21.03
平望	亿米	48.40	2.52
合计	亿米	302.18	5.70

资料来源：各产业集群

口市场竞争激烈，我国纺织品出口量增价跌。据海关统计，2016年我国纺织织物累计出口351.07亿美元，同比下降5.43%；实际出口数量285.63亿米，同比增长5.03%；出口平均价格1.23美元/米，同比下降10.22%。

（一）化纤长丝织物出口量增价跌

我国化纤长丝织物出口受国际市场影响波动较大，但全年增速较2015年基本持平。据中国海关统计，2016年长丝织物累计出口117.28亿美元，同比增长1.07%，增速比2015年同期提高1.77个百分点；实际出口数量达128.36亿米，同比增长10.73%，增速比2015年同期提高8.44个百分点。由此可以看出，我国化纤长丝织物出口量增价跌。

图2 2015～2016年我国化纤长丝织物出口情况

单位：万美元

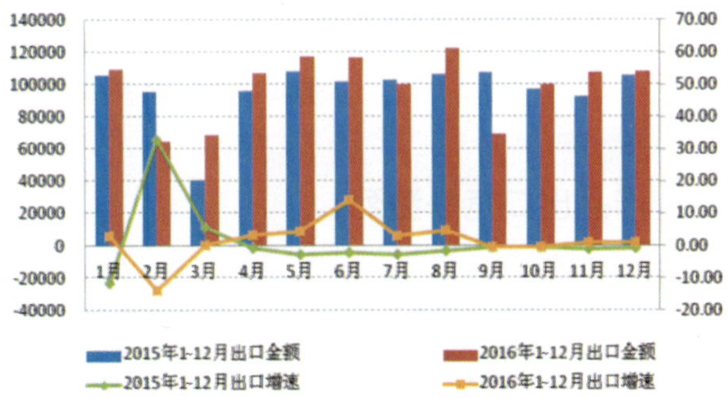

资料来源：中国海关

（二）原料下跌影响出口产品价格

据海关统计，2016年我国化纤长丝织物出口平均价格为0.91美元/米，同比下降9.00%，其中涤纶长丝织物出口价格为0.89美元/米，同比下降10.10%，剔除汇率因素，出口价格同比实际下降4%，见表2。

出口价格下降影响长丝织物出口额难以持续增长，价格下降主要因素是原料价格波动造成的。2016年我国锦纶长丝织物出口价格为1.34美元/米，同比上升5.51%，但锦纶长丝织物出口量较少，不足以带动出口形势。

（三）国际市场竞争激烈

从主要贸易地区来看，见表3，2016年我国化纤长丝织物各主要出口市场相对比较稳定。受国际经济环境影响，我国对欧盟出口额增速放缓，同比增长4.22%，价格同比下降14.65%；对印度尼西亚出口额同比增长23.75%，价格同比下降11.46%；对美出口数量增加，但价格跌幅较大。随着中国—东盟自由贸易区平台的发展，我国对东盟地区出口量较大，2016年我国向东盟地区出口额为31.06亿美元，同比增长13.32%，出口数量29.72亿米，同比增长21.10%，“亚洲经济圈”的贸易格局正在逐步形成。

由于我国下游服装产业向越南、印尼等地的转移以及当地服装产业的快速发展，这些国家对我国

表2 2016年我国长丝织物累计出口情况表

名称	出口金额（亿美元）		出口数量（亿米）		平均价格（美元/米）	
	数值	同比（%）	数值	同比（%）	数值	同比（%）
长丝织物	117.28	1.07	128.36	10.73	0.91	-9.00
涤纶长丝织物	99.50	-0.70	111.23	10.40	0.89	-10.10
锦纶长丝织物	5.11	22.15	3.82	15.95	1.34	5.51

资料来源：中国海关

表7 2016年我国各织造业主要经济指标对比表（规模以上）

主要织造业	主营业务收入增速(%)	利润增速(%)	利润率(%)
棉织造	3.71	3.09	5.39
毛织造	1.00	3.53	4.88
麻织造	6.67	1.87	5.43
蚕丝织造	2.87	−6.05	5.58
长丝织造	3.87	3.15	5.06

资料来源：国家统计局

据国家统计局统计，2016年1～12月我国化纤织造及印染精加工业亏损企业147家，亏损面进一步缩小到11.37%，比2015年同期减少1.78个百分点；亏损额同比增长21.02%，单个亏损企业亏损额同比增长35.58%。其中，化纤织造企业亏损企业为124家，亏损额占织造及印染亏损总额的86.82%，单个织造企业亏损额较印染企业亏损额多2.48%，可见织造类企业亏损程度大于印染类企业。

数据表明，长丝织造行业中的小微企业以低档产品、薄利多销的经营模式已经不足以支撑企业盈利，市场调节的压力导致一些企业倒闭。这是一个市场竞争与淘汰的过程，小微企业唯有尽快转型升级、提升自身综合实力才可能安渡难关。

二、融资艰难 信息化渠道风险大

谈到融资问题，纺织行业企业一直存在融资艰难的困境，尤其是商业银行对纺织行业贷款一直存在“行业歧视”，银行对纺织企业贷款利率不断提升。加之，以现金贷款做质押换取承兑汇票的不当操作，加上贴现利率的放开、对纺企贷款申请审核更加严格等因素，企业获得实际资金的成本更是成倍上涨。企业申请长期贷款难以获批，而短期贷款具有放贷时间短、资金少、还款利息高的特点，难以支撑企业实施投资大的项目。企业面对高利率、短周期的贷款只能望而却步！

尽管在以互联网为载体的信息化时代，各类移动终端APP广泛，涉及个人众筹、第三方平台贷款的软件层出不穷，如宜人贷、小微贷、现今贷、房贷贷等，这些产品可以通过手机在线实时借钱无需抵押担保，无需任何材料，放款快，但利息非常高，企业贷款风险较大，实际贷款额也十分有限。另外，银行为方便客户开通的极速贷、闪电贷等快捷方式，虽为企业开通了快捷通道，但附加了优质客户、信用积分、办卡年限等条件，且利率依然较高，风险较大。

三、库存压力略减　潜亏风险大

2016年，我国化纤长丝织造企业产成品库存为72.02亿元，同比增长4.88%。近两年，我国化纤长丝织造及印染精加工业产成品库存虽未有明显增长，但前两年累计库存量基数较大，库存压力不减。企业为消减库存，以销定产，积极控制生产。据统计，六个产业集群地全年产销率105.15%，比2015年同期提高6.63个百分点，表明集群消耗了5.15%的产成品库存。虽然企业正在尽力清理库存，但积压产成品库存基数较大，仍然具有一定潜亏风险。

从图8中可见，据国家统计局数据显示，2016年，我国化纤长丝织造及印染精加工业产成品库存为79.23亿元，同比增长4.34%，其中，90.9%为化纤长丝织造产成品库存，产成品库存主要集中在织造产业。全年来看库存增速波动下降，前几年积压的库存正在逐步消化。目前，全行业平均库存约为24天，库存压力略减。

图8 2015～2016年我国化纤长丝织造及印染精加工业产成品库存情况（规模以上）

单位：万元，%

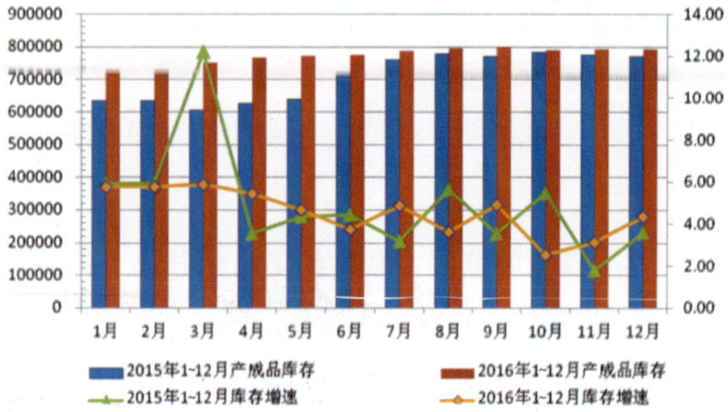

资料来源：国家统计局

四、产业工人不足

近年来，长丝织造企业工人工资一直较高，企业为吸引员工，在改善住宿环境、帮助家属就业、孩子上学等方面也做了许多努力，但由于织造车间噪声大、需要上夜班原因，使得年轻人并不愿意加入这一行业。2017年春节过后，虽然大部分长丝织造企业招工较为顺利，但目前能招到的工人主要是行业内原本的劳动力，几乎找不到新入行的员工，这表明当前产业工人不足，这也是未来产制约产业发展的重要因素之一。

一些大型企业积极开启智能制造，引进自动化设备，以期减少用工数量，但对织造环节而言，距离真正的智能织造还有很长的路要走。

2017年长丝织造行业发展趋势展望

一、国际市场多变

2017年，我国将面临更加复杂多变的国际形势，无论是亚太经合组织。还是特朗普新政的变动，都将直接影响我国纺织品服装业的进出口贸易。国际贸易大环境变化较多，随之而来的不确定性因素也在增加。国内方面，政府在稳定宏观经济和收入增长的支撑下，刺激内销市场恢复，在国家降成本、推进供给侧改革的政策下，纺织行业更要积极适应。

2017年首月，中国纺织品服装出口开始恢复增长。据统计，2017年1月中国纺织品服装出口1656.8亿元，同比增长10.2%，其中纺织品出口664.1亿元，同比增长11.2%；服装出口992.7亿元，同比增长9.5%。2017年1月，中国制造业采购经理人指数(PMI)为51.0，我国制造业经济年初有所恢复，但惯性增长的趋势难以持续，2017年经济下行压力依然不容小觑。

二、原料价格不稳

2017年以来，国际石油价格下跌后开始逐步恢复。国际原油期货价格由2016年年末的56.75美元/桶，下跌至2017年1月的53.01美元/桶，到2月开始逐步恢复到53.2美元/桶；截至3月7日，国际原油期货价格为53.2美元/桶。原油价格波动将直接导致化纤原料价格波动，同时受国际政治、经济多方面因素影响预计2017年国际石油价格全年走势变数仍然较大。

受石油价格影响，PTA价格由2016年年末的5250元/吨处于上涨趋势，2016年1月的5320元/吨，2月的5490元/吨；截至3月8日，PTA内盘价格增长至5582元/吨。较2015年同期，PTA价格平均上涨1000元/吨，直接导致化纤面料织造业成本上涨。同时，2017年国内棉花价格一路高位，市场内需乏力，预计2017年原料市场价格波动明显，这也将直接影响面料织造行业。

三、环保要求更严

随着人们环保意识的不断提高，地方政府对当地企业环保压力的逐步加大。长丝织造企业经过多年的努力，已清醒地认识到这一发展趋势并十分重视节能环保，积极促进行业可持续发展。多数长丝织造企业已通过中水回用技术实现污水处理及循环利用，水资源利用率明显提高。各产业集群“煤改气”工程已接近尾声，虽然增加了企业的一部分费用，但对推进绿色织造有着积极意义。

《中国制造2025》中明确提出，要全面推行绿色制造，努力构建高效、清洁、低碳、循环的绿色制造体系。我国纺织业在绿色制造中肩负更大责任，尤其是织造业下游印染业的废水排放问题，将给未来纺织业可持续发展带来更多挑战。国家对纺织企业节能环保要求会越来越高，企业可能会面对更加严格的环保政策。因此，我们呼吁企业在节能环保方面不断完善、坚持投入，为我国纺织业绿色环保工作做出更多努力！

2017年长丝织造行业发展应对措施

一、调整产品结构

当前，我国纺织行业正处于结构调整关键期，长丝织造产业也呈现两极分化态势。国内市场需求动力不足，市场竞争激烈，一些中小企业仍然面临产品结构单一、面料市场价格低、利润极少的困境。企业只有通过根据市场需求及时调整产品结构，丰富产品品种，才能创收。因此2017年长丝织造行业将重点鼓励企业创新研发、调整产品结构，以应对市场多变的需求，从而促进行业发展。

为此，协会将通过积极引导企业时刻关注化纤原料价格走势，消化现有产成品库存，收集下游市场信息，加快市场反应速度、创新产品研发、丰富产品类型，以逐步促进产品结构的调整。同时，协助化纤长丝织造行业的优秀领头企业分享其在产品创新与结构调整的优秀经验，积极促进产业转型升级、改善行业技术提升、促进绿色生产。

二、促进智能化生产

当前，我国纺织服装产业发展正处于从中国制造向中国创造、从资源配置型向创新驱动型的深度转型时期。推进信息化与工业化深度融合、加快推广智能制造已成为我国纺织服装产业应对新一轮科技变革的必然要求。

虽然已有很多长丝织造企业在生产流程管理、采购与营销方式上通过信息采集与数据控制提升效益，但这与真正以互联网为载体、将自动化设备全面用于生产的智能制造仍有一定距离。面对劳动力优势的减弱，生产成本的上升，长丝织造企业亟须通过智能制造来控制成本，从而提升产品的核心竞争力。这不仅包括新式无梭织机、自动检测设备、自动传送装置的应用与升级，还包括面料的设计与开发，印染、制衣等环节的智能生产，以及在无人车间、智能工厂等多领域的探索与创新。

三、推进“三品”战略发展

在“十三五”规划、“纺织强国”建设纲要等宏观指导下，长丝织造行业将着力推进“三品”战略，继续深化供给侧结构性改革，引导企业围绕开发新产品、提升产品品质、创建产品品牌三方面转型升级，把握市场消费需求新趋势，加强产品创新设计，提升产品功能性、时尚性和绿色化的创新。企业要加强品牌培育、品牌宣传、品牌国际化推进，把握住现阶段人们消费升级的机遇，提高产品质量、丰富产品品种、满足个性化需求。以成本控制为先，质量提升为要，以产品创新为突破，加大技术改造与创新力度，提高市场竞争力。

（撰稿人：黄潇瑾　任　倩　赵红枝）

印染业

中国印染行业协会

2016年印染行业经济运行情况

2016年是“十三五”规划开局之年，也是中国经济进入“新常态”后深度调整和转型的关键之年。面对复杂的内外部环境，印染行业着力推进转型升级，依靠技术创新、管理提高和产品升级，全行业经济运行总体平稳，规模以上企业主要运行指标保持增长，实现了“十三五”的良好开局。

一、产量扭转负增长态势

随着国内经济企稳回升和供给侧结构性改革的有力推进，2016年1～12月，规模以上印染企业印染布产量533.70亿米，同比增长4.74%，增速较2015年同期提高9.81个百分点，扭转了“十二五”以来连续五年负增长的态势，见图1。

图1 2011～2016年规模以上印染企业印染布产量情况

单位：亿米

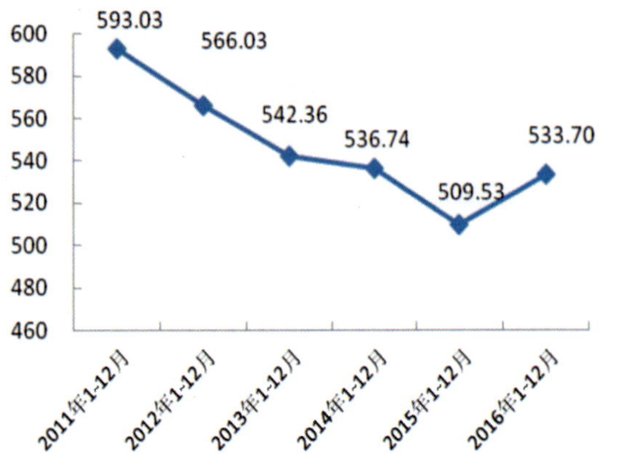

资料来源：国家统计局

二、固定资产投资增速下滑

2016年1～12月，印染企业500万元以上项目固定资产实际完成投资442.36亿元，同比增加2.94%，见图2。其中，棉印染精加工企业实际完成投资额366.26亿元，同比增加7.21%；化纤织物印染精加工企业实际完成投资额76.09亿元，同比减少13.61%，见表1。

“十二五”时期，印染行业加快转型升级，大规模进行技术改造、装备升级，投资规模不断扩大、投资增长较快，在经济进入新常态后，经济下行压力较大，受市场主体投资信心不足、产量下降、内外需求收缩等诸多因素的影响，自2015年以来，投资增速持续回落，2016年固定资产投资增速较2015年同期回落13.86个百分点，其中，化纤织物印染精加工固定资产投资增速下滑明显，较2015年同期回落30.69个百分点。如图2所示。

图2 2011～2016年印染企业500万元以上项目固定资产实际完成投资情况

单位：亿元

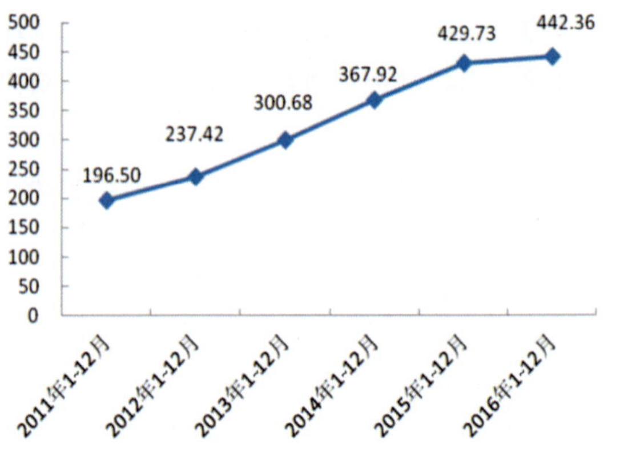

资料来源：国家统计局

表1 2016年1～12月印染企业500万元以上项目固定资产投资情况(不含农户)

固定资产投资额		棉印染加工		化纤织物印染精加工	
数值(亿元)	同比(%)	数值(亿元)	同比(%)	数值(亿元)	同比(%)
422.36	2.94	366.26	7.21	76.09	–13.61

资料来源：国家统计局

三、质量效益稳步提升

(一)运行质量持续改善

2016年1～12月，印染行业运行效益指标见表2。规模以上印染企业三费比例5.93%，同比减少0.18个百分点。成本费用利润率5.64%，同比增加0.26个百分点，反映企业降低成本的经济效益有所提升；销售利润率5.33%，同比增加0.24个百分点；产成品周转率29.02次/年，同比增加5.72%；应收账款周转率11.24次/年，同比增加2.46%，企业营运能力有所提高；总资产周转率1.39次/年，同比下降1.26%，企业利用全部资产进行经营的效率有所降低。

(二)盈利能力保持平稳

2016年1～12月，规模以上印染企业实现主营业务收入3937.17亿元，同比增长0.72%，增速较2015年同期回落3.53个百分点；实现利润总额209.79亿元，同比增长5.43%，增速较2015年同期回落1.82个百分点；销售利润率5.33%，较2015年同期提高0.24个百分点，见图3～图5。行业盈利能力基本保持平稳，但企业成本负担依然较重，主营业务成本占主营业务收入的比重高达88.5%，受市场需求疲软和生产成本上升的双重挤压，唯有依靠

表2 2016年1～12月印染行业运行效益指标

印染企业	规模以上印染企业	棉印染精加工	化纤织物染整精加工
三费比例(%)	5.93	5.80	7.90
同比(百分点)	–0.18	–0.20	–0.01
成本费用利润率(%)	5.64	5.65	5.59
同比(百分点)	0.26	0.30	–0.26
销售利润率(%)	5.33	5.33	5.25
同比(百分点)	0.24	0.27	–0.23
产成品周转率(次/年)	29.02	29.03	28.77
同比(%)	5.72	5.37	11.93
应收账款周转率(次/年)	11.24	11.41	9.21
同比(%)	2.46	1.76	14.03
总资产周转率(次/年)	1.39	1.42	1.08
同比(%)	–1.26	–1.74	7.21

资料来源：国家统计局

转型升级才能改善企业盈利水平。

图3 2011～2016年规模以上印染企业主营业务收入情况

单位：亿元

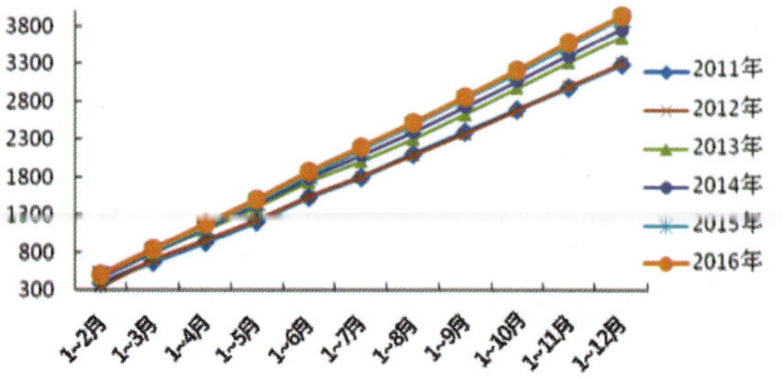

资料来源：国家统计局

图4 2011～2016年规模以上印染企业利润总额情况

单位：亿元

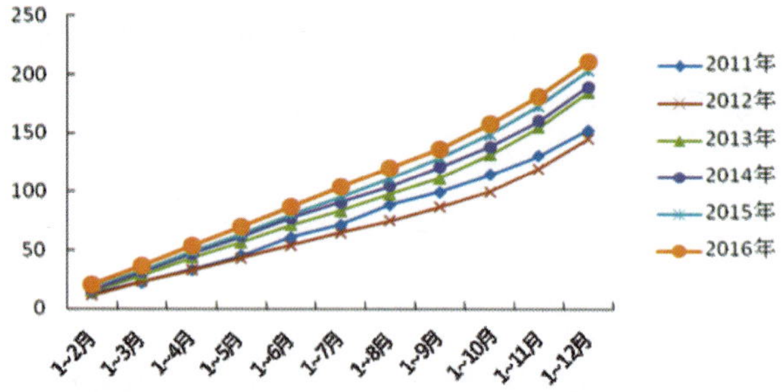

资料来源：国家统计局

图5 2011～2016年规模以上印染企业销售利润率情况

单位：%

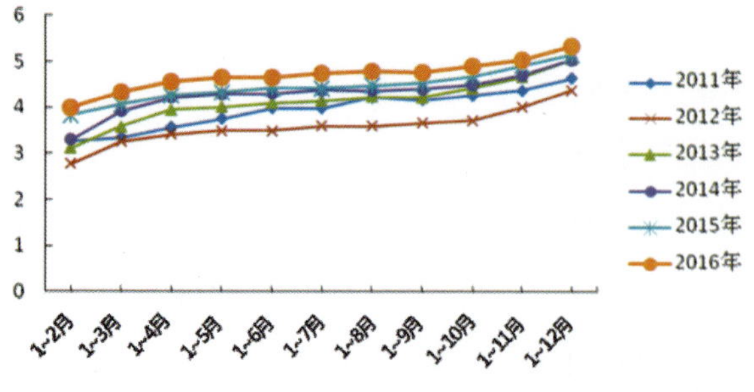

资料来源：国家统计局

2011～2016年，规模以上印染企业主营业务收入和利润总额呈逐年增长态势。主营业务收入由2011年的3280.99亿元增加到2016年的3937.17亿元，年均增长3.09%；利润总额由2011年的152.28亿元增长到2016年的209.79亿元，年均增长5.50%。2011～2016年，销售利润率均保持在4%～5%之间，2016年同比2011年增加0.69个百分点，印染企业的盈利能力提高是“十二五”期间印染行业通过结构调整和转型升级的成果。

（三）亏损面小幅收窄，亏损额增加

2016年1～12月，规模以上印染企业亏损企业户数214家，亏损面12.07%，较2015年缩小0.1个百分点。亏损企业亏损总额11.52亿元，同比增长2.21%，增速较2015年同期减少29.18个百分点，见图6。企业在降本增效方面取得进展。

图6 2011～2016年规模以上印染企业亏损面变化情况

单位：%

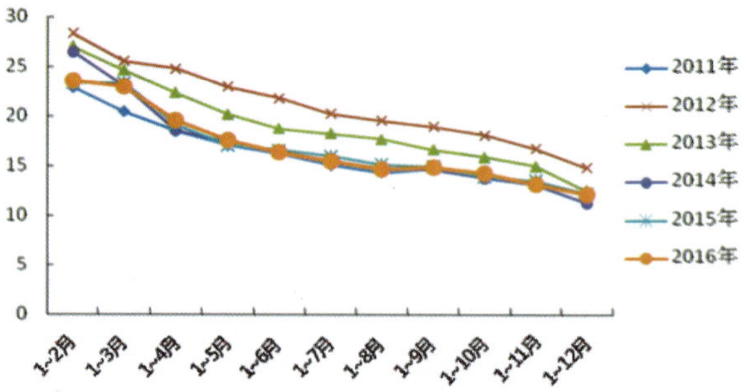

资料来源：国家统计局

（四）内销市场对行业发展支撑作用增强

图7 2011～2016年规模以上印染企业内销占比情况

单位：%

2016年，规模以上企业出口交货值528.93亿元，同比减少6.81%。1～12月份内销占比86.57%，较2015年同期增加1.09个百分点，较2011年同期增加3.94个百分点，见图7。由于国内市场需求支撑，消费保持增长，从2013年起，印染布内销占比呈逐年增加态势，国内消费市场对印染行业拉动作用在增强，消费结构升级对行业转变发展方式、调整产业结构、保持平稳运行具有积极意义。

四、进出口情况

2016年1～12月，印染八大类产品进出口总额249.73亿美元，同比减少6.2%，增速较2015年同期回落4.27个百分点；贸易顺差208.78亿美元，同比减少5.12%，增速较2015年同期回落5.63个百分点，见图8。

（一）进口量价持续走低

2016年1～12月，印染八大类产品进口数量10.62亿米，同比减少9.45%，增速较2015年同期回落1.95个百分点；进口金额20.48亿美元，同比减少11.52%，增速较2015年同期增加0.54个百分点；进口平均单价1.93美元／米，同比减少2.03%，增速较2015年同期增加2.9个百分点。

（二）出口量升价跌

2016年1～12月，印染八大类产品出口数量215.53亿米，同比增长4.33%，增速较2015年同期增加2.54个百分点；出口金额229.26亿美元，同比减少5.7%，增速较2015年同期回落4.86个百分点；出口平均单价1.06美元/米，同比减少9.61%，增速较2015年同期下降5.85个百分点。由图8可知，2011～2016年印染八大类产品出口数量逐年增加，2011～2014年出口金额和出口平均单价逐年上升，2015年后出现下降现象，2016年持续走低。

图8 印染八大类产品出口情况

单位：美元/米，亿米，亿美元

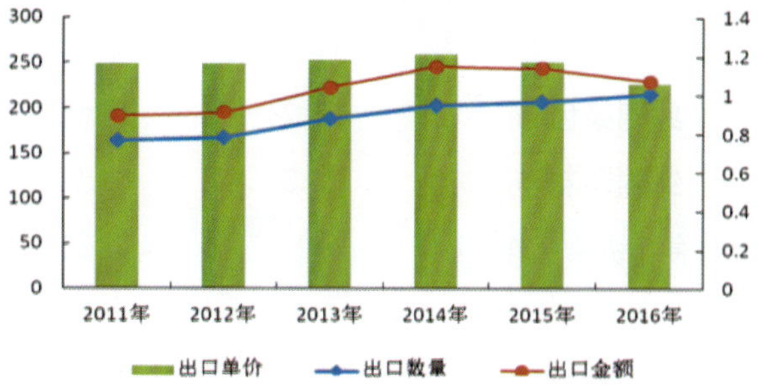

资料来源：中国海关

1.印染八大类产品出口情况

2016年印染八大类产品出口情况见表3。八大类产品中，棉混纺印花布出口占比最小，出口数量同比大幅增长86.26%，平均单价同比下降14.95%。合成长丝织物出口占比最大，同比增长10.54%，平均单价同比下降9.09%。八大类产品出口平均单价同比均呈不同幅度的下降，棉混纺印花布和T/C印染布出口平均单价呈两位数下降。

2.主要出口市场情况

2016年，印染八大类出口市场前十位依次为越南、孟加拉国、印度尼西亚、尼日利亚、巴西、阿联酋、巴基斯坦、贝宁、印度和菲律宾。前十位出口数量合计87.76亿米，占总出口数量的40.72%；出口金额103.2亿美元，占总出口金额的45.01%，见表4。越南仍是最大的出口市场，印度尼西亚由去年的第七位上升至第三位，出口数量同比大幅增加31.67%，增速较2015年同期大幅提高37.59个百分点；出口金额同比增加15.97%，增速较2015年同期增加24.9个百分点。2016年印染布前十位主要出口市场出口平均单价均呈不同幅度的下降。

3.传统出口市场情况

2016年，对欧盟市场出口数量同比增长7.33%，出口金额同比增加1.55%。对欧盟、美国、中国香港和日本市场出口平均单价同比分别下降5.38%、13.41%、5.10%和5.34%，见表5。

表3 2016年1～12月印染八大类产品出口情况

品种	数量（亿米）	金额（亿美元）	单价（美元/米）	数量同比（±%）	金额同比（±%）	单价同比（±%）
纯棉染色布	12.24	24.25	1.91	-6.2	-12.91	-7.04
纯棉印花布	17.39	19.52	1.22	0.34	-9.42	-9.68
棉混纺染色布	3.56	7.08	2.04	7.19	-3.04	-9.55
棉混纺印花布	1.37	2.26	1.96	86.26	58.49	-14.95
合成长丝织物	126.89	114.15	0.89	10.54	0.24	-9.09
涤纶短纤织物	13.65	10.36	0.8	-11.61	-19.1	-8.43
涤棉印染布	16.32	22.59	1.22	-10.49	-19.95	-10.97
人纤短纤织物	24.11	29.05	1.11	1.76	-3.43	-5.51
合计	215.53	229.26	1.06	4.32	-5.70	-9.61

资料来源：中国海关

表4 2016年1～12月印染布出口主要市场情况

国家及地区	数量（亿米）	金额（亿美元）	单价（美元/米）	数量同比（±%）	金额同比（±%）	单价同比（±%）
越南	19.26	35.91	1.86	-4.00	-9.16	-5.38
孟加拉国	11.38	16.01	1.41	10.14	4.00	-5.57
印度尼西亚	10.13	10.35	1.02	31.67	15.97	-11.92
尼日利亚	8.03	4.95	0.62	-0.55	-20.13	-19.69
巴西	7.58	5.85	0.77	8.67	-6.01	-13.51
阿联酋	6.75	7.68	1.14	-19.67	-20.01	-0.42
巴基斯坦	6.71	8.14	1.21	-13.99	-28.19	-16.51
贝宁	6.66	4.99	0.75	-27.45	-42.28	-20.44
印度	5.66	4.24	0.75	26.13	10.79	-12.16
菲律宾	5.60	5.08	1.00	15.75	0.67	-13.03

资料来源：中国海关

2011年以来，印染布出口美国市场占比基本平稳，出口中国香港市场占比呈明显的逐年下降态势；出口日本市场占比变化不大，但呈逐年下降态势；出口欧盟市场占比自2012年以来呈逐年小幅增加，如图9所示。

表5 2016年1～12月印染布出口传统市场情况

国家及地区	数量（亿米）	金额（亿美元）	单价（美元/米）	数量同比（±%）	金额同比（±%）	单价同比（±%）
欧盟	16.29	18.08	1.11	7.33	1.55	−5.38
美国	4.93	5.37	1.09	4.57	−9.45	−13.41
中国香港	3.03	4.78	1.58	−6.68	−11.44	−5.10
日本	1.43	1.11	0.78	−5.11	−10.17	−5.34

资料来源：中国海关

图9 2011～2016年印染布传统出口市场占比情况

单位：%

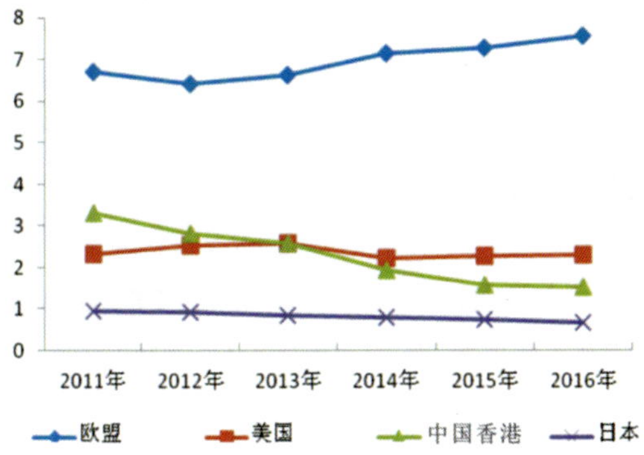

资料来源：中国海关

4.新兴市场出口情况

2016年，对印度出口数量和金额保持了两位数的增长速度，分别增长26.13%和10.79%；对东盟和俄罗斯的出口数量同比分别增加8.12%和0.04%，出口平均单价同比分别减少10.51%和8.95%，见表6。自2012年起，印染八大类产品出口东盟、印度市场占比逐年上升、出口俄罗斯市场占比逐年下降。如图10所示。

图10 2011～2016年印染布新兴出口市场占比情况

单位：%

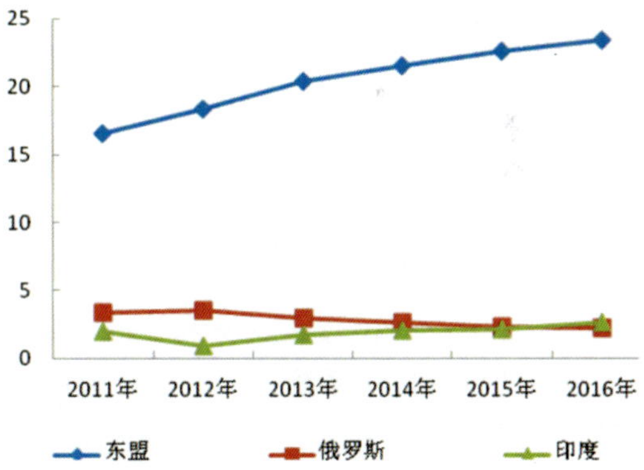

资料来源：中国海关

表6 2016年1～12月份印染布出口新兴市场情况

国家及地区	数量（亿米）	金额（亿美元）	单价（美元/米）	数量同比（±%）	金额同比（±%）	单价同比（±%）
东盟	50.41	68.03	1.35	8.12	−3.24	−10.51
俄罗斯	4.72	4.44	0.94	0.04	−8.91	−8.95
印度	5.66	4.24	0.75	26.13	10.79	−12.16

资料来源：中国海关

2016年印染行业面临的主要问题

一、政府对印染行业扶持力度还需进一步加大

从目前来看，国家金融政策在印染行业的落实效果尚不明显，多数印染企业面临复杂的国内外环境和成本上升、税收高、融资难等困难和压力。近几年在环保政策倒逼下，行业节能减排和转型升级取得了明显成效，但在国际国内经济环境趋紧，企业经营压力较大的形势下，政府除加大淘汰落后产能工作力度、加强节能环保管理外，还应加大对印染企业的扶持力度，如税收、贷款优惠政策等，在发展中解决好发展的问题。

二、企业管理水平有待进一步提升

印染行业是技术密集、管理复杂、环保要求高的行业。就技术方面而言，我国印染技术在很多方面已处于国际先进或领先水平，但在管理方面，我国印染行业正处于由粗放型向精细化过渡。目前部分企业做到部分生产环节的自动化或半自动化控制，少数企业做到全流程数据采集和管控，尚未形成更大范围的综合应用系统，生产执行管理系统（MES）和生产自动化系统（SFC）在许多企业未能发挥应有的作用。行业要实现从手工机械化、集合单机自动化向全流程数字化、系统自动化跨越，还有很长的路要走。

三、产业结构调整有待进一步加快

印染行业75%左右的产品是通过委托加工方式实现的，加工型企业的发展关键在于其显著的成本优势，当成本优势不在，同质化竞争不断加剧，企业利润下降，生产经营将面临困境。产品结构调整和市场结构调整是印染行业转型升级的两个重要方面。因此，产品结构要由同质化转变成差异化、个性化，由来样仿制转变成设计研发；市场结构要由加工贸易转变成销售终端控制、自主品牌，从满足用户需求到为消费者创造需求。另外，产品与市场也是相辅相成的，产品研发必须以市场需求为导向，市场开发必须以产品研发为依靠。制造业最核心的竞争力体现在产品上，而产品的价值必须通过市场才能得到体现，所以市场的把握与控制对企业来说至关重要。

2017年印染行业发展趋势与重点方向

面临国内外经济弱复苏下的新形势和新要求，印染行业产量5年负增长，首次转正，说明行业提前调整，有提前结束调整的迹象。2017年行业将继续深入推进转型升级，优化产业结构，以供给侧结构性改革为主线，淘汰落后产能、推进智能化、信息化管理，提高技术创新、产品开发能力。预计2017年印染行业经济运行稳中有进，稳中向好。

一、国内外形势对印染行业的影响

当前世界经济增速放缓，需求回升乏力。2017年，美国经济将继续温和增长，但美国总统特朗普新政存在一定变数，经济走势不确定性增大；受英国脱欧、难民问题和地缘政治等影响，欧洲经济不排除回升受阻的可能；由于日元升值抑制出口，日本经济增速回升的动力依然不足；新兴市场和发展中国家经济增长仍然面临许多困难，资金外流风险依旧存在，结构性改革有待进一步深化，将进一步影响巴西、俄罗斯和南非等资源出口依赖性国家的经济复苏步伐。在此大环境下，预计2017年我国印染产品对欧盟、美国的出口有望保持增长，对日本和俄罗斯出口将继续走低，但在美国、日本和欧盟市场份额保持基本稳定。

随着我国供给侧结构性改革的有力推进，工业

领域转型升级步伐加快，新动能不断得到培育，在这些积极因素的支撑下，预计2017年中国经济仍将延续缓中趋稳、稳中向好的态势。从消费层面看，消费结构升级，将不断释放新的消费需求潜力。国内有效需求持续增长，将拉动印染产品内销有所增加。

二、智能制造促进行业转型升级

提升行业整体智能化水平是印染行业转型升级的重要方面。随着自动化、智能化技术和数码印花为代表的一批印染新技术快速发展，以及精细化管理在一些企业有效推行，将有越来越多的企业采用工艺参数在线采集与自动控制系统、化学品自动称量和自动输送系统以及数字化、智能化装备，进一步加强信息化管理与工艺技术、企业运营管理与互联网技术的融合。部分优势企业将通过建立智能化管理系统，实现生产执行管理系统（MES）、计划管理系统（ERP）及现场自动化系统（SFC）的结合，从单一装备的智能化向整体工厂智能化转变。

三、节能环保促进行业绿色发展

“十二五”期间，印染行业节能减排取得显著成效，“十三五”实现节能环保目标任务依然艰巨。2017年行业将着力推进节能减排和清洁生产技术的深度开发和应用，加强有毒有害化学品替代技术开发，建立纺织化学品风险管理和控制体系。加快淘汰落后的生产工艺和装备，提高行业整体装备和工艺水平。按照国家统一部署和安排，2017年将在印染行业全面推行排污许可制度，年底前完成排污许可证核发。

四、产品创新开发培育新的增长点

加快产品结构调整，推进供给侧改革，实施增品种、提品质、创品牌“三品”战略。重点开发高档次、高品位、高附加值产品，为行业创造新的经济增长点；开展全流程数字化绿色生产线建设，推广染料助剂自动配送系统，提高产品质量和品质；注重从加工生产向前端设计研发、后端市场终端控制延伸，引导并创造市场需求；以市场为导向，加强高品质、多功能、智能化产品开发，使纺织品面料向舒适化、时尚化、环保化、多元化、多功能化和智能化方向发展，更好地满足消费者多层次的需求；加快制定绿色产品评价标准，推动绿色产品评价，引领绿色消费。

（撰稿人：丁思佳　林　琳）

针织业

中国针织工业协会

行业运行情况

一、行业规模

近两年，行业总体增速放缓。2016年1～12月，针织行业规上企业实现主营业务收入7545.15亿元，同比增长4.60%，增速较2015年提高1.14个百分点；资产总计为4882.09亿元，同比增长3.03%，增速较2015年降低2.03个百分点；规上企业数为5754家，亏损面10.62%，较2015年降低0.55个百分点。其中，针织织物规上企业2320家，实现主营业务收入3287.04亿元，同比增长4.25%；针织服装规上企业3434家，实现主营业务收入4258.11亿元，同比增长4.87%，完成产量144.27亿件，同比降低0.26个百分点。近几年我国针织行业规模以上企业产业规模变化况见图1。

图1 近几年我国针织行业规模以上企业产业规模变化情况

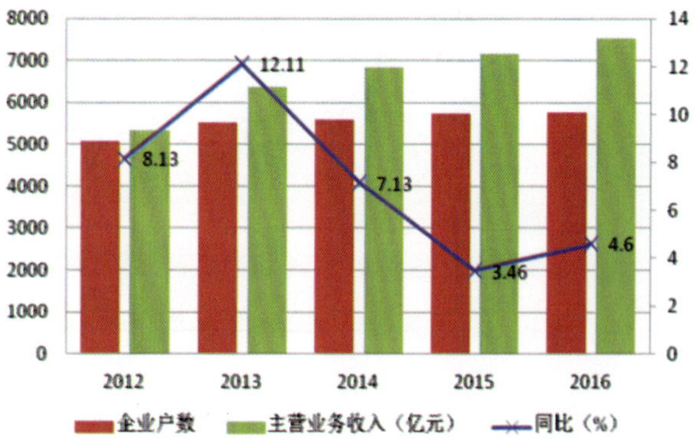

资料来源：国家统计局

二、成本费用结构

2016年针织行业成本费用小幅增长。2016年1～12月，针织行业成本费用总额7094.68亿元，同比增长5.07%，较2015年增加0.17个百分点。其中，主营业务成本为6581.75亿元，同比增长4.49%，较2015年增加1.13个百分点；三项费用合计512.93亿元，同比增长3.42%，较2015年降低2.22个百分点。分版块，针织织物规上企业主营业务成本2881.90亿元，同比增加4.50%，较2015年增加1.96个百分点；针织服装规上企业主营业务成本3699.85亿元，同比增加4.48%，较2015年增加0.44个百分点。

三、盈利情况

规上企业总体盈利状态良好，但两级分化愈发明显。2016年1～12月，针织行业实现利润总额为426.04亿元，同比增长7.25%；亏损企业亏损额为13.98亿元，同比增加17.38%；亏损面为10.62%，比2015年减少0.55个百分点。其中，针织织物规上企业实现利润总额194.01亿元，同比增长3.85%，较2015年同期降低5.82个百分点；针织服装规上企业实现利润总额232.03亿元，同比增长10.26%，较2015年增加8.76个百分点。全行业行业利润率水平比2015年同期提高个0.14百分点，达到5.65%，针织面料板块利润率高于行业平均，为5.90%，但较2015年同期降低0.02个百分点。产成品周转率22.23%，较2015年同期提高0.06%；其中针织织物产成品周转率21.80%，较2015年同期降低0.12%，针织服装产成品周转率22.58%，较2015年同期提高0.21%。总资产周转率为1.55%，较2015年同期提高0.02%；其中针织服装板块资金运作效率相对较高，为1.69%，较2015年同期提高了0.03%，针织织物板块总资产

表2 2016服装行业出口情况

	数量（万件）	金额（万美元）	单价（美元/件）	数量同比（%）	金额同比（%）	单价同比（%）
服装及衣着附件	–	15944736	–	–	–9.35	–
服装合计	2959328	12691169	4.29	–2.75	–10.15	–7.54
针织服装及附件	–	7442493	–	–	–11.2	–
针织服装	1889782	6264371	3.31	–3.27	–12.02	–9.07
机织服装及附件	–	7214406	–	–	–8.08	–
机织服装	1069546	6426798	6.01	–1.82	–8.26	–6.53

资料来源：中国海关

/件，同比下降7.54%，见表2。

2016年，我国服装出口价格降幅在波动中逐渐加深，导致我国服装出口额加速下滑。特别是2016年4季度，受人民币兑美元汇率贬值影响，以美元计价的我国服装产品出口价格接连下挫，10月、11月、12月降幅分别为9.30%、12.63%、12.30%，12月单月服装出口量价齐跌，导致出口金额降幅达16.47%，致使全年服装出口额累计降幅较前期继续扩大。

2016年，我国服装对欧盟、美国、日本、东盟四大主要市场出口全线下跌，见图1。自2016年4月以来，我国服装对美国出口额同比由增转跌，特别是在2016年年末，美国总统大选增加了市场不确定性，我国服装对美出口一路不振。2016年我国服装对美国出口金额为332.37亿美元，同比下降7.47%。与美国市场不同的是，我国服装对欧盟和日本出口降幅在跌宕中逐步收窄，但后期回暖乏力，主要还是市场需求低迷所致，2016年我国对欧盟服装出口金额为370.07亿美元，同比下降10.18%；对日本服装出口金额为160.82亿美元，同比下降7.32%。2016年，越南、柬埔寨、印度尼西亚等东盟国家服装加工产能持续扩张，对上游纱线、面料等纺织品的需求增加，与此同时，对成品服装的需求减少，导致了我国服装对东盟出口大幅下跌。2016年，我国对东盟纺织品出口微增0.84%，但对东盟服装出口骤降26.31%，出口金额为91.06亿美元。

图1 2015年至今我国对主要市场服装出口金额累计增幅情况

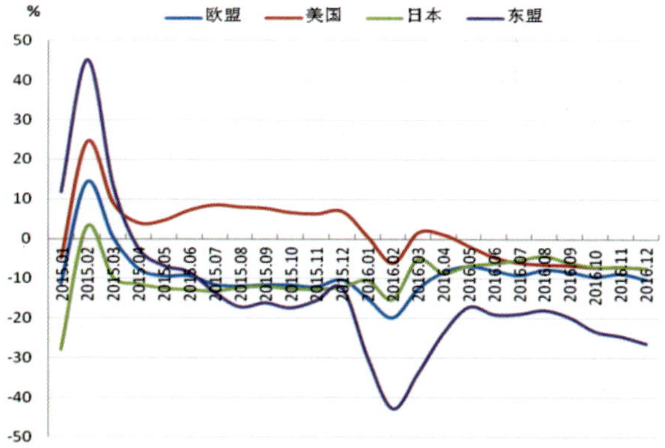

数据来源：中国海关

尽管我国服装对传统市场出口疲软，但受益于“一带一路”战略的实施，我国服装对部分新兴市场出口频现亮点。其中，对沙特阿拉伯、吉尔吉斯斯坦、菲律宾、哈萨克斯坦和伊拉克的服装出口金额同比分别增长34.84%、71.54%、24.88%、30.03%和26.43%。对以上五国出口金额合计102.14亿美元，占我国出口总金额的6.41%，对整体出口形成1.61个百分点的正向拉动。

三、国内销售增速缓中趋稳

受宏观经济增长持续下行、人均衣着消费支出增幅回落等因素影响，2016年我国服装类商品零售总额增速较2015年有所放缓，但年内增速保持稳定，2016年前三季度累计增幅均为6.9%。国家统计局数据显示，2016年，社会消费品零售总额332316亿元，同比增长10.4%，增速比2015年同期回落0.3个百分点。其中，限额以上单位服装类商品零售额累计10218亿元，同比增长6.8%，增速比2015年同期回落2.5个百分点。

2016年，各零售渠道销售表现迥异。随着消费者网购心态发生改变，消费观念正从一味追求低价转向“高性价比”的理性消费，网上零售额增速挥别了高增长时代。以大型零售企业为代表的传统服装销售渠道继续承压前行，虽然年内降幅自2016年3月开始逐步收窄，但由于受线上销售渠道的挤压，全年累计增速仍停留在负增长区间。我国服装专业市场成交额增长较为稳定，一些具有影响力的传统市场积极创新商贸流通模式，延伸营销网络布局，依托现代化电子商务方式和途径新建现代化的服装专业市场，增强了中心城市的辐射带动功能，

国家统计局数据显示，2016年穿类商品网上零售额同比增长18.1%，增速较2015年同期回落3.3个百分点。据中华全国商业信息中心的统计数据，2016年全国重点大型零售企业服装类商品零售额同比下降1.23%，增速较2015年同期下降1.77个百分点；各类服装零售量同比下降0.9%，增速较2015年同期下降5.05个百分点。中国纺织工业联合会流通分会数据显示，41家重点监测的专业市场2016年总成交额达到9745.12亿元，同比增长5.5%。2016年各渠道服装销售额增长情况见表3。

四、投资增速大幅回落

2016年，我国服装行业投资增速大幅回落。国家统计局数据显示，2016年我国服装行业实际完成投资4780.91亿元，同比增长5.57%，比2015年同期回落16.68个百分点，见表4、图2。分产品来看，机织服装制造领域的投资增速下滑明显，2016年增速比2015年同期下滑了23.66个百分点。终端需求不旺及投资周期性收缩是增速下滑的主要原因，此外，中小企业融资难等问题也制约了投资的扩张速度。而机织服装制造领域投资增速明显下滑与机织服装产量缩减密切相关，反映出以机织服装为主营产品的服装企业产销压力较大。

表3 2016年各渠道服装销售额增长情况

	销售额(万亿元)	同比(%)
社会消费品零售总额	33.23	10.4
限额以上单位服装鞋帽、针纺织品类商品零售额	1.44	7.0
全国重点大型零售企业服装类商品零售额	0.20	−1.23
专业市场	0.97	5.5
全国网上零售额	5.16	26.2
实物类网上零售额	4.19	25.6
穿类商品网上零售额		18.1

资料来源：国家统计局、中华全国商业信息中心、中国纺织工业联合会流通分会

表4 2016年服装行业固定资产投资情况

行业	2016年1～12月		2015年1～12月	
	实际完成投资（万元）	实际完成投资比2015年同期增长（%）	实际完成投资（万元）	实际完成投资比2015年同期增长（%）
总计	128387465	7.77	119132083	14.96
纺织工业	66425704	10.68	60016028	13.10
纺织服装、服饰业	47809087	5.57	45285317	22.25
机织服装制造	29911670	2.03	29317220	25.69
针织和钩针编制服装制造	6716191	11.00	6050654	23.25
服饰制造	11181226	12.74	9917443	12.60
化学纤维制造业	11160436	0.34	11122065	2.87
纺织专用设备制造业	2992238	10.47	2708673	0.04

资料来源：国家统计局

图2 2015～2016年服装行业实际完成投资累计增速情况

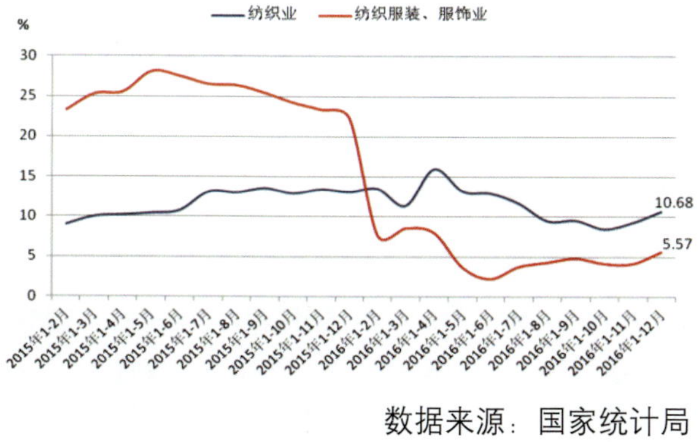

数据来源：国家统计局

五、效益指标保持平稳

2016年，我国服装行业效益指标总体平稳，但增速放缓。根据国家统计局数据，2016年服装行业规模以上（年主营业务收入2000万元及以上）企业15715家，累计实现主营业务收入23605.09亿元，同比增长4.61%。利润总额1364.71亿元，同比增长2.35%，见图3。

2016年，服装行业规模以上企业销售利润率为5.78%，比2015年同期微降0.13个百分点；三费比例为7.89%，比2015年同期下降0.03个百分点；产成品周转率提升0.13个百分点。在终端销售不旺的情况下，服装企业积极调整、转型，抗风险能力不断加强，品质提升与品牌建设工作取得成效，盈利水平保持稳定，运营能力有所提升。

图3 2015～2016年服装行业主要效益指标增速变化情况

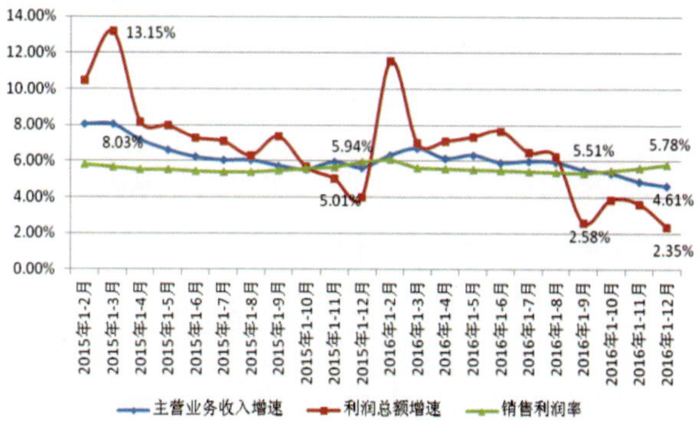

资料来源：国家统计局

运行主要影响因素

一、国际市场需求低迷

2016年以来，发达经济体复苏步伐十分缓慢，英国“脱欧”、美联储加息、意大利宪法公投等频现的“黑天鹅”事件，使得全球经济走势不确定因素增加，消费者信心受到影响，对服装产品的消费支出减少，进一步制约服装进口市场规模的扩张。从欧盟统计局、美国商务部和日本财务省公布的服装进口最新数据来看，欧盟、美国、日本服装进口总额均为负增长，同比分别下降0.09%、5.23%和12.27%，同期，三大传统出口市场自中国的进口额出现了较大幅度下滑，同比分别下降了7.50%、8.58%、16.58%。

二、东南亚等国竞争加剧

我国服装出口呈现负增长态势，除了受国际市场需求不足影响以外，重要原因是在国际服装贸易格局重塑过程中，我国传统竞争优势逐步弱化，而新的竞争力还没有形成，越南、孟加拉国等为代表的东南亚国家纷纷凭借成本优势、关税优势挤占我国服装的国际市场份额。自2010年起，中国服装占欧盟、美国、日本的市场份额持续下降，根据欧盟统计局、美国商务部和日本财务省公布的服装进口最新数据，欧盟、美国和日本从中国进口服装的比重分别减少了2.78、1.27和3.29个百分点，订单明显向越南、孟加拉国、柬埔寨等国家转移，见表5。

二、内销市场变革提速

（一）人均衣着消费支出增速放缓

2016年，得益于前期国家稳增长政策的支撑，我国经济运行总体平稳，一些指标好于预期，但经济自主增长的动力依然较弱，居民可支配收入增速放缓以及与个人发展和享受相关的支出增长迅猛等因素，均在不同程度上制约了人均衣着消费支出的增长。国家统计局数据显示，2016年，全国居民人均衣着消费支出增长3.3%，在消费支出中的比重为7.0%，比2015年下降0.4个百分点。同期，居民人均居住、用品及服务、医疗保健、交通通信支出分别增长9.6%、9.7%、12.3%和12.0%，增速大幅高于衣着消费支出。2014～2016年全国居民人均可支配收入情况见图4。

表5 中国与主要竞争国占欧盟、美国和日本市场份额变化情况

欧盟				美国				日本			
国别	2016年1～12月比重(%)	2015年1～12月比重(%)	比重变化(百分点)	国别	2016年1～12月比重(%)	2015年1～12月比重(%)	比重变化(百分点)	国别	2016年1～12月比重(%)	2015年1～12月比重(%)	比重变化(百分点)
中国	34.68	37.45	−2.78	中国	34.59	35.86	−1.27	中国	63.66	66.95	−3.29
孟加拉国	17.31	15.95	1.36	越南	13.39	12.40	0.99	越南	11.49	10.27	1.22
土耳其	11.23	11.13	0.10	孟加拉国	6.57	6.34	0.23	孟加拉国	3.32	2.75	0.57
印度	6.58	6.61	−0.04	印尼	5.83	5.80	0.03	印尼	3.38	3.29	0.09
柬埔寨	3.93	3.44	0.50	印度	4.51	4.30	0.21	柬埔寨	2.94	2.27	0.67

资料来源：欧盟统计局、美国商务部、日本财务省

图4 2014～2016年全国居民人均可支配收入情况

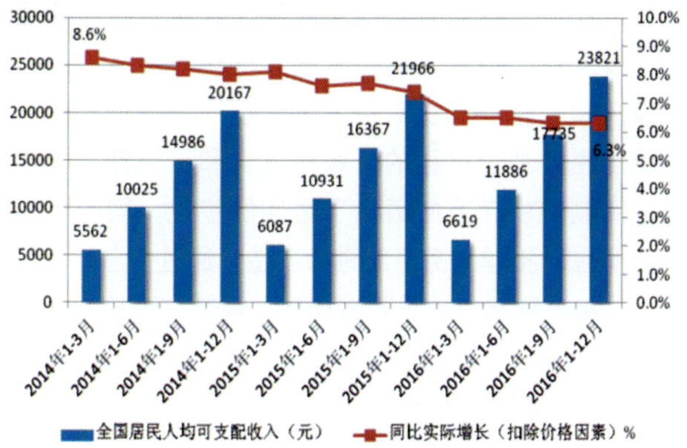

资料来源：国家统计局

（二）线上渠道拉低服装零售价格

近年来，服装线上销售增速远快于传统渠道，线上销售在我国服装零售市场的比重持续攀升，对线下销售渠道形成进一步挤压。由于线上服装销售价格趋低，大型零售企业价格也顺势下降，拉低了服装市场整体零售价格，导致服装整体零售额增速放缓。

（三）供需错配抑制消费提升

随着居民可支配收入水平的提高，大众消费开始从模仿式消费向个性化、智能化、定制化方向发展。大数据所驱动的高效产销互动、精准生产已经成为现实，消费需求的释放需要供给侧提供适销对路的高质量、有创意的产品。然而，受传统体制机制约束等影响，我国服装行业供给侧结构性调整仍然表现出一定的黏性和迟滞，导致新产品和新服务供给潜力没有得到释放，产品品质和创新力度未能完全顺应消费升级的需求，供给与消费之间的不匹配在一定程度上抑制了消费的进一步提高。

四、企业经营管理面临多重压力

（一）生产要素上涨挤压企业利润空间

2016年，我国服装行业面临的综合成本提升压力不减，以服装面辅料为代表的生产要素价格持续上涨，使得企业利润空间受到挤压，加大了服装行业的经营压力。中国服装协会2016年对重点品牌企业的调研结果显示，约有六成的企业认为成本上涨是现阶段企业生产经营面临的主要问题。

（二）专业人才短缺制约企业转型升级

2016年，我国服装行业面临的用工问题已不仅仅是劳动力成本的攀高，还面临青年人择业观改变、服务业分流就业等多方面压力，特别是高技能复合型人才的缺失是我国服装行业转型升级过程中面临的一大瓶颈。我国现有服装人才队伍相对薄弱，服装设计、外贸、经营、管理等高层次人才缺乏，行业员工素质提升步伐滞后于服装企业技术革新速度，削弱了中国服装企业的市场竞争力。

（三）供应链协同效应有待提升

现阶段，由于技术、管理等方面的限制，服装企业内外部资源缺乏有效整合，协同运作程度不高。企业内部部门间难以运用数字化、智能化技术和先进管理方式，实现快速高效的协同运作；企业外部产业各环节间沟通不顺畅，设计师、生产环节、门店、消费者等各环节无法实现端到端的模式链接，各系统集成后的运行不稳定，存在信息孤岛。特别是服装企业缺乏上游面料、技术、服务等供应商的有效支撑，导致无法及时满足市场需求，制约服装企业的进一步发展扩张。

2016年服装行业运行发展特点

2016年是我国“十三五”开局之年，也是产业转型升级加速的一年。面对经济发展的新常态，服装行业积极应对需求多变、综合成本上升等多重压力，努力挖掘和发挥中国经济结构优化、增长动力转换和制度环境改善所带来的机遇；改变提升发展理念，从旧思路、旧方法、旧手段转向新思想、新模式、新路径，务实创新，从而取得产业素质提升的新进步，提质增效的新发展。

一、个性化发展成自觉

2016年，中国服装市场个性化、多样化特点愈加明显。消费观念变革使消费行为从以往大规模、同质化消费，向差异化、高品质消费转型，这给中国服装行业带来了巨大空间和机会，同时也强力倒逼服装行业生产模式由集中化、规模化和标准化向精细化、人性化和个性化转型。

2016年，以“个性化”、“定制化”为特征的男装品牌大量崛起。据不完全统计，我国涉及服装定制服务的企业已超过200家，成为男装市场的一支新兴力量；女装行业向中高端发展趋势明显，正逐渐步入产品和服务驱动、以消费者需求为核心的精细化变革阶段；休闲装行业进行深度调整，通过强化商品开发平台建设，整合上下游供应链资源，持续改进价格机制等，加强了企业内控能力，夯实了企业发展基础能力，性价比高的“快时尚”服饰逐渐成为休闲装主流商品；童装行业品牌化、差异化的趋势明显，并在中外品牌竞争中进一步巩固优势。

二、设计研发力量不断加大

产品是服装企业的核心竞争力，产品创新是服装品牌保持核心竞争力的关键所在。2016年，中国服装行业产品持续创新，并在年轻化、精品化发展方向上取得了一定突破。企业把深入强化商品改革作为产品创新的重要抓手，以升级品牌形象。企业纷纷在锁准产品定位的基础上，运用科学的创意设计企划模式，进一步提升、商品企划能力。强化组建设计队伍，尤其注重与设计师跨界合作，使得设计创意大幅提升。品牌更注重对中国传统文化探究与演绎，服装产品彰显了中国美学理念。坚持弘扬精益求精的工匠精神，追求卓越品质，建立健全质量管理机制，质量水平不断提升。

三、智能制造有序发展

2016年是我国系统推进智能制造的发展元年。我国服装行业顺势而为，不断提高两化融合水平，从单项应用向综合集成迈进。CAD、CAM及吊挂柔性制造系统大量应用，自动缝制单元、模板缝制系统等自动化生产装备产业化应用加速，数字化综合集成技术和大规模定制技术的产业化应用取得重大突破。领先企业加快对传统生产线的智能化改造，实现了生产加工过程的“敏捷性”和“柔性”，向服装定制化生产方向迈出了坚实的步伐。同时，很多企业也对接单业务系统进行改造，通过信息化手段介入，接单贸易业务正朝着标准、规范、可控方向发展。甚至有企业建设了C2M工业平台，消费者可以自主设计，大力增强需求互动，充分满足个性化需求。

四、营销创新力度加强

伴随着消费者购买渠道的变化，2016年，服装企业加大线上线下融合速度，规划实施全渠道营销模式。淘品牌加快落地、全面布局线下网络，线下品牌加速电子商务建设，为顾客提供更好全渠道服务同时，也为未来新产品开发和设计提供更多数据基础。很多企业确定了“一切为了终端”的发展战略，将终端管理扁平化，并利用国内外专家出众的终端陈列能力、销售能力在全国巡店，通过服务终端，倒逼产品开发和供应链设计，取得了一定效果。同时，围绕“体验、“场景”进行变革，实现了“服装+”的跨界聚合效应。

2017年服装行业发展趋势展望

2017年是供给侧结构性改革的“深化之年”，也是强国建设的关键之年。一方面受人力成本上升影响，招工难的状况将持续，产业仍面临着成本压力。另一方面消费升级、人口与产业政策等新机遇，将给产业发展带来新动力。

一、国际市场不确定性因素增加

2017年，全球经济有望温和复苏，但仍存在诸多不确定因素：美国保守派总统上台后贸易政策走向未知，一旦美国总统特朗普“美国第一”，“让实业回归美国”及相关反全球化主张逐一落实，会

表2 实际完成投资增速（%）

行业	2015年	2016年
家用纺织制成品制造	14.7	-5.2
床上用品制造	21.4	-13.8
毛巾类制品制造	4.9	6.5
窗帘、布艺类产品制造	19.4	4.8

资料来源：国家统计局

年同期提高1.87个百分点。其中，976家规模以上床上用品企业内销产值999.34亿元，同比增长4.27%，增速较上年提高1.66个百分点；210家规模以上布艺企业实现内销161亿元，同比增长8.54%，增速较2015年下降了1.23个百分点。290家规模以上毛巾企业实现内销产值529亿元，同比增长0.04%，增速较上年增长5.88个百分点，见图8。

图8 规模以上企业内销产值增速（%）

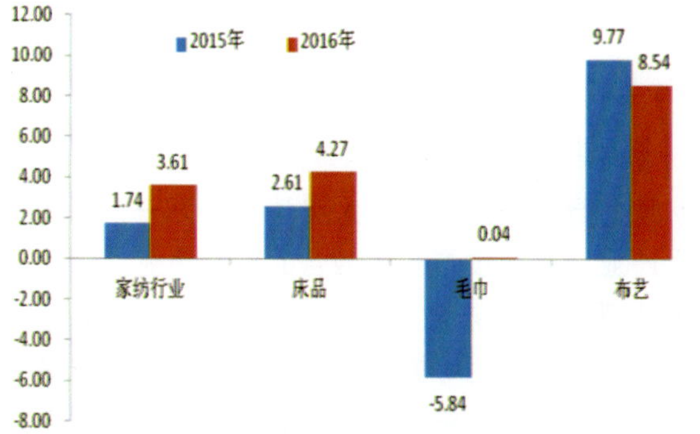

资料来源：国家统计局

2016年大众产品增长势头较好，电商销售仍保持较快增长，电商渠道进一步拓宽和完善，内销中网上销售比重继续扩大。大型商业零售持续下降，2016年全国大型商业零售企业床品销售额增速为-3.4%。专业市场销售额持续增长，协会跟踪统计的床品、布艺、毛巾三个代表性市场，2016年销售额同比分别提高了8.38%、1.53%和5.45%。

五、出口量增价减，传统市场和“一带一路”市场作用突显

据海关统计，2016年全年我国家用纺织品以美元计出口385.96亿美元，同比下降4.06%，降幅较2015年收窄了0.37个百分点。2016年以来，美元对人民币汇率一路上扬，全年平均同比走高6.76%，客观影响了我国家纺产品出口单价和出口额。这主要受美元汇率影响，若以人民币计算，2016年我国家纺产品出口约2570亿元，同比增长2.43个百分点。

综合来看，2016年家纺产品出口呈现出四大特点。一是出口数量增加，出口价格下降。2016年，我国家用纺织品出口价格同比下降7.75%。出口数量同比上升4%，增速较2015年同期提高了5.75个百分点。二是三大传统市场份额稳中有升。2016年，我国家纺产品对美欧日三大传统市场出口197.34亿美元，同比下降1.55%，出口额占比达51.15%，较上年提高了1.3个百分点。近两年来美欧日三大传统市场的市场份额稳步提高，同时其他市场所占比重不断减少，受金融危机的影响，一些新兴市场的需求尚未恢复。2016年对其他市场出口188.51美元，同比下降6.54%，其中对非洲、拉丁美洲出口额减少明显，同比分别下降了25.1%和9.75%。三是“一带一路”沿线市场优势显现。我国自2013年实施“一带一路”战略以来，已取得了阶段性成果，其沿线涉及的65个国家和地区成为我国家纺产品出

口的重要市场，且发挥着越来越积极作用。我国家纺产品对“一带一路”沿线国家出口占比为35.5%。2016年，对“一带一路”沿线国家共出口139.06亿美元，同比下降2.63%，出口数量同比增长6.69%，出口额占比达到36.03%，较2015年提高了0.53个百分点。四是毛巾产品出口高度上扬。在经历了前两年持续下降后，出口额同比增长了11.99%，增速较2015年提高24.01个百分点，是大类产品中以美元计出口额唯一实现增长的品种。2016年毛巾产品出口数量同比增长12.38%，大类产品中除餐厨用纺织品外，其余产品出口数量均实现了不同程度的增长，见图9。

图9 2016年家纺大类产品出口额及数量同比增速

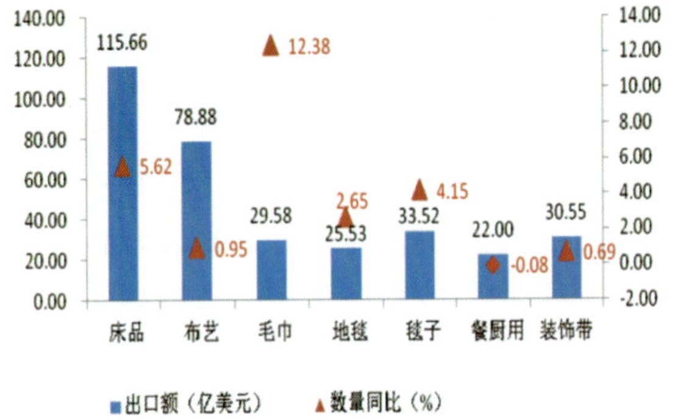

资料来源：中国海关

行业发展趋势预判

一、行业将保持平稳发展

展望2017年，内需市场作为我国家纺产品的主要市场，仍保持平稳增长的态势。从供需两方面来看，2016年我国居民人均可支配收入为23821元，比上年名义增长8.4%，扣除价格因素实际增长6.3%，实际增速较上年下降1个百分点。商品房销售面积2016年为157349万平方米，增长22.5%。其中住宅销售面积增长22.4%，增速远高于上年15.5个百分点。对于家纺市场的国内需求量还将扩大，内销市场仍有很大的发展潜力。另外，“十三五”时期随着新时期人民对生活品质的追求和行业大量引导消费理念的推广，促使家纺产品继续增长和升级。并伴随国家城镇化率的提高，预计“十三五”期间还将有50亿元的新增家纺产品消费。国家“全面二胎”政策的推广对儿童家纺产品的需求增量，可拉动每年新增家纺消费近百亿。家纺国内市场仍具备增长空间。

出口方面，2016年受美元汇率及国际环境影响，我国家纺产品出口额出现下降，但三大传统市场贸易份额稳中有升，且最随着美欧日地区经济形势逐步好转，加上“一带一路”战略发挥的积极作用，预计家纺出口市场未来依然保持平稳。同时，未来也是家纺行业转型升级的关键时期，面临优势转换和发展方式的转变、国际产业格局的变化与挑战和生态环保等压力。但是随着“十三五”时期世界经济规模和人口数量进一步扩大、贸易自由化进程的发展，家纺产品贸易规模总体将继续扩大。并且随着国际纺织产业分工合作日益的日益深化，全球布局产业体系和跨国配置资源等，也为我国家纺品牌发展壮大而走向国际市场提供了新机遇。

二、转型创新拓展需求

家纺行业作为纺织三大终端产业之一，是传统民生产业，是科技与艺术融合的创意产业，是创造美好生活的时尚产业，在拉动内需增长、促进就业、建设生态文明等方面发挥着重要作用。推进供给侧结构改革，实施“三品战略”，为建设“新家纺”、推进“新生活”创造机遇与条件，同时也创造出新的市场需求。

一是加强行业供给侧结构改革，以消费者为中心和导向，扩大有效供给，用创新驱动的供给侧新结构应对新的需求升级，转型或淘汰与消费不适配产能。增强产品供给对需求变化的适应性和灵活性，发扬工匠精神，做精做优产品，满足人们日益增长、不断升级和个性化的消费需求，进而扩展市场空间。

二是通过引导消费改善供给，进一步激发国内有效需求，衍生出新的需求。拓展应用新领域，从民用向公共类扩展，从居室向户外延伸，并通过并购以及跨界合作，丰富产品系列。开发特色新产品，大力研发生产功能性、智能化等特色产品，创造新消费。倡导消费新理念，推广健康消费、科学消费，促进消费升级，激活潜在需求。

三是以消费者为导向，加快渠道建设与创新，提供快捷、便利的消费方式。第一，加快传统渠道转型升级，注重消费体验与服务。在床品行业，打造“大家居·生活馆”，以新生活方式提升品牌。在布艺行业侧重个性化与成品窗帘，加快渠道转型。第二，以互联网技术为依托，充分发挥线上、线下的优势，鼓励和引导企业开拓O2O、B2B及C2M渠道创新。第三，整合资源跨界合作，采用互联网与VR技术，加强与设计师、家具企业合作，拓展新模式。

（撰稿人：王　冉）

产业用纺织品业

中国产业用纺织品行业协会

2016年，国内经济增长速度继续放缓，部分产业用纺织品应用领域的需求快速增长的势头受阻；国际政治经济持续动荡，贸易保护主义明显抬头，主要经济体的经济表现整体低迷，市场需求偏弱。面对更加复杂的国内外经济环境，我国产业用纺织品行业积极应对，认真落实《产业用纺织品行业"十三五"发展指导意见》中的各项措施和要求，大力推进供给侧结构改革，以科技创新为核心，加大产品开发和业务拓展的力度，加强企业管理，降低成本，提高效率，行业主要经济指标依然保持了较快增长，经济效益良好，在纺织行业继续承担起新的增长极的重任。

2016年行业运行情况

一、行业整体情况

根据国家统计局数据，2016年产业用纺织品行业规模以上企业的主营业务收入和利润总额分别同比增长5.79%和8.28%，行业利润率6.19%，同比增加0.14个百分点；固定资产投资额同比增长4.51%；行业的工业增加值增速9.1%，同期纺织为4.9%，制造业为6.8%。根据海关数据，2016年行业出口额和进口额分别同比下降7.42%和6.33%，是近年来行业国际贸易较大的降幅。

根据协会对部分骨干企业的统计，2016年行业的景气指数76.1，与2015年基本持平，比2016年上半年有较大幅度提升，而行业对2017年的预期景气指数达到81.2，表明行业对未来的发展很有信心。

（一）生产快速增长

根据协会调研，2016年行业的需求景气指数为66.1，同比增长7.6，处于较快的增长通道；行业的生产指数达到72.4，同比增长6，但是与2013年和2014年相比还是有所下降。需求的增长在出口方面也有体现，虽然主要产品的出口额有不同程度的下降，但是主要产品的出口数量依然保持一定增长。

根据协会的测算，2016年我国产业用纺织品的纤维加工总量增长8.2%，达到1450.3万吨，各领域的纤维加工量情况见表1。2016年非织造布的产量达到535.4万吨，同比增长10.38%。

（二）投资增长趋缓

产业用纺织品行业的投资呈现一定的周期性，2016年行业固定资产投资691.8亿元，投资增速延续了2013年以来的下滑态势，仅同比增长4.5%。

2016年行业投资增速下降，一方是由于投资的周期性规律使然，行业需要时间消化前些年快速增长的产能；另一方面，宏观经济环境的变化也使得企业的投资更为谨慎。目前企业的投资主要集中在高端产能的扩张以及技术升级和节能减排改造。

从行业看，非织造布依然是行业的投资热点，2016年的投资额达到306.2亿元，同比增长13.9%，增速比去年增加13个百分点，恢复到高速增长的状态；而绳索缆行业的投资额仅增长3.5%，篷帆布和纺织带帘子布的固定资产投资额则分别降低了4.8%和5.7%。

由于行业投资增速明显放缓，行业的资产增速也有所降低。2016年行业规模以上企业的资产增长7.32%，利息支出则降低7.21%。

（三）效益稳定向好

2016年产业用纺织品行业规模以上企业的主营

7.6%，但是随着行业产能增加，行业的竞争也更加激烈。但是袋式除尘作为一项高效除尘技术已经被火力发电、钢铁、水泥等领域认可，随着国家环保执法标准趋严，未来的增长空间还比较大。液体过滤的发展比较平稳，企业的订单比较饱满，并积极开拓国际市场。2016年我国出口的机织滤布1.46万吨，价值1.29亿美元，分别同比增长5.95%和6.36%，是行业内少有的保持量价齐增主要产品。

（四）交通工具用纺织品

2016年我国汽车市场经历了新的一轮高速增长，产销总量再创历史新高，汽车产销分别完成2811.9万辆和2802.8万辆，比上年同期分别增长14.5%和13.7%，高于上年同期11.2和9.0个百分点。在汽车产销量高速增长的带动下，为汽车行业配套的交通工具用纺织品产业也得到了快速成长，根据协会的统计，2016年我国交通工具用纺织品的总产量达到76.2万吨，增长16.5%，样本企业的销售收入增长近10%，盈利状况也大幅度改善。

在出口方面，2016年我国出口安全气囊7.77亿美元，同比增长23.83%；帘子布出口近6亿美元，增长1.28%；安全带的出口额8.25亿美元，降低了3.58%。

（五）安全防护用纺织品

安全防护用纺织品的应用非常广泛，国家对职业健康和个体防护日益重视，该领域的市场空间会不断扩大。应急产业的发展，国家将会在研究、采购等方面出台相应的政策，对反恐防暴、生化防护、防弹防刺、耐高温防护救援等高端安全防护用纺织品的发展具有很强的推动作用。

随着我国高性能纤维产业的进步和纺织工艺水平的提升，我国安全防护用纺织品的科技含量和产品质量得到显著提高，能够满足绝大部分工况的防护要求。制约行业发展的主要因素是各个应用领域防护标准的滞后与不完善，应用行业没有及时根据新的工况条件和纺织行业的技术进步进行修订，对安全防护用纺织品性能评价标准和技术的缺失在一定程度上也影响了行业的发展。

由于市场需求比较稳定，行业竞争比较激烈，行业近年来的发展速度不高，骨干企业由于占据比较高端的市场，依然保持了较高的盈利能力。出口方面，2016年我国职业防护服装的出口量和出口额分别下降了16.12%和10.88%。

2017年行业发展预测

2017年，世界经济增长低迷态势仍在延续，“逆全球化”思潮和贸易保护主义倾向抬头，主要经济体政策走向及外溢效应变数较大，不稳定不确定因素明显增加。我国经济发展处在爬坡过坎的关键阶段，经济增长预期进一步下调。因此，预计行业发展将面临较大的压力。

尽管面临复杂的国际国内经济环境，但是推动行业发展的主要动力没有改变。首先，我国巨大的人口基数，全面“二孩”政策实施和城镇化的发展，为行业的发展提供了巨大的内需市场，是行业稳定发展的最大支撑。第二，国家将继续加大基础设施建设和环境保护投资，“一带一路”战略的推进，为土工与建筑、过滤用纺织品提供了持续增长空间。第三，我国产业用纺织品在开拓发展中国家市场方面取得了可喜的成绩，未来这些地区将为我国行业的出口贡献更大的份额。第四，科技创新始终是产业用纺织品行业发展的内驱动力，供给侧改革将会为推动行业升级提供新动能，行业将加快先进装备更新和高技术含量产能投资，加快技术改造和新产品开发，不断提升行业的竞争能力，更好的替代进口和参与到国际竞争。

预计，2017年我国产业用纺织品行业将会继续平稳发展，增速与2016年基本持平，出口有望扭转下降局面，恢复低速增长。

（撰稿人：季建兵　白　晓）

纺织机械制造业

中国纺织机械协会

2016年，是我国经济结构持续调整，取得初步成效的一年。纺织行业规模以上企业统计，虽然出口、内销和投资同2015年相比仍在下降，但数据显示，运行质量和效益有所提升，纺机行业表现得更为突出些。2016年规模以上纺机企业实现主营业务收入1158.52亿元，同比增长0.51%；出口29.8亿美元，同比下降了3.54%；实现利润总额78.30亿元，同比增长了8.73%。营业费用同比下降了1.74%，管理费用同比下降了1.19%。以上数据表明，纺机行业由追求数量规模向追求质量效益转变已经取得明显成效。

2016年为顺应纺织行业的发展需求，纺机行业继续推进智能化装备研发和推广。棉纺智能化纺纱生产线、自动化全成型针织生产线、印染在线监测自动配送系统、化纤自动包装系统、服装智能仓储系统等已在生产领域实际应用；自动化、数字化、智能化高端装备销售明显上升；新技术、新装备、差异化产品效益显著。总的来说，2016年纺机行业坚持创新，在调整中谋发展，通过全体纺机人的努力，行业保持了平稳运行。

2016年纺织机械行业经济运行情况

一、经济运行的主要指标

（一）行业规模

2016年，纺机行业规模以上企业699户，纺机行业实现主营业务收入1158.52亿元，同比增长0.51%；资产总额为1011.40亿元，同比增长1.80%。

（二）成本费用结构

2016年，纺机行业成本费用总额为1087.67亿元，同比增长0.24%。其中，主营业务成本983.34亿元，同比增长0.44%，成本占费用总额的比重为90.41%；营业费用为31.04亿元，同比下降1.74%，营业费用占费用总额的比重为2.85%；管理费用为61.83亿元，同比下降1.19%，管理费用占费用总额的比重为5.68%；财务费用为11.41亿元，同比下降3.79%，财务费用占成本费用总额的比重为1.05%。

（三）盈利情况

2016年，纺机行业实现利润总额为78.30亿元，同比增长8.73%；亏损企业亏损额为6.05亿元，同比下降25.78%；亏损面为13.44%。

（四）投资情况

2016年，纺机行业固定资产投资额为299.22亿元，同比增长10.47%，较上年提升10.43个百分点。纺机行业固定资产投资额占纺织业固定资产投资额的比重为2.33%。

二、纺织机械行业进出口情况

据海关统计，2016年，我国纺织机械进出口累计总额为55.51亿美元，同比下降8.08%。其中：纺织机械出口29.80亿美元，同比下降3.54%；进口25.71亿美元，同比下降12.84%。表1反映了我国纺织机械进出口的情况。

表1 2016年纺织机械进出口总额表

单位：美元

名称	累计数量	累计金额	数量同比(%)	金额同比(%)
进出口总计	25128174	5550927281	16.84	-8.08
其中：进口	2041942	2571091698	-12.07	-12.84
出口	23086232	2979835583	20.33	-3.54

数料来源：中国海关

（一）纺织机械产品进口概况

2016年，共从65个国家和地区进口纺织机械，进口总额25.71亿美元，同比下降12.84%。

1.纺织机械产品进口情况

从进口产品类别看，辅助装置及零配件进口排在第一位。进口总额为5.87亿美元，同比增长4.11%，占进口总额的22.84%，进口七大类产品只有辅助装置及零配件、非织造布机械、针织机械为正增长，同比增长分别为4.11%、2.21%、5.81%，见表2。

2.纺织机械进口的主要国家和地区情况

2016年，纺织机械进口的主要国家和地区以德国、日本、意大利、中国台湾和比利时为主，进口前五位的贸易额为20.61亿美元，同比下降16.03%，占进口总额的80.15%，见表3。

3.纺织机械进口区域情况

2016年，全国28个省市自治区有不同数量的进口。江苏、浙江、广东、上海和山东等省市位列进口总额的前五名，占进口总额的79.43%。江苏省进口总额排在第一位为7.35亿美元，同比下降14.86%，占比为28.60%。表4反映了进口纺机前五位省市情况。

（二）纺织机械产品出口概况

2016年，纺织机械出口29.80亿美元，同比下降3.54%。

表2 2016年纺织机械进口额（按产品类别划分）

产品类别	累计金额(美元)	所占比重(%)	金额同比(%)
总额	2571091698	100.00	-12.84
辅助装置及零配件	587250283	22.84	4.11
纺纱机械	528758081	20.57	-9.89
针织机械	401345652	15.61	5.81
织造机械	378271831	14.71	-7.60
印染后整理机械	369031370	14.35	-9.45
化纤机械	238562664	9.28	-55.53
非织造布机械	67871817	2.64	2.21

资料来源：中国海关

表3 2016年纺织机械按国别进口的情况表

国家和地区	累计金额(美元)	所占比重(%)	金额同比(%)
总额	2571091698	100.00	-12.84
德国	804353473	31.28	-31.51
日本	686685181	26.71	9.22
意大利	300091822	11.67	-17.25
中国台湾	145959527	5.08	-0.00
比利时	123665177	4.81	-7.17
其他国家和地区	510336518	19.85	2.96

资料来源：中国海关

表4 2016年进口纺织机械前五位省市情况

省市名称	累计金额(美元)	所占比重(%)	金额同比(%)
总额	2571091698	100.00	-12.84
江苏省	735295197	28.60	-14.86
浙江省	529414069	20.59	-26.40
广东省	375338265	14.60	20.62
上海市	195625126	7.61	36.51
山东省	206542204	8.03	23.71
其他省市	528876837	20.57	-29.05

资料来源：中国海关

1.纺织机械产品出口情况

2016年海关统计纺织机械出口分大类情况针织机械出口额为9.20亿美元，同比增长0.77%，占比30.88%，位居第一，依次为印染后整理机械、辅助装置及零配件、纺纱机械、织造机械、化纤机械、非织造布机械，见表5。织造机械出口降幅最大，同比下降28.90%。

2.纺织机械出口的主要贸易伙伴

2016年，我国共向178个国家和地区出口纺织机械产品，出口金额前五位的国家和地区见表6。

2016年，出口到以上国家和地区占全部出口额的53.31%，是我国纺织机械出口的主要国家和地区。出口到印度总额为6.09亿美元，同比下降2.38%，占全部出口总额的20.42%。

3.纺织机械出口区域情况

2016年，共31个省市自治区有纺织机械产品出口，排名前五位的省市出口额占总额的79.06%，见表7。

表5 2016年出口纺织机械分类情况表

产品名称	累计金额(美元)	所占比重(%)	金额同比(%)
总额	2979835583	100.00	-3.54
针织机械	920032694	30.88	0.77
印染后整理机械	589644106	19.79	6.21
辅助装置及零配件	575245335	19.30	-1.55
纺纱机械	333974861	11.21	-5.98
织造机械	305766608	10.26	-28.90
化纤机械	163238528	5.48	-3.58
非织造布机械	91933451	3.09	11.82

资料来源：中国海关

表6 2016年出口纺织机械前五位国家和地区

国家、地区名称	累计金额(美元)	所占比重(%)	金额同比(%)
总额	2979835583	100.00	-3.54
印度	608533067	20.42	-2.38
孟加拉国	350363959	11.76	-6.35
越南	333025685	11.18	-3.50
巴基斯坦	150808446	5.06	-16.55
印度尼西亚	145783323	4.89	-18.58
其他国家和地区	1391321103	46.69	0.31

资料来源：中国海关

表7 2016年出口纺织机械前五位省市情况表

省市名称	累计金额（美元）	所占比重（%）	金额同比（%）
总额	2979835583	100.00	-3.54
浙江省	725247459	24.34	-1.31
江苏省	707863445	23.76	-11.01
上海市	382841913	12.85	7.24
广东省	371585714	12.47	1.53
福建省	168257212	5.65	2.16
其他省市	624039840	20.93	-7.03

资料来源：中国海关

三、运行特点

（一）行业质效明显提升

2016年规模以上纺机企业实现主营业务收入1158.52亿元，同比增长0.51%；出口29.8亿美元，同比下降了3.54%；虽然主营业务收入和出口增速同2015年相比仍在下降。但行业实现利润总额78.30亿元，同比增长了8.73%。营业费用同比下降了1.74%，管理费用同比下降了1.19%。主要质效指标同2015年相比都在提高。这说明，纺机行业质效明显提升。

（二）固定资产投资增幅较大

2016年1～12月，纺机行业固定资产投资额为299.22亿元，同比增长10.47%，较上年提升10.43个百分点，高于纺织业固定资产投资额同期增速2.66个百分点，纺机行业固定资产投资额占纺织业固定资产投资额的比重也有2015年的2.27%提高到2016年的2.33%。这说明行业加大了技改力度，在提升自身加工装备的技术水平，抓基础、练内功，为最终提高产品水平而努力。

2017年纺织机械行业发展趋势

2017年纺织机械行业仍处在“新常态”下，主题是结构调整，产业升级。

一是纺织产业结构调整和新兴产业的发展给纺机行业带来机遇。近年来，纺织产业结构调整带来纺织新产品制造及应用的突破，特别是产业用纺织品在我国纺织工业结构调整与产业升级中的地位越来越重要，其在性能、成本、用途等方面的优势正在超过传统工业材料，在工业领域发挥日益重要的作用，将成为纺织工业持续发展的主要引擎。产业用纺织品制造装备是多种类型机械与技术的融合、渗透的产物。产业用纺织品应用领域的扩大，为纺织装备制造企业提供了难得的发展机遇，将带动传统纺织机械进入新的创新与应用空间。

二是新技术、新材料的普及带来纺织机械发展新动力。纺织产业体系庞大而复杂、工艺精细，纺织装备品种繁多、连续运转的特点在工业领域中是独树一帜的。精确、高效和可靠是纺织机械发展中始终追求的目标。传统纺织机械在功能扩展、性能提升和创新纺织工艺方面已经显得力不从心。先进数控技术、新型传动装置、传感器、机器人和新型合成材料的出现和普及，将使传统纺织机械获得新的发展动力和技术源泉，大大提升纺织机械的技术水平和生产效率，降低人为因素的干扰，改善劳动环境。

三是高端纺织装备的需求增加高性能纤维和产业用纺织品的新应用领域的拓展，传统面料产品新功能、新特 性和新风格的出现，不断引发纺织业的技术革命。纺织新工艺和新技术层出不穷，促使纺织机械行业创新向价值链高端延伸，走高可靠性、高技术和高附加值的高端 发展路线。高端纺织装备在中国纺织产业链中逐渐占据核心地位，其发展水平是纺织产业的整体竞争力提升的保证。

从国内外市场看，国内市场在2016年三季度及2017年初呈现部分回暖的态势。国际市场上，虽然美国退出TPP可能在短期内影响国内纺织服装企业对东南亚进行投资，但长远看全球纺织工业的产业转移仍将持续进行，除了印度，越南、孟加拉等近年持续的转移热点地区外，非洲地区、中北美地区也受到国内更多纺织及纺机企业的关注。2017年一季度纺机协会春季调查的情况表明，多数企业反映2017年一季度及上半年订单情况较好。尽管新常态下我国纺机行业转型升级的压力仍然持续存在，但2017年纺机行业运行情况有望好于2016年。

（撰稿人：徐 林）

CNTAC

2016/2017 中国纺织工业发展报告

2016/2017 CHINA TEXTILE INDUSTRY DEVELOPMENT REPORT

科技创新

纺织4项目荣获2016年度国家科学技术奖

中国纺织工业联合会科技发展部

2016年度国家科学技术奖纺织获奖项目共有4个。由浙江师范大学等单位完成的“支持工业互联网的全自动电脑针织横机装备关键技术及产业化”、湖南华升集团公司等单位完成的“苎麻生态高效纺织加工关键技术及产业化”、东华大学等单位完成的“干法纺聚酰亚胺纤维制备关键技术及产业化”项目荣获国家科学技术进步奖二等奖，陈文兴（浙江理工大学）等人完成的“管外降膜式液相增黏反应器创制及熔体直纺涤纶工业丝新技术”项目荣获国家技术发明奖二等奖。

支持工业互联网的全自动电脑针织横机装备关键技术及产业化

该项目从突破国外专利技术保护和攻克行业共性关键重大疑难问题入手，打破发达国家技术垄断，主要围绕全自动电脑针织横机装备关键技术及产业化展开，攻克和掌握了自动起底编织、高品质复杂花型编织，高速编织成圈机构，针织物模拟和针织物组织自动识别，多传感器信息融合智能控制等核心关键技术及工业互联网智能制造集成技术，实现了新型全自动电脑针织横机的国产化，综合性能达到国际先进水平。主要技术创新点：

(1)解决了自动起底编织及高品质复杂花型编织的关键技术问题，发明了横机自动起底、沉降片驱动技术及控制装置，实现了衣片编织的自动起底和连续高效编织生产，彻底消除起底废纱，解决了复杂花型平稳编织的技术难题。

(2)攻克了全自动电脑针织横机的高速编织成圈机构关键技术，解决了高速编织不稳定问题。

(3)提出并实现了针织物模拟和针织物组织自动识别技术，解决了设计者“所见即所得”及针对花型设计的复杂逆向工程需求。

(4)提出了基于多传感器信息融合的智能控制策略，开发了基于多处理器的高性能嵌入式驱控一体化智能控制系统，实现了编织过程的实时、精确和协调控制，提高了控制系统与机械结构的融合度，开发了支持工业互联网的信息采集控制系统（CPS），支持与MES/ERP等智能制造系统集成。

该项目技术达到国际先进水平，打破了国外同行的长期垄断，推动了国内针织行业的技术进步。

苎麻生态高效纺织加工关键技术及产业化

该项目在苎麻种植、脱胶、纺纱、织造、染整等领域进行了系统研发，主要技术创新点：

(1)创新开发生态高效生物化学一步法脱胶技术。研发了生物酶与原麻含胶量、脱胶工业的关系，开发了一步法脱胶技术，配合高效水洗、牵切制条技术生产高品质苎麻条。

(2)创新开发了光洁化纺纱技术。研究了纺纱过程纤维流动与纱线毛羽的形成关系，创新研发了气流槽聚长纺技术与装备；研究了纤维在涡流场中的规律，分析了混合纤维在纱线中的结构特征，发明了自捻型空芯锭技术和装置，率先实现了苎麻混合短纤喷气涡流纺高效化生产。

(3)创新研发高效织造技术。研究了苎麻高支纱与织造工艺及产品质量的相关关系，创新研发了超声波浆纱技术和装置，解决了高浓高黏浆液的均匀性、流动性等问题；发明了防稀密路与回转解绞机构，解决了轻薄型织物布面密度不匀和布边平整度差的问题。

(4)创新研发苎麻染整技术。研究染料分子对苎麻纤维渗透作用机理，开发了麻条染色技术和装备，研究了刚性纤维柔化机理，开发了“气液联合冲击柔化整理、中温微压湿法回弹整理”技术。

(5)创新培育高支低胶苎麻新品种。通过苎麻种质资源鉴定评价、杂交、转录组测序、SSR分子标记和传统育种相结合，培育出苎麻新品种并实现规模化试种。

该项目整体技术达到国际领先水平，实现了生态高效、节能减排的良好效果，生产效率、产品质量大幅度提高，推动了苎麻纺织的技术进步。

干法纺聚酰亚胺纤维制备关键技术及产业化

该项目提出并建立了适用于聚酰亚胺（PI）纤维干法纺丝成形的“反应纺丝”新方法，突破了纤维制备的一系列关键技术瓶颈，实现了纤维制备工艺及设备的技术集成，建成了国际上首条干法纺PI纤维1000吨/年级生产线。主要技术创新点：

(1)理论创新。首次提出并建立了“反应纺丝”的新原理和新方法。在国际上，首次揭示了PI纤维在干法纺丝成形过程中伴有部分环化反应的新机制，建立了纤维成形动力学及凝聚态结构调控方法，攻克了初生纤维制备不稳定的难题。

(2)技术突破。颠覆了传统PI纤维成形过程不涉及化学反应的生产方式，建立了干法纺丝制备PI纤维的新技术。攻克了基于“反应纺丝”的高分子量高均匀性纺丝浆液的合成，建立了原丝稳定化制备的关键技术，发明了环化—牵伸一体化的后处理方法，实现了溶剂的高效回收和纤维的稳定生产。

(3)设备集成。自主研制了国际上首套干法纺PI纤维的成套技术与关键装备。攻克了聚合—均化—干法成形—集束—环化—牵伸等工序间工艺与装备的同步协调等技术难题，实现了纤维高温固化成形和环化过程的高效匹配。

该项目“整体达到国际先进水平，其中‘反应纺丝’技术处于国际领先水平”，已应用于安全防护、紧急救灾、航空航天等领域。耐热型PI纤维成功实现高效“绿色”生产，有力推动了我国高性能纤维产业的跨越式发展。

管外降膜式液相增黏反应器创制及熔体直纺涤纶工业丝新技术

该项目通过创新熔融缩聚方法、发明核心装备和研发全流程工艺技术，成功实现了涤纶工业丝高效、节能、短流程和柔性化生产。主要技术发明点：

(1)发明了管外降膜式液相增黏反应器。创立了聚酯“竖直管外降膜”液相增黏方法，研制了成膜效率高的反应器，实现了熔融缩聚高效反应和窄分子量分布控制；设计了阵列式热媒流动系统，保证熔体降膜温度精确受控，解决了大型反应器中物料传热困难的技术难题，突破了反应器放大效应的瓶颈，适用于规模化工业生产。

(2)创建了短流程柔性化生产线。研制了酯化Ⅰ、酯化Ⅱ、预缩聚、终缩聚的四釜连续聚合成套装备，设计了熔融缩聚、液相增黏、熔体直接纺丝的紧凑型工艺流程。攻克了高黏熔体管道输送特性黏度降低的难题，解决了聚酯大容量的规模效应与涤纶工业丝多品种市场需求之间的矛盾。

(3)研发了大流量集约化纺丝技术。在涤纶工业丝领域首次设计了双腔一体式纺丝组件、一板双束喷丝板和采用双胞胎卷绕装置，大幅度提高纺丝效率，实现集约化生产。发明了七对辊牵伸定型技术，提高纤维条干均匀度，大幅度降低纤维干热收缩率，研发了深海FPSO系泊用耐海水腐蚀高强高模涤纶工业丝等高品质工业丝产品。

该项目建成了全球产能最大和能耗最低的年产20万吨和30万吨两条熔体直纺涤纶工业丝生产线，新技术比切片纺技术工艺流程缩短30小时以上，总体技术达到国际领先水平。

（撰稿人：冯　丽）

2016年度国家科学技术奖纺织获奖项目

序号	项目名称	主要完成单位	主要完成人	获奖等级
1	支持工业互联网的全自动电脑针织横机装备关键技术及产业化	浙江师范大学、宁波慈星股份有限公司、固高科技（深圳）有限公司	朱信忠、孙平范、李立军、吕　恕、赵建民、吴启亮、徐慧英、胡跃勇、龚小云、刘　越	科技进步二等奖
2	苎麻生态高效纺织加工关键技术及产业化	湖南华升集团公司、东华大学、湖南农业大学	程隆棣、荣金莲、肖群锋、李毓陵、耿　灏、陈继无、揭雨成、严桂香、匡　颖、崔运花	科技进步二等奖
3	干法纺聚酰亚胺纤维制备关键技术及产业化	东华大学、江苏奥神新材料股份有限公司	张清华、王士华、詹永振、陈大俊、陶明东、郭　涛、董　杰、赵　昕、苗　岭、陈　斌	科技进步二等奖
4	管外降膜式液相增黏反应器创制及熔体直纺涤纶工业丝新技术	浙江理工大学、浙江古纤道新材料股份有限公司、扬州惠通化工技术有限公司	陈文兴、金　革、严旭明、刘　雄、王建辉、张先明	技术发明二等奖

“纺织之光”2016年度中国纺织工业联合会科学技术奖获奖项目

一等奖

序号	项目名称	主要完成单位	主要完成人
1	大褶裥大提花机织面料喷气整体织造关键技术研究及产业化应用	淄博银仕来纺织有限公司、东华大学	李毓陵、刘宗君、李　杰、马颜雪、孙红春、章学文、胡吉永、田成杰、薛文良、刘克文、刘京艳、张瑞云、李海峰、苏衍光、郭　颖
2	海藻纤维制备产业化成套技术及装备	青岛大学、武汉纺织大学、青岛康通海洋纤维有限公司、绍兴蓝海纤维科技有限公司、山东洁晶集团股份有限公司、安徽绿朋环保科技股份有限公司、邯郸宏大化纤机械有限公司	夏延致、朱　平、王兵兵、张传杰、全凤玉、隋淑英、隋坤艳、刘　云、纪　全、崔　莉、薛志欣、王荣根、田　星、金晓春、林成彬
3	千吨级干喷湿纺高性能碳纤维产业化关键技术及自主装备	中复神鹰碳纤维有限责任公司、东华大学、江苏鹰游纺机有限公司	张国良、张定金、陈惠芳、刘　芳、刘宣东、席玉松、陈秋飞、李　韦、金　亮、连　峰、郭鹏宗、张斯纬、于素梅、张家好、肖　茹
4	万吨级新溶剂法纤维素纤维关键技术研发及产业化	山东英利实业有限公司、保定天鹅新型纤维制造有限公司、东华大学、山东大学、天津工业大学、山东省纺织设计院、上海太平洋纺织机械成套设备有限公司、山东建筑大学	朱　波、李发学、韩荣桓、高殿才、宋　俊、路喜英、于　宽、曾　强、郑世睿、李永威、梁　勇、魏广信、蔡小平、陈　鹰、孙永连
5	多功能飞行服面料和系列降落伞材料关键技术及产业化	上海市纺织科学研究院、成都海蓉特种纺织品有限公司、上海三带特种工业线带有限公司	吴　英、李　峰、汤　泱、张　荣、林　霄、蔡敬刚、华里发、刘五终、邓新华、张承瑜、付昌飞、边丽娟、宋　允、李　赛、张邱平
6	垃圾焚烧烟气处理过滤袋和高模量含氟纤维制备关键技术	浙江理工大学、浙江格尔泰斯环保特材科技股份有限公司、西安工程大学、天津工业大学、浙江宇邦滤材科技有限公司	郭玉海、徐志梁、陈美玉、朱海霖、王　峰、郑　帼、唐红艳、周　存、陈建勇、姜学梁、张华鹏、罗文春
7	医卫防护材料关键加工技术及产业化	东华大学、天津工业大学、浙江和中非织造股份有限公司、绍兴县庄洁无纺材料有限公司、绍兴振德医用敷料有限公司、绍兴唯尔福妇幼用品有限公司、山东颐诺生物科技有限公司	靳向煜、程博闻、吴海波、柯勤飞、康卫民、韩　旭、王庆生、王　洪、胡修元、黄　晨、殷保璞、王荣武、高海根、李　白

续表

序号	项目名称	主要完成单位	主要完成人
8	高品质差别化再生聚酯纤维关键技术及装备研发	海盐海利环保纤维有限公司、中国纺织科学研究院、海盐海利废塑回收处理有限公司、北京中丽制机工程技术有限公司	陈　浩、仝文奇、方叶青、沈　玮、金　剑、蒋雪风、姜　军、张吴芬、董凤敏、翟　毅、朱华生、周晓辉、吴海良、刘永亭、吴昌木
9	聚酯酯化废水中有机物回收技术	上海聚友化工有限公司、桐昆集团股份有限公司、江阴华怡聚合有限公司、中国石化上海石油化工股份有限公司涤纶部、桐乡市中维化纤有限公司、中国纺织科学研究院	汪少朋、张学斌、白　丁、李红彬、孟　华、武术芳、甘胜华、严宏明、李传迎、郑　弢、钱文程、矫云凤、赵新葵、李　辉、冯秀芝
10	ISO 14389:2014 纺织品 邻苯二甲酸酯的测定 四氢呋喃法	中纺标检验认证有限公司、吉林出入境检验检疫局、中国纺织科学研究院	斯　颖、牟　峻、郑宇英、井婷婷、李爱军、朱　缨、徐　路、章　辉
11	汉麻高效可控清洁化纺织加工关键技术与设备及其产业化	中央军委后勤保障部军需装备研究所、武汉汉麻生物科技有限公司、云南汉麻新材料科技有限公司、郑州纺机工程技术有限公司、恒天立信工业有限公司	郝新敏、张　华、张国君、高明斋、刘雪强、冯新星、刘　辉、杨　元、马德建、李新奇、张长琦、方寿林、王　飞、杨伟巨、李　伟
12	环锭纺纱智能化关键技术开发和集成	山东华兴纺织集团有限公司、郑州轻工业学院、郑州天启自动化系统有限公司、赛特环球机械（青岛）有限公司、日照裕华机械有限公司	胡广敏、王永华、王士合、王成吉、刘文田、邵　国、赵　鸣、杜荣宝、张保威、江　豪、潘广周、刘晓燕、方玉林、张文正、周永峰

二等奖

序号	项目名称	主要完成单位	主要完成人
1	原色纤维混配呈色的全色域纱线制造关键技术及产业化	广东溢达纺织有限公司、中国人民解放军62023部队、武汉大学	田　野、万晓霞、肖　红、周水平、何建新、舒成朋、唐安川、杨　进、吴杰之、华永诚
2	基于中低温浆纱技术的浆料制备关键技术	西安工程大学、宝鸡天健淀粉生物有限公司、五环（集团）股份有限公司	武海良、沈艳琴、王　卫、何安民、周　丹、张明社、侯成杰、李冬梅、吴长春、姚一军

续表

序号	项目名称	主要完成单位	主要完成人
3	舒适多功能生物质纤维混纺纱线和面料加工关键技术及产业化	江苏大生集团有限公司、江苏工程职业技术学院	沈健宏、马晓辉、汪吉良、赵瑞芝、张进武、徐晓红、成　美、张　慧、李　燕、蔡东华
4	多组分纤维混纺与交织生产关键技术及产品开发	丹阳市丹盛纺织有限公司	邵育浩、周利军、孙喜平、蔡林友、赵国英
5	山羊绒变异后理化性能研究及应用	西安工程大学、宁夏中银绒业股份有限公司	杨建忠、孙卫国、李发洲、陈前维、黄　翔、张一心、尉　霞、任永花
6	自动化煮茧新工艺及设备研究	四川省丝绸科学研究院	刘季平、陈祥平、沈仲衡、王建平、段春稳、黎　钢、沈冠东、张　勇、郑　丹、李琼秀
7	全真丝独花织锦服装工艺研究与开发	浙江理工大学、杭州织锦故事文化创意有限公司、浙江美嘉标服饰有限公司、浙江巴贝领带有限公司	李加林、王雪琴、陈　平、周　华、黄淑玲、李　楠、丁继军、陶永政、屠永坚、林声伟
8	羊绒面料喷墨印花技术研究及其产业化	山东如意科技集团有限公司	丁彩玲、陈　超、陈　青、孔　健、丁翠侠、秦　光、祝亚丽、刘晓飞、杨爱国
9	高导湿保暖型羊毛仿生结构织物研究及开发	浙江纺织服装科技有限公司、天津工业大学	范　杰、赵连英、刘　雍、马崇启
10	巴素兰毛条工艺技术研究及其在毛精纺针织纱的产业化应用	浙江新澳纺织股份有限公司	周效田、陆卫国、华新忠、沈剑波、陆伟清、杨金强、陈　波、周建恒
11	毛纺棉纺工艺技术在羊毛针织绒线关键技术研究及应用	浙江中鼎纺织有限公司	朱惠林、朱跃文、陈学彪、沈金财、沈伟凤、郭　磊、钱惠菊
12	聚醚醚酮纤维制备技术与应用	吉林大学、长春吉大特塑工程研究有限公司、南京卓创高性能新材料有限公司、四川大学、常州创赢新材料科技有限公司	王贵宾、姜振华、栾加双、张淑玲、张云鹤、刘鹏清、张　梅、叶光斗、杨延华、岳喜贵

续表

序号	项目名称	主要完成单位	主要完成人
13	聚己二酰丁二胺单丝的关键技术研究及产业化	南通新帝克单丝科技股份有限公司、南通大学	马海燕、高　强、陈玥竹、季　涛、卫　尧、马海军、杨西峰
14	锦纶一步法分纤母丝产业化成套设备及工艺技术	北京中丽制机工程技术有限公司、无锡佳成纤维有限公司、中国纺织科学研究院	沈　玮、官红华、许海军、刘凯亮、张明成、陈立军、常亚玲、朱进梅、武　彦、王从云
15	单线年产10万吨复合竹浆纤维素纤维节能减排集成技术开发及应用	成都丽雅纤维股份有限公司	李雪梅、赵必波、龙国强、辜庆玲、付金丽、刘　芳
16	循环再利用聚酯（PET）纤维鉴别技术研究	上海市纺织工业技术监督所、上海纺织集团检测标准有限公司、上海市合成纤维研究所	陆秀琴、付昌飞、李红杰、申世红、徐逸群、刘慧杰、周祯德、庄盈笑、张新民、张宝庆
17	低熔点特种长丝的研制及产业化	绍兴文理学院、凯泰特种纤维科技有限公司、绍兴禾欣纺织科技有限公司	占海华、许志强、朱　昊、王锡波、詹莹韬、孙西超、尚小冬、董荣誉、刘　越、陈亚君
18	熨革机用环形毡毯制造技术研发与应用	新疆阿勒泰工业用呢有限责任公司	刘兵县、王焕玺、黄官升、刘晓旭、任加荣、张玉华、马秀玲、田　路、王　锦
19	水泥窑尾袋式除尘器用耐高温抗水解芳砜纶/聚酰亚胺复合滤料	厦门三维丝环保股份有限公司	蔡伟龙、罗祥波、郑锦森、郑智宏、王　巍、张静云、邱薰艺、戴婷婷
20	一步法针刺过滤材料数控生产线关键技术研究及应用	汕头三辉无纺机械厂有限公司	杨长辉、蔡　苗、郑昌平、方　霓、黄学佳、杨　博、方木雄
21	可穿戴用柔性光电薄膜关键制备技术及其应用开发	天津工业大学、天津凯雷德科技发展有限公司	耿宏章、王文一、曹伟伟、高　静、孟　岩、王　炎、张　雷、陈丽婷、丁二雄、崔立军
22	双重包覆聚磷酸铵环保阻燃剂和阻燃面料研制关键技术及产业化	辽东学院、丹东优耐特纺织品有限公司、辽宁恒星精细化工有限公司	路艳华、程德红、郝　旭、李金华、尹丽馨、高　凯、林　杰、黄凤远、卢　声、开吴珍

续表

序号	项目名称	主要完成单位	主要完成人
23	印染企业低废排放和资源综合利用技术研究与应用	河海大学、宜兴乐祺纺织集团有限公司、江苏省环境科学研究院、江苏环发环保设备有限公司	操家顺、李　超、甄仲明、薛朝霞、方　芳、冯　骞、许　明、刘伟京、陈　晓、吴俊锋
24	新型冷漂催化精练剂关键技术研发及应用	浙江传化股份有限公司、杭州传化精细化工有限公司	金鲜花、韩　非、王胜鹏、陈八斤、毛世艳、陆林光、毛为民、兰淑仙
25	雕印九分色仿数码印染工艺技术研发及其产业化	浙江富润印染有限公司	傅国柱、俞振中、王益峰、顾正兴、项敬国、周忠翰、魏　强、孙旭安、杨克刚、阮伟锋
26	纯棉高品质面料的低甲醛免烫整理技术与产业化应用	鲁泰纺织股份有限公司、武汉纺织大学	张建祥、王运利、吕文泉、倪爱红、沈小林、张守刚、夏治刚、马庆霞、崔卫钢、王维维
27	泡沫整理技术的工业化应用研究	广东溢达纺织有限公司	张玉高、周立明、汤克明、宋辉辉
28	高效数字化清梳联合机	郑州宏大新型纺机有限责任公司、郑州纺机工程技术有限公司	刘延武、郭东亮、邢怀祥、白金报、刘　地、邹永泽、孟永华、段保强、董志强、王超英
29	高温筒子纱单向外流染色机	宜昌经纬纺机有限公司	徐达明、林达明、王智山、陈　和、李俊威
30	超细玻璃纤维电子纱加捻技术及装备	汕头三辉无纺机械厂有限公司	杨华明、朱顺双、汪　斌、李德英、付晋宜、肖守勤、张　明、别佑廷、李永强
31	GE2M-G高速多轴向经编机（玻璃纤维）	常州市第八纺织机械有限公司	陈　震、谈灵芝、刘勇俊、谢雪松、陈　龙、朱高虎
32	数字化粗细联合机全自动粗纱机系统	天津宏大纺织机械有限公司	郝霄鹏、刘海燕、朱智伟、张　超、王凯楠、李永利、冯广轩、彭　健、邢承凤、赵新民

续表

序号	项目名称	主要完成单位	主要完成人
33	JWF1211型梳棉机的研发与产业化	青岛宏大纺织机械有限责任公司	赵云波、倪敬达、李界宏、杨丽丽、杨秋兰、纪秀乾、任光业、杨锐彪、姚　霞、徐丰军
34	智能化组合式羊绒梳理成套设备	青岛东佳纺机（集团）有限公司	纪合聚、杨效慧、张中发、李　政、单宝坤、唐　明、刘钦超、郭瑞勇、刘长梅
35	GA313型宽幅高效浆纱机	恒天重工股份有限公司	王自豪、崔运喜、韩爱国、张　棣、马　更、亓国红、路明德、雷明阳、王轩轩、董意民
36	LCP真皮自动化裁剪流水线系统	杭州爱科科技有限公司	方云科、张东升、帅宝玉、白　燕、伍郁杰、濮元强、丁　威、张传乐、毛海民、王永峰
37	Wf1毛绒纤维大容量检测仪	陕西长岭纺织机电科技有限公司、西安工程大学	贾　平、杨　燕、张志刚、孙润军、张芳琴、杨　虎、冯晓锋、宋　英、董伟辉、魏萌萌
38	织物湿度实时智能在线检测系统关键技术研究与应用	西安工程大学、西安德高印染自动化有限公司	李鹏飞、景军锋、张宏伟、张　蕾、苏泽斌、张缓缓、楚建安、王晓华、刘秀平
39	纺织品实验室管理和品质数据服务系统	中国纺织信息中心、苏州联纺信息技术服务有限公司、苏州中纺联检验技术服务有限公司	伏广伟、潘大经、俞正舟、杨　萍、刘立军、赵得海、王　玲、谢　凡、贺志鹏、魏纯香
40	基于成衣数据和产业知识库的智能制造关键技术研究及产业化	苏州大学、利诚服装集团股份有限公司	尚笑梅、卢业虎、厉　旗、陈建明、嵇味琴、潘瑞玉、乐逸朦、蔡　兰
41	JWXZE2型棉纺成套设备网络监控与管理系统	经纬软信科技无锡有限公司	刘兰生、章国政、李远超、陈　兵、吴森飞
42	GB/T 31888—2015《中小学生校服》	纺织工业科学技术发展中心、中纺标检验认证有限公司、上海市服装研究所、天纺标检测科技有限公司、教育部教育装备研究与发展中心、中国服装协会、中国针织工业协会	孙锡敏、郑宇英、王国建、徐　路、杜岩冰、刘凤荣、周双喜、李　红、廖　青、吴　颖

续表

序号	项目名称	主要完成单位	主要完成人
43	GB/T 30558—2014《产业用纺织品分类》	中国产业用纺织品行业协会、东华大学、江南大学、天津工业大学、稳健医疗用品股份有限公司、大连瑞光非织造布集团有限公司、宏祥新材料股份有限公司	姚穆、李陵申、陈南梁、李桂梅、高卫东、程博闻、靳向煜、傅婷、张传雄、赵瑾瑜
44	汽车内饰材料有机污染物检测技术研究及应用	广州纤维产品检测研究院、中山大学	杨欣卉、刘文莉、莫月香、阮文红、刘丽琴、章明秋、张建扬、冯文、李春霞、谢毅
45	服装用人体数据验证方法(GB/T 30548—2014)	苏州大学、上海纺织集团检测标准有限公司	尚笑梅、祁宁、杨秀月、周双喜、卢业虎、陈娜
46	陕西纺织企业并购重组下的资源整合与配置及协同创新问题研究	西安工程大学	张克英、郭伟、李仰东、姜铸、李军训、李霞、吴晓曼、杨瑶盼、李蕊

三等奖

序号	项目名称	主要完成单位	主要完成人
1	超高强高光洁特种纺织品制造关键技术	湖北枫树线业有限公司、武汉纺织大学	陈晓林、朱文清、张如全、韩习云、李建强、武继松、夏金文
2	抗菌汽车内饰纺织品的开发	山东岱银纺织集团股份有限公司	李广军、谢松才、亓焕军、赵鹏勃、赵兴波、刘军明、刘月刚
3	高支凉感导湿纱线的技术研究及产品开发	德州华源生态科技有限公司	王利军、姚园园、刘明哲、刘磊、杜云霄
4	喷水织机用高支高强力纤维素纤维混纺纱线研发及产业化关键技术	苏州震纶棉纺有限公司、江南大学	吴建坤、乔辉、刘新金、郑峰、苏旭中、俞金明、谢春萍

续表

序号	项目名称	主要完成单位	主要完成人
5	芳砜纶火灾防护用品的研发及应用	上海新联纺进出口有限公司、上海特安纶纤维有限公司	周明华、王锋华、黄　勤、殷庆永、李　岚、潘惠频、刘俊杰
6	单面导湿和光致发光双面纺织材料的研发	福建华峰新材料有限公司、闽江学院	卓丽琼、李永贵、杨德华
7	新型真丝绸产品工业化加工关键技术开发及应用	苏州新民纺织有限公司、苏州大学	张振雄、唐人成、顾益明、计红梅、柳维特、许　虹
8	新型弹力真丝织物研制开发	达利（中国）有限公司、浙江理工大学	余志成、吴　岚、王晓芳、刘　莹、齐红勇、何　岗、王　彩
9	超弹性随意形变无缝内衣面料织染技术研究及产业化	浙江俏尔婷婷服饰有限公司	梁佳钧、高颖媛、赵秀武、朱小丽、范艳林、夏金晶、范古椿
10	聚酰亚胺短纤维多功能功能针织产品关键技术的研发	上海帕兰朵纺织科技发展有限公司、北京金轮沃德科技有限公司、中国针织工业协会	方国平、杨　艳、瞿　静、杨伟华、高小明、周　波、蒋伟文
11	精纺毛织物双面功能整理技术研发及应用	江苏阳光股份有限公司	陈丽芬、赵先丽、曹秀明、陆　芳、何　良、赵　将、周庆荣
12	高密轻薄多功能针织面料技术研究及产业化	上海嘉麟杰纺织品股份有限公司、苏州工业园区圣欧纺织有限公司	杨启东、王俊丽、瞿　静、林立虎、夏　磊、陈　彦、刘　影
13	聚酯共聚改性及新型化纤关键技术	浙江恒逸高新材料有限公司、浙江理工大学、东华大学	徐锦龙、王华平、张顺花、缪国华、吉　鹏、李建武、王朝生
14	全消光涤纶长丝熔体直纺柔性关键技术及产品开发	新凤鸣集团股份有限公司、浙江科技学院	庄耀中、崔　利、沈健彧、郑永伟、吴阿林、赵春财、刘春福

纺织机械
TEXTILE MACHINERY
我们关注纺机装备技术创新，但视野里绝不止于纺机。
倾听纺织企业心声，促进产需无缝对接
《纺织机械》诠释一个行业的
思想力 行动力 生产力
[联系方式]
地址：北京市朝阳区东四环中路39号华业国际中心B座207
名称：《纺织机械》杂志
邮编：100025
电话：010-85872602/2633/263 021-57670313
《纺织机械》官方微信
微信号 fzjx010

CNTAC

三品战略

创新驱动　质量为先
为推动纺织强国建设付出不懈努力

中国纺织工业联合会党委书记兼秘书长　高勇

2016年是“十三五”的开局之年，党的十八大明确指出，未来中国的经济发展要从以往固有的规模增长模式，向创新驱动、质量效益、品牌效益模式转变，并且成为推动中国经济发展的核心驱动力。《中国制造2025》也提出了质量为先的发展理念，国务院还针对消费品行业提出了“三品”战略。持续地开展QC小组活动就是在新形势下贯彻国家创新驱动、质量为先和具有广泛群众性参与的一项有意义的活动。

在纺织行业推进“三品”战略

一、“三品”战略的意义

2016年5月11日，国务院总理李克强主持召开国务院常务会议，部署促进消费品工业“增品种、提品质、创品牌”专项工作。会议指出要发挥“三品”战略对消费品行业的经济发展和产业转型的关键作用，“三品”战略是推进结构性改革，尤其是供给侧结构性改革，扩大内需的重要举措。支持企业在创意设计、提高科技含量和产品质量性能等方面下大功夫，促进大众消费品创新和有效供给。培育和弘扬精益求精的工匠精神，引导企业树立质量为先，信誉至上的经营理念，推进品质革命，推动中国制造向中国创造转化，加快消费品行业走向精品制造，赢得大市场。

二、质量工作是“三品”战略重要内容

“三品”战略现已写进了纺织工业的“十三五”发展规划。“三品”中的基础和关键是品质是质量。因此，在全行业要大力弘扬和培育精益求精的工匠精神，树立质量为先的经营理念。加强从原料采购到生产销售全流程质量管控，提高企业质量保证能力和产品消费安全。支持企业采用先进技术装备组织生产，扩大在线质量检测控制系统应用，提高生产过程产品质量控制的精准性和一致性。支持行业性质量技术服务网络、检测服务平台建设，提高第三方检测实验室的技术水平、检验公信力和公共服务水平。规范生态、绿色、功能性纺织品等产品评价和标识认证监管。针对功能性产品、童装等重点产品开展国际标准对标和实物质量比对活动，树立质量领先企业标杆，推广先进质量管理体系和管理经验。QC小组活动也是全行业和企业应该坚持的质量及创新工作。

2016年QC小组工作情况

一、QC小组工作的重要性

质量管理小组活动对于企业来说十分重要。它是一种科学的分析问题和解决问题的方法，是培育和弘扬精益求精的工匠精神的途径，是企业业务部门、车间班组完善生产、科技与经营管理活动全方位提升工作质量的方法，更是践行“万众创新”，落实“三品”战略的有效途径和方法。用什么方法增品种，用什么方法提品质，用什么方法创品牌，都可以作为质量管理小组活动的课题，值得我们去

深刻思考，勇于探索，大胆创新。

目前纺织行业质量管理小组活动多集中在基层和生产一线，但是这种工作方法不仅仅适用于基层和生产一线。从基层、到中层、到决策层，从生产领域到营销、品牌、安全、环保、财务、后勤等等诸多方面都可以运用质量管理小组工作方法解决遇到的问题，都有十分广泛的用武之地。在工作方法上要有高度、要有广度、要有深度。只有在纵向和横向相结合，系统性地运用质量管理小组工作方法的前提下，才能够将质量管理小组工作的效果和作用真正全面的体现出来。

二、2016年QC小组成果及亮点

在2016年的申报成果中，金轮针布（江苏）有限公司将质量管理小组工作方法运用到财务工工作中，题目是“提高应收款到账率”，取得了QC的财务效应。经纬纺织机械股份有限公司榆次分公司将质量管理小组工作方法运用到质量管理部工作中，题目是“提高公司质量员工作质量”。唐山三友集团兴达化纤有限公司和石家庄常山恒新纺织有限公司将质量管理小组工作方法运用到节能工作中，题目分别是“降低大功率风机、水泵电能消耗”和“降低细纱工序用电单耗”等等。这些成果的出现说明企业深刻理解了这种方法，并且开始全面灵活运用这种方法，勇于探索，大胆创新。

2016年是纺织行业开展质量管理小组活动的第37个年头，在中国纺织工业联合会和各级地方协会共同努力下，纺织行业质量管理小组工作持续稳步开展。今年共有47家企业申报，申报成果数量达到97个，现场发表小组成果和班组成果合计达到76个，三项指标比去年均有不同程度增加。

根据2016年申报企业提供数据统计，企业在质量管理小组工作投入总额达到约1291万元，每个企业平均投入达到约27.5万元，每个成果平均投入达到约13.3万元。创造可计算经济效益总和达到1.61亿元，平均每个企业创造经济效益约342.5万元，平均每个成果创造经济效益约166万元。平均投入回报率达到近12.5倍。上述数据充分说明，质量管理小组工作为企业带来的回报是相当可观的，企业需要不断完善和改进的空间是远远超过我们所想象的，质量管理小组工作是大有可为的。

2016年不仅仅是“十三五”开局之年，也是我们行业按照国家的部署，进一步提升质量、增加品种和塑造品牌的重要一年。全行业要进一步夯实质量基础，提升行业整体质量，推动行业结构性调整，促进行业转型升级，塑造行业的品牌形象。我们要深刻领会党的十八大以及十八届五中全会的精神，在国家经济和行业发展“新常态”的大背景下，以“三品战略”为纲领，以“万众创新”为途径，以质量管理小组工作为抓手和落脚点，让创新效益模式、质量效益模式、品牌效益模式，来推动纺织行业稳定、健康、高效、可持续发展，为实现纺织行业建设强国目标做出不懈努力。

（本文根据高勇书记2016年6月在全国纺织行业群众性质量总结工作表彰会议上的讲话整理）

2016年全国纺织行业质量相关奖项获奖企业名单

2016年全国纺织行业质量奖

（按首字母排序）

企业名称
金富春集团有限公司
南通大东有限公司
山东岱银纺织集团股份有限公司
山东省永信非织造材料有限公司
天鼎丰非织造布有限公司
新凤鸣集团股份有限公司

2016年全国纺织行业实施卓越绩效模式先进企业

（按首字母排序）

企业名称
大连瑞光非织造布集团有限公司
佛山市南海必得福无纺布有限公司
福建凤竹纺织科技股份有限公司
福建龙峰纺织科技实业有限公司

2016年全国纺织行业质量杰出人物

（按首字母排序）

序号	姓名	企业名称	序号	姓名	企业名称
1	曹贻儒	山东南山纺织服饰有限公司	5	孙　正	岜山集团有限公司
2	邓伟雄	佛山市南海必得福无纺布有限公司	6	张叶兴	江苏盛虹科技股份有限公司
3	段建国	龙福环能科技股份有限公司	7	赵焕臣	山东岱银纺织集团股份有限公司
4	黄春辉	金轮针布（江苏）有限公司	8	庄奎龙	新凤鸣集团股份有限公司

续表

序号	企业名称	小组名称
41	安徽华茂纺织股份有限公司	七分厂电气QC攻关小组
42	安徽华茂纺织股份有限公司	五分厂细纱QC小组
43	福建南纺有限责任公司	纺纱厂前纺车间提升品质QC小组
44	福建南纺有限责任公司	后纺车间众志成城QC小组
45	福建南纺有限责任公司	水刺技术攻关QC小组
46	福建龙岩喜鹊纺织有限公司	技术中心QC小组
47	鲁丰织染有限公司	掘进队QC小组
48	鲁丰织染有限公司	开拓QC小组
49	泰安如意科技时尚产业有限公司	卓越QC小组
50	泰安如意科技时尚产业有限公司	超越QC小组
51	泰安如意科技时尚产业有限公司	奋斗QC小组
52	山东岱银纺织集团股份有限公司	奋进纺纱QC小组
53	山东南山纺织服饰有限公司	利剑QC小组
54	山东济宁如意毛纺织股份有限公司	染整厂QC小组
55	山东济宁如意毛纺织股份有限公司	睿智QC小组
56	青岛宏大纺织机械有限责任公司	“金钥匙”QC小组
57	青岛宏大纺织机械有限责任公司	清梳设备厂“思拓”QC小组
58	青岛宏大纺织机械有限责任公司	“求真”QC小组
59	青岛宏大纺织机械有限责任公司	络筒机厂“求知”QC小组
60	山东华源莱动内燃机有限公司	单缸机总装三组QC小组

续表

序号	企业名称	小组名称
61	魏桥纺织股份有限公司	喷织宽幅织机QC小组
62	魏桥纺织股份有限公司	宏儒十纺自络筒纱质量攻关QC小组
63	魏桥纺织股份有限公司	宏儒九纺倍捻捻度不匀攻关QC小组
64	鲁泰纺织股份有限公司	漠之鹰QC小组
65	鲁泰纺织股份有限公司	瓦良格QC小组
66	鲁泰纺织股份有限公司	开拓者QC小组
67	鲁泰纺织股份有限公司	探索一号QC小组
68	鲁泰纺织股份有限公司	飞翔队QC小组
69	鲁泰纺织股份有限公司	创新QC小组
70	鲁泰纺织股份有限公司	创新无止境QC小组
71	鲁泰纺织股份有限公司	油品化验室QC小组
72	鲁泰纺织股份有限公司	火焰队QC小组
73	鲁泰纺织股份有限公司	织布三厂设备队QC小组
74	鲁泰纺织股份有限公司	织布一厂剑杆保养QC小组
75	鲁泰纺织股份有限公司	快乐工作QC小组
76	鲁泰纺织股份有限公司	质改小队QC小组
77	鲁泰纺织股份有限公司	自由之队QC小组
78	天鼎丰非织造布有限公司	燕建国短纤设备QC小组
79	郑州纺织工程技术有限公司	加工事业部QC小组
80	郑州纺织工程技术有限公司	棉纺事业部加工QC小组

续表

序号	企业名称	小组名称
81	神马实业股份有限公司帘子布公司	品质保证处成品工段QC小组
82	神马实业股份有限公司帘子布公司	黑蚂蚁QC小组
83	平顶山神马帘子布发展有限公司	捻织一厂QC小组
84	平顶山神马帘子布发展有限公司	品保科QC小组
85	宜昌经纬纺机有限公司	超喂箱质量攻关QC小组
86	宜昌经纬纺机有限公司	大超喂辊表面粗糙度一致性提升QC小组
87	武汉裕大华纺织服装集团股份有限公司	细纱工序QC小组
88	常德纺织机械有限公司	曲轴攻关QC小组
89	南宁锦虹棉纺织有限责任公司	新起点QC小组
90	四川省宜宾惠美线业有限责任公司	智慧QC小组
91	宜宾丝丽雅股份有限公司	“含羞草”QC小组
92	宜宾丝丽雅集团长信线业有限责任公司	飞跃QC小组
93	五环（集团）股份有限公司	前纺车间清梳QC小组
94	新疆天山纺织服装有限公司	毛纺厂梳纺车间QC小组
95	新疆天山纺织服装有限公司	毛纺厂洗绒车间洗绒工序QC小组
96	新疆天山纺织服装有限公司	毛纺厂动力车间锅炉工序QC小组
97	沈阳宏大华明纺织机械有限公司	机加分厂QC小组
98	恒天动力大件分厂	杂件QC小组
99	无锡宏大纺织机械专件有限公司	XfZ假捻器QC小组

2016/2017年中国纺织服装品牌建设发展报告

中国纺织工业联合会品牌工作办公室

“十三五”时期是我国全面建成小康社会的决胜阶段，也是建成纺织强国的冲刺阶段，纺织工业迎来加快转型升级、着力创造竞争新优势的调整期。行业品牌建设加快创新，转型升级的成效逐步显现，新模式驱动品牌焕发新生机、呈现新面貌、塑造新格局。

中国纺织行业品牌建设取得的成绩

主动调整、创新突破、寻求转型升级成为行业品牌发展的主基调，品牌建设的内核更加清晰，品牌与科技、模式、渠道、资本、文化、时尚等要素的联结更加紧密。

一、转型升级的成效逐步显现

（一）品牌运营整体向好

在市场竞争压力加大、运营成本居高不下的共同作用下，品牌企业加快转型升级，不断提升品牌核心竞争力，盈利能力仍保持在较高水平。从2016年工业和信息化部联合中国纺织工业联合会开展的“服装家纺自主品牌建设调查”（简称“品牌调查”）来看，130家样本企业2015年主营业务收入平均达19.76亿元，同比增长5.62%；利润总额2.19亿元，增长5.62%；利润率11.07%，明显高于纺织全行业5.46%的水平。

（二）渠道终端调整优化

一方面，线下店铺不断优化调整，实现了销售和利润的增长。2016年，361度为提升门店效率，于第四季度新增门店184间，关闭464间，总量达6357间，主品牌同店销售增长7.5%，童装增长7.7%。拉夏贝尔上半年销售网点由7893个增至8483个，营业额增长13.81%，净利润增长4.78%。一些终端店铺开始注入魔镜、灵尺等创新元素，实现与消费体验的密切融合。另一方面，线上销售保持高速增长。2015年服装家纺网络零售总额8310亿元，增长21.5%。品牌调查数据显示，2015年83.1%的样本企业开通了线上销售渠道，网络销售额同比增速平均高达49.6%，26.9%的企业增速超过50%，森马、报喜鸟、太平鸟、波司登等8家企业网络销售额超过5亿元。

（三）品牌培育稳步推进

行业商标注册持续活跃，2015年全国服装领域商标注册申请量19.8万件，成为注册量排名第二的类别。2016年3月，工业和信息化部公布的“品牌培育示范企业”名单中，江苏木杉服饰、福建龙岩喜鹊、长乐恒申合纤、常州五洋纺机等共17家企业入围。2012年以来，纺织全行业共50家企业获得工业和信息化部“品牌培育示范企业”称号，在整个工业领域优势明显，占比达19.8%。

（四）品牌价值持续提升

2016年底中国纺织工业联合会评选发布的“中国纺织服装品牌价值50强榜单”中，雅戈尔集团、阳光集团、如意集团、魏桥集团、申洲针织、红豆集团6家企业超过100亿元。从2015～2016年连续参加评价的23家品牌企业来看，品牌价值平均提升26.3%，其中，佐尔美、万事利、魏桥股份、嘉欣丝绸等8家企业的品牌价值提升达50%以上。

二、与科技创新的联结更加紧密

作为品牌的核心要素之一，科技创新与品牌的联结更加紧密，对于提升品牌核心竞争力的贡献度愈加明显。2015年，品牌调查样本企业研发投入额平均为3978万元，同比增长8.62%；研发投入强度达2.01%，提升0.06个百分点，明显高于纺织全行业平均水平；72.3%的企业共拥有研发合作机构287个，提升12.1%。研发设计投入成为品牌盈利能力重要贡献因素。14.6%的企业研发设计投入强度超过5%，利润率达22.8%，远远高于其他企业11.1%的利润率水平。

一批企业开始探索智能化生产运营，例如宁波慈星的针织品柔性定制平台，青岛红领打造的"魔幻工厂"。智能产品逐渐走向市场，例如李宁的智能跑鞋、爱慕的智能内衣，北京创新爱尚家与波司登、恒源祥、探路者等合作研发石墨烯智能发热羽绒服与外套、智能儿童运动鞋，深圳和而泰与罗莱、梦洁家纺共同研发的智能卧室系列产品。

三、对模式创新的探索层出不穷

品牌企业对于运营模式创新的探索热情水涨船高，共享经济、社交经济、IP（Intellectual Property）跨界合作等成为热门字眼。

共享经济为品牌运营模式的创新带来了机遇，主要表现形式包括创意聚集与消费群聚集。创意聚集指设计研发的众包和集中。一些原创设计类集成平台相继出现，如广州T.I.T创意园、北服中关村创意园、751D · PARK时尚创意园，以及D2C等创意设计类虚拟平台。消费群聚集指吸引聚集品牌消费者。茵曼启动"千城万店"计划，将粉丝转化为加盟商，打造"粉丝社群"。七匹狼联合小米科技，构建"移动社交"经济学。在经济泛娱乐化的趋势下，"网红"、"直播"、"移动社交"成为诸多品牌热衷的手段。

跨界延伸成为品牌创新运营模式的路径。一些服装企业涉足物流、化妆品、医疗美容等领域，罗莱、富安娜等家纺企业打出大家居的概念，将产品线从单纯的家纺扩展到家具、家居、家饰领域。海澜之家、七匹狼、美邦、太平鸟等品牌纷纷借力电影、动画人物等元素，搭上IP经济的快车。

四、在资本市场的运作风生水起

（一）新三板市场炙手可热，成为对接资本市场的快速途径

截至2016年底，在全球主要证券市场上市的中国纺织服装企业达303家，当年新增6家。随着新三板业务的加速推进，市场容量不断扩大，越来越多的纺织服装企业开始选择新三板作为对接资本市场的快速途径。截至2016年底，在"新三板"挂牌的中国纺织服装企业171家，当年新增61家。服装企业依然是主力，女装、婴童服饰、户外服饰、特种防护服等子行业正在接替商务男装、运动服、休闲服，成为服装行业成长的新力量。

（二）企业并购日趋活跃，推进了品牌资源优化和国际化

服装企业并购表现活跃，数量与金额整体呈现增长态势。歌力思以1118万欧元收购德国高档女装品牌Laurèl在中国大陆的商标所有权及使用权、独立设计、定价和生产权；卡奴迪路以4068万欧元收购意大利LEVITAS S.P.A.公司51%股权；玛丝菲尔收购意大利成衣品牌Krizia；如意收购法国SMCP集团Sandro、Maje和Claudie Pietro三大新兴轻奢品牌、英国百年品牌Aquascutum等。

（三）品牌的跨界经营成为常态，改变着企业品牌的内涵与外延

跨界经营受到越来越多品牌企业的关注。朗姿通过跨界运营合作，连续参股、收购电商APP品牌"明星衣橱"，与联众国际搭建"互联网+时尚"

战略布局，在香港成立全资子公司，为境内外市场的投资和垂直时尚品牌的引进做铺垫，逐步构建覆盖“女装、婴童、化妆品、医美”四大板块的“泛时尚产业互联生态圈”。森马涉足动漫、互联网领域，雅戈尔涉足房地产、旅游产业，报喜鸟涉足互联网金融领域，卡奴迪路涉足体育领域等。

五、对文化时尚的承载愈加浓厚

品牌文化作为品牌软实力的重中之重，在企业品牌建设中的重要性日渐提升。万事利将传统丝绸与文化创意相结合，编著出版《柔软的力量系列丛书》，录制丝绸文化类电视节目，创建丝绸文化博物馆，牵头成立浙江省丝绸文化研究会。T100持续倡导亲子文化，将其作为品牌的核心价值和顶层设计理念。南方寝饰以传承“丝路中国囍”、创意“丝路囍文化”为宗旨，将“喜文化”融入研发设计。华服作为传承中华礼仪的重要载体，受到各界的关注。

纺织行业已进入“大时尚”时代，纤维和面料也成为时尚的重要载体。“中国纤维流行趋势”、“中国流行面料”成为引导时尚与科技消费、链接产业链上下游、提升品牌核心价值的重要工具。

中国纺织行业品牌建设现存的挑战和问题

互联网时代的快速变革给经济发展与人们生活带来了翻天覆地的变化，消费需求更加个性化、差异化，消费方式趋于便捷化、智慧化，给品牌企业如何做到明势、顺势、借势提出了新的要求。

一、自主品牌集中度低造成品牌认可度的不足

境外消费快速增长的现象值得关注与思考。据财富品质研究院发布，2016年，中国消费者全球奢侈品消费达1204亿美元，买走了全球近一半的奢侈品，其中77%在境外消费。而随着国际快时尚服装品牌在中国的扩张、对二三线城市渠道的下沉，以及跨境电商的快速发展，国外品牌消费更加便捷，大批消费者对国外品牌更为推崇。究其根本，因渠道环节成本差异产生的国外同档位品牌的价格优势是原因之一，同时，服装家纺自主品牌的集中度较低，尚未形成市场占有率、品牌知名度与消费者认可度足以与国际知名品牌相抗衡的自主品牌，也是根本原因。

二、渠道成本与模式探索带来运营压力

在纺织服装品牌运营模式不断创新变革的同时，也给传统品牌企业运营带来了明显的冲击以及转型升级的挑战。面对行业形势的快速变化，越来越多的企业找不到创新发展的方向；部分品牌开始“试错”，无形中带来了时间和资金成本的增加。在互联网快速发展的背景下，品牌企业纷纷探索线上运营，而如何做到线上线下协调发展则存有难度。在流量成本、推广成本、维权成本、物流成本等多重因素的作用下，线上成本同样处于高位，甚至高于线下成本，导致销售利润微薄；由于实体零售渠道成本高、效率低，同样的产品和价格体系在网络渠道中也缺乏竞争力。

三、综合型人才匮乏成为品牌发展的掣肘

在纺织服装品牌创新发展的新阶段，品牌运营模式不断创新，市场竞争和消费趋势快速变化，新态势下综合型人才缺乏的问题更加凸显。互联网快速发展的背景下，线上运营推广等“品牌+互联网”的跨界运营人才缺乏；品牌国际化发展有序推进的形势下，国际资源整合与高端管理人才更显不足；品牌跨界运营创新的形势下，跨界型、创新型人才更显不足；品牌时尚内涵与品牌文化软实力更

加重要的当下，企业对于集创意时尚设计、文化内涵挖掘于一体的人才的需求增加。

四、国际快时尚品牌的快速扩张挤压市场空间

国际快时尚品牌的快速发展，以及向二三线城市渗透，挤压了国内市场部分消费空间。2015年，优衣库、H&M在中国市场的销售额分别达161亿元、80亿元。国际快时尚品牌的优势主要表现在：一是产品更新速度快，ZARA配送周期仅15天，H&M为20天，而普通品牌出货周期需4～6个月；优衣库库存周转天数为83.72天，比国内品牌快一半以上。二是产品时尚度和性价比高，注重引领消费，把服装从耐用消费品变革为快速消费品。三是成功运用020运营模式。优衣库线上与线下产品基本保持同款同质同价，让消费放心购买；同时，线上营销费用极低，费用严格控制，月均线上营销成本不超过10万元。

中国纺织行业品牌建设未来方向

落实《纺织工业发展规划（2016～2020年）》提出的品牌工作目标任务，推动“三品战略”实施，以做强产品、重视品牌文化建设、推动区域品牌发展为着力点，有效推动我国纺织服装品牌建设。

一、推进供给侧结构性改革，着力做强产品

从品牌建设的根本做起，坚持质量为先的理念，从调结构、增品种、提品质出发，做强产品。一是根据消费需求，调整产品结构。细分产品领域，增加中高端产品供给，发展个性化、时尚化、功能化产品，推出一批科技含量高、设计创意水平强的中国精品。二是满足增量，开拓新产品。以智能服装、老年人健康服装、健康家纺等产品为重点，发展智能类、健康类纺织服装产品。三是弘扬工匠精神，做精产品品质。不断完善技术工艺水平，加强质量精准化管理，倡导树立专注专业、精益求精的工匠精神；以童装等产品领域为重点，树立质量标杆企业；从知识产权保护、创意能力提升、创意平台推动、独立设计师与品牌企业对接交流等方面着手，推动保护原创设计品牌发展。

二、重视品牌软实力建设，树立行业文化品牌

围绕品牌个体与集体文化建设两手抓的思路，从企业品牌文化内涵的提升、行业文化品牌的打造两方面着手，全面提升品牌软实力。一方面，立足于企业个体，基于品牌定位，讲好品牌故事，赋予品牌独特、深度的文化内涵，提升品牌辨识度和文化承载能力，创造品牌信仰，引导消费归属，传达情感诉求，实现物质消费与精神消费的有机结合，最终形成目标消费群对品牌的忠诚度。另一方面，立足于行业整体，以礼仪服饰为载体，将服饰文化、民俗文化、时尚创意与纺织科技相结合，构建整套对外能够弘扬民族礼仪、承载中国元素、代表国家形象，对内能够体现当代风俗风貌、引领时尚消费需求、提升人民生活品质的中华礼仪服饰体系，促进传统文化与现代时尚的融合发展。

三、构建品牌集聚化优势，推动发展区域品牌

依托区域品牌的集聚作用，塑造行业新优势。一是突出区域特色，加强内部合作。发挥政府部门、行业协会、专业机构和广大企业主体的协同作用，综合运用政策支持、行业引导、技术质量、商

标专利、营销宣传等手段，通过组织开展产业链合作、创意设计资源对接、品牌与商业渠道对接交流、品牌展览展示与发布等活动，提升区域品牌的产业资源集聚力和区域影响力，提高区域品牌核心竞争力。二是开展试点示范，发挥引领带动作用。通过开展纺织行业区域品牌试点示范工作，提升区域品牌的知名度和美誉度，依托龙头企业带动，发挥优势区域品牌的示范引领作用，促进区域品牌与企业品牌协同发展。三是发挥平台作用，谋划共享发展。推动供应链合作平台、创意设计产业平台的发展，提升资源集聚与品牌孵化等专业服务水平，强化公共平台对品牌发展与行业转型升级的推动作用；进一步探索品牌价值与金融对接平台建设，建立产融结合的工作机制，利用社会闲置资金，扶持自主品牌可持续发展。

（撰稿人：杨兆华　惠露露）

趋势引领，集成创新，构建行业产品竞争力

国家纺织产品开发中心

纺织产品开发具有产业链长、产业环节多、影响因素广泛、差异化需求明显的复杂性，以及品种多、批量小、交期快、产品生命周期短的动态性。因此，及时掌握流行趋势与产品开发方向，建立内外部资源的集成创新体系，从研发单个产品转向培养系统创新能力是纺织企业构建产品竞争力的关键。

纺织产品开发特点与竞争环境分析

一、纺织产品开发特征

（一）产品开发影响因素复杂

纺织产品与人民生活消费和社会经济发展密切相关，产业格局调整、科学技术进步、生活方式转变以及消费心理变化、产品开发技术动态化等都是影响纺织产品开发的重要因素。

（二）产业环节多，产业链长

纺织产品开发需要经过从设计构想到纤维、纱线、坯布、染整和成衣生产等多个环节才能最终投放市场。纺织技术的创新涉及理化、材料、信息化、自动化等多个领域的基础研究。只有通过纤维材料开发商、机械设备制造商、纺织企业和科研机构之间的共同合作，才能形成更为有效的产品开发问题解决方案。

（三）品种多，批量小，产品迭代更新快

随着消费者个性化需求的不断增长，网络零售模式的快速普及，以及快时尚品牌的迅猛发展，纺织品订单趋向于多品种、小批量、短交期，纺织产品从规划、技术创新、产品设计、组织生产到市场销售，整个生命周期明显缩短，使得企业越来越注重创新性和灵活性。快速反应不仅需要通过技术装备实现产品的加工制造的柔性化，而且需要通过产业链上下游资源共享的集成创新，提供实现客户价值增长的整体解决方案。

（四）纺织产品开发系统内相关业务关系的复杂性

这种复杂性是由于纺织产品开发要素的多样性和差异性直接导致的。一方面，产品开发过程涵盖需求调研、产品策划、技术研发、工艺设计、营销管理、财务管理等各个职能部门，需要在组织内部建立机制，实现企业、团队和个人等不同层面创新理念、创新思维的交流与结合；另一方面，企业需要不断从外部环境中获得相关的技术、知识和其他资源，通过不同要素资源的有机整合，来优化产品结构，提升产品开发水平。

二、纺织产品竞争环境的变化

产业环境是影响企业产品开发战略决策与执行的重要因素。当下，中国经济呈现出内需消费结构升级加快，国际竞争格局调整重构，生产要素比较优势改变，资源环境约束不断增强，经济增长逐步趋缓的发展态势，纺织产业进入增长趋缓同时反应速度加快，品质功能精良同时成本价格平实，刚性需求不足同时柔性创新增强的新常态。

（一）宏观政策由强调快速增长转向强调结构转型

宏观政策以培育内需消费结构作为经济发展的

关键驱动，以发展战略新兴产业作为提高产品竞争力的关键举措，以加强社会责任推广，构建纺织服装绿色供应链管理等实现可持续发展。支持纺织企业加快应用新材料、新技术、新工艺，优化生产流程，提升技术装备及资源综合利用水平，加快产业用纺织品开发及应用，提升纺织服装设计和创意水平，促进纺织企业增强产品开发实力。

（二）国内市场更加重要

中国经济从出口和投资主导型转向内需主导型，国民经济的发展和城镇化进程的加速推动国内二三线城市和农村消费能力快速提升，促使内需市场呈现不断成长的趋势。

（三）国际市场竞争格局调整重构

随着全球经济的发展以及生产原料、劳动力、能源等生产要素比较优势的变化，全球纺织品消费市场与世界纺织产业格局呈现区域性调整。基于控制供应链管理成本及风险等因素，国际零售商通过并行采购谋求利润的最大化，一方面，把中低端基本款纺织品的加工制造转向东南亚和非洲地区；另一方面，将要求快速反应的时尚产品的采购放在靠近消费市场的区域，从而降低时间成本和物流成本。我国纺织品服装出口在欧、美、日等发达国家和地区的市场份额均有下降之势。调整产品结构和营销模式，实施全球化战略是中国纺织企业应当密切关注的。

（四）消费理念与生活方式转变带来市场需求的变化

随着社会进步与经济发展，人们的消费理念和生活方式也在不断转变，纺织服装市场趋于细分化、多元化和复杂化。针对有效需求，进行独特准确的市场定位能够明显提升产品竞争力。

（五）电商模式快速发展的影响

纺织服装消费市场电子商务迅猛发展，纺织产品开发随之发生巨大变化。电子商务不仅创造了纺织服装企业的商业机会，而且改变了纺织服装供应链的结构；不仅引导了消费方式的转变，而且为消费者参与产品设计开发创造了机会，重塑了从需求到供给的供应链关系。纺织企业不仅要培养快速反应能力，以柔性制造来满足服装品牌小批量、多品种和快交期的面料供给需求，还要密切关注和把握由消费群体的社会创新带来的设计灵感和商业机会。

（六）新技术对产品开发的推动作用

科技进步是推动纺织企业产品开发的重要因素。随着市场需求的变化，小批量、多品种、高质量的大规模定制成为纺织产品开发的主要趋势。与以往的大规模投资和快速增长相比，纺织企业需要投资能够满足小批量、多品种生产要求的柔性化技术装备和生态环保型技术装备。标准化与模块化是柔性制造的关键要素，能够提升纺纱、织造、染整、成衣加工等生产环节的灵活性以满足服装品牌的采购需求。随着科技的进步，新能源、高端制造技术、信息技术以及最大程度地贴近市场与消费者等成为真正的比较优势，纺织产业将不再是传统意义上的制造业，而是和自动化、信息化、智能化、互联网、物联网相结合的新兴产业。在产业升级和产品结构调整过程中，企业应当重新配置创新资源，以全球化的战略追逐新一轮的技术、信息、能源等可持续发展的成本优势，提高竞争优势。

总之，中国纺织企业面临着生产成本持续上涨、市场容量有限增长以及经营风险加剧的竞争环境，企业需以市场为导向，以客户价值为核心，把握流行趋势，将技术优势、规模优势和产品开发相结合，集成创新，逐步建立并完善产品开发管理体系，提高市场竞争力。

流行趋势引导产品开发方向

纺织产品开发需要深刻理解人们的消费心理和

CNTAC

2016/2017 中国纺织工业发展报告

2016/2017 CHINA TEXTILE INDUSTRY DEVELOPMENT REPORT

行业研究

构建中国纺织服装行业的新未来

中国纺织工业联合会会长　孙瑞哲

回望2016年的世界经济，许多新变化前所未有，频现的“黑天鹅”事件出人意料。英国“脱欧”削弱欧盟实力，美国“两洋”战略受挫，发达经济体复苏乏力，“逆全球化”趋势抬头，国际贸易陷入低迷，全球金融体系脆弱性增大。总的来看，经济全球化进入了阶段性调整期，世界经济处于弱增长态势，国际秩序主导权角逐更趋激烈，全球格局出现由“多极化”步入“多层化”的明显迹象。国际金融危机爆发之后，中国经济率先突出重围，在世界经济最困难的时刻，挑起了稳增长的大梁。巨大贡献的背后，是中国在国内改革发展和全球治理方面提出了一系列新理念，开出了一系列新药方，发出了一系列新倡议。这不仅让中国这个体量庞大的经济体克服重重险阻，一直保持较快较稳发展，而且也为世界经济释放出巨大需求，给全球治理提供了极具价值的“中国方案”。

正视中国纺织行业的发展历程和如今在世界纺织行业的地位，也有自身的“中国方案”，但在经济新常态的形成过程中，许多以往的经验需要沉淀，更多发展元素需要审视，发展势能需要融合，为实现纺织行业“十三五”目标，巩固纺织行业在我国的支柱产业、重要民生产业和创造国际化新优势的产业地位，深化科技和时尚融合、生活消费与产业用并举，在美化人民生活、增强文化自信、建设生态文明、带动相关产业发展、拉动内需增长、促进社会和谐等方面发挥重要作用。当前，应该正确处理好纺织行业当前面临的矛盾，综合协调转变，谋划纺织行业新未来。

以变应变，创新发展

回首2016的中国纺织行业，在全球市场疲软的情况下，总体发展稳中有进，表现可圈可点。2016年，“黑天鹅”事件频发，既有技术上的颠覆式创新，例如区块链技术、新能源技术、虚拟现实、人工智能、共享经济、网红经济等创新性技术正在显现重要作用。还有不可预期的一些政治事件的影响，例如英国脱欧引发的贸易格局重大变化、汇率风险增加、全球资本市场波动；韩国政坛风波导致的汇率波动、纺织贸易不确定性增加；特普朗当选美国总统带来的世界贸易格局重大变化的可能性，大国贸易关系变数增加；印度废除大额货币造成的外汇市场的波动、黄金等物价上升，印度纺织出口受挫、稳定受到影响；美国退出跨太平洋伙伴关系协定（TPP）使得协议相关国家将受到重大影响，世界纺织产业格局可能发生新的变化，见图1。由于中国纺织行业在世界经济中的地位，所有的这些都对中国纺织行业产生深刻的影响，在各种变化突发的时代，以变治变，创新发展才是应对之道。

图1 2016年“黑天鹅”事件

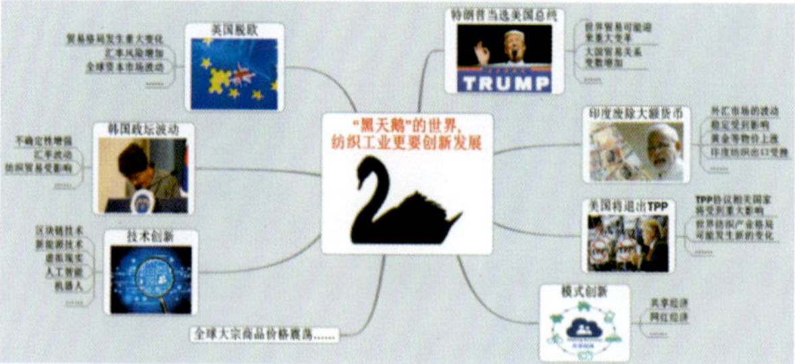

新形势下，中国纺织行业应该直面“三个矛盾”，即：创新发展与转型升级之间的矛盾、产能结构与有效需求之间的矛盾、环境约束与经济发展之间的矛盾；进而协调“三个关系”，经历“三个转变”，最终构筑“三个板块”。“三个关系”

为产业与社会、环境、消费的关系；“三个转变”为传统产业向科技产业、时尚产业、绿色产业转变；“三个板块”为制造产业板块、时尚产业板块和科技产业板块。为了实现中国纺织行业新未来，需要瞄准六大方向进行发力，即创新发展、精益发展、融合发展、时尚发展、包容发展、联动发展。

中国纺织行业发展面临“三大矛盾”

2011～2015年，我国国内生产总值（GDP）年均增长率为7.8%，远高于世界同期2.4%（世界银行数据）的平均水平，明显高于美、欧、日等发达经济体和巴西、俄罗斯、南非、印度等其他金砖国家，见图 2。2011～2015年中国对世界经济增长的贡献率超过25%，中国占世界经济总量的比重逐年上升。据国际货币基金组织（IMF）预测，2015年我国GDP占世界的比重为15.5%，比2012年提高 4个百分点，相当于美国的63.4%，比2012年提高11个百分点。可见，中国经济已经是世界发展最重要的增长引擎。

图2 2011～2015年世界主要经济体GDP平均增速（%）

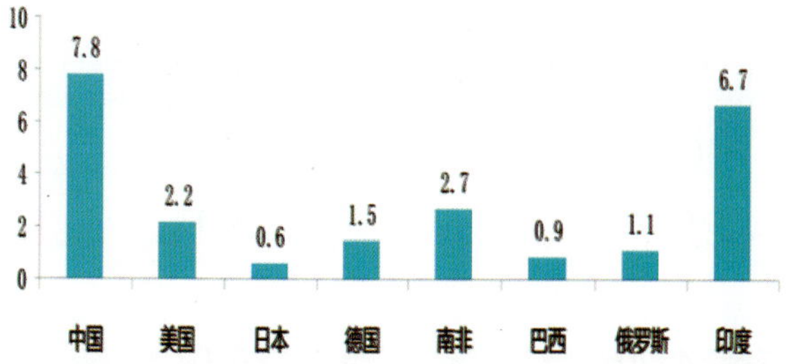

资料来源：世界银行

虽然中国经济在世界经济整体复苏疲软的形势下，仍然能够保持较平稳的发展。但审视当前，在中国纺织行业可持续发展的进程中，与中国经济一样，存在“三大矛盾”，应直面挑战。

一、创新发展与转型升级之间的矛盾

第一，自主创新及集成创新能力有待加强，基础性研究和共性关键技术开发薄弱，影响了行业整体技术水平的提升；第二，科技成果转化率较低，部分成果停留在科研阶段，不能满足产业化、商品化要求，部分关键技术难以向全行业辐射；第三，创新体系建设及运行机制不完善，创新资源分散，未能形成整体合力，难以针对行业共性关键技术进行协同和集成创新。

二、产能结构与有效需求之间的矛盾

第一，产业链前端的产能结构问题依然没有理顺，存在阶段性、结构性产能过剩，部分能耗高、产品缺乏差异化的落后产能难以有效退出；第二，产业链中间环节产品趋同性现象普遍存在，中间产品同质化问题和过度竞争问题较多，差异化、特色化产品有效供给亟需扩大；第三，产业链终端的产品有效供给不足，消费热点和需求盲点亟需深入挖掘，中高端纺织服装产品供给亟需扩大，品牌运营能力有待提升。

三、环境约束与经济发展之间的矛盾

第一，环保技术与标准成为国际社会可持续发展的重要议题，围绕化学品安全控制、碳排放等内容的国际共识基本形成；2015年是全球可持续发展的元年，该年达成了两个重要的协议，一个是联合国17项可持续发展全球目标，另一个是巴黎气候大会达成了历史性减排协议。在国际大形势下，中国政府做出了郑重承诺，会在社会经济各个层面将相关的标准执行到位。第二，建设生态文明已提升到执政理念和国家整体战略层面，更加严格的环保法律法规和环境治理要求对纺织印染企业带来更大压力，影响整个产业发展中相关的产品标准和环境标准；第三，某些环保监管措施尚有待完善，部分重

点地区不允许印染项目环评或设置繁琐环评手续的现象存在，导致企业无法进行技术升级和装备改造，影响产业转型升级的进程。

新时期纺织工业的定位

一、《纺织工业发展规划（2016～2020年）》提出新定位

纺织工业是我国传统支柱产业、重要民生产业和创造国际化新优势的产业，是科技和时尚融合、生活消费与产业用并举的产业，在美化人民生活、增强文化自信、带动相关产业发展、拉动内需增长、促进社会和谐、建设生态文明等方面发挥着重要作用。

（一）支柱产业

2015年，规模以上纺织企业实现主营业务收入70 713.5亿元，占工业比重为6.4%。根据估算纺织全行业的工业增加值占全国GDP的比重超过3%，符合一般公认的支柱产业比重，见表1。

（二）民生产业

据统计，纺织全行业就业人数约2000万人，规模以上企业就业975万人，随着科技进步带动的劳动生产率提升，纺织就业绝对数在下降，但占整个工业的比重约为10%，仍是重要的民生产业，见图3。

图3 2010年与2014年中国纺织行业就业人数占工业比重

单位：（万人）

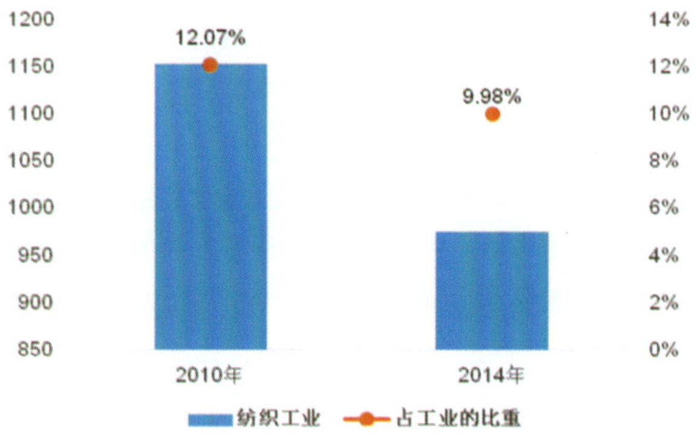

资料来源：中国纺织工业联合会

表1 “十一五”末与“十二五”末中国纺织行业主要经济指标

主要指标	2010年	2015年
主营业务收入(亿元)	46008.3	70713.5
主营业务收入占工业的比重(%)	6.59	6.41
利润总额(亿元)	2240	3 860.41
利润总额占工业的比重(%)	4.20	6.07
实际完成投资额(亿元)	4036.7	11913.2
实际完成投资额占制造业的比重(%)	5.42	6.61
我国纤维加工量占世界比重	52.8	54.8
我国纺织品服装出口额占世界比重	34.3	38.0

资料来源：中国纺织工业联合会

（三）国际竞争优势产业

我国是世界纺织产业规模最大的国家，也是产业链最完整、门类最齐全、产业规模最大的国家，2015年我国纤维加工量达到5300万吨，占世界的比重达54.8%。2015年，我国纺织品服装出口额为2911.5亿美元，占世界纺织品服装出口额的比重比“十一五”末提高近 4 个百分点，见表2。

二、行业发展的“三个关系”、“三个转变”和“三个板块”

（一）行业发展需要协调好“三个关系”

1.纺织工业与社会的关系

中国纺织行业应该稳固并继续扩大在主营业务收入、税收、投资等方面对国民经济所起的支柱性作用；在解决就业，吸纳大量农村转移劳动力，城镇化进程中发挥更大的作用，在整个经济发展之中，跨领域纺织品的应用还要发挥更大的作用。

2.纺织工业与环境的关系

中国纺织行业要找准生态文明建设的主战场，发展低碳、绿色、循环纺织经济；全面提升行业环保意识，形成绿色制造体系和消费体系。

3.纺织工业与消费的关系

中国纺织行业要担负改善消费者生活和引领生活方式的责任，关注直接关系到消费者的生活水平与生活质量的产品，引导健康的生活方式；跨越产品制造的层面，直接链接最终消费者，见图4。

图4 纺织行业的“三个关系”

（二）行业发展必须经历“三个转变”

中国纺织行业要围绕与社会、环境、消费的“三个关系”，进行“三个转变”。纺织行业要由传统产业向科技产业、绿色产业、时尚产业转变，见图 5。这也是行业转型升级的目标所向，趋势所指。当今的纺织行业已经不再是劳动密集性产业，中国纺织行业未来的发展更多要依靠“人才红利”，而“新红利”带来的是“新动能”、“新势能”，这就使得纺织行业今后在科技含量、节能环保、引领时尚等方面的优势会慢慢显现。在当前经济新常态下，新旧动能转换之际，中国纺织行业要发挥自身优势，找准发力点，尽快完成这“三个转变”。

图5 纺织行业的“三个转变”

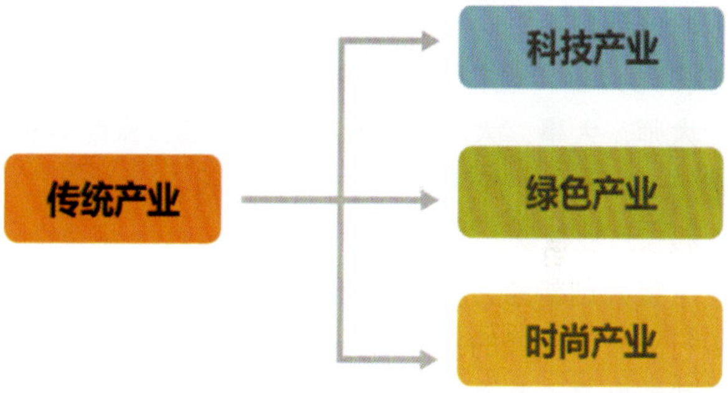

（三）中国纺织工业“新三板”的产业架构

通过观察2016年中国纺织行业经济运行特点，发现中国纺织行业仍将处于“L型经济”的底端平缓期，这种态势还要持续一段时间，这也为中国纺织行业解决当前面临的问题、稳步转型升级提供了缓冲期。要解决好中国纺织行业面临的“三个矛盾”，就要协调好纺织行业的“三个关系”，经历“三个转变”，最终构筑中国纺织工业“新三板”，即时尚产业板块、科技产业板块和制造产业板块，见图6。“新三板”并非三个截然分立的板块，而是充满无限可能性的跨界融合与价值共生。

图6 纺织行业“新三板”产业架构

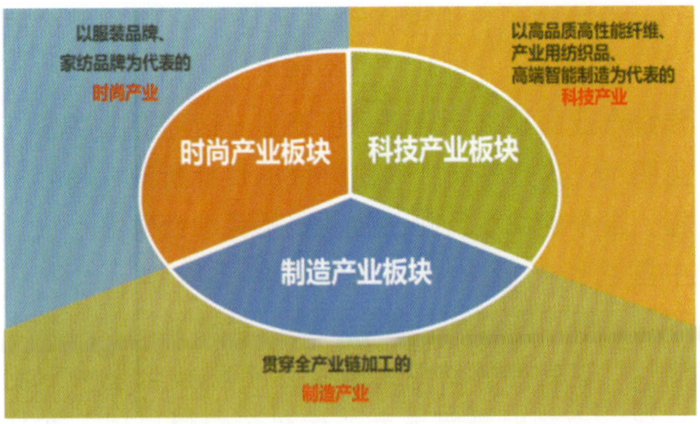

1.时尚产业板块

提升文化自信，引领消费趋势。时尚将成为纺织行业未来发展的个性标注，是引领消费趋势、提升文化自信力而必须完成的“美育”课；发挥文化创意、时尚要素的引领性作用，促进纺织工业由单一制造型经济向制造型经济、服务型经济等经济形态多元共生转型；融合传统文化和现代时尚，以“大师、大事、大牌”为抓手，以服装、家纺等终端产品为重点，加快推进自主品牌建设。

2.科技产业板块

提升创新能力，满足社会需求。科技是引领纺织行业未来发展的第一动力，是行业转型升级、打造战略制高点而必须经历的“智育”课；纺织行业要把握全球科技发展趋势，以提高自主创新能力为核心，提升纺织科技整体实力和国际竞争新优势，为纺织强国建设提供有效支撑；与经济发展紧密结合，以高性能纤维、产业用纺织品、高端装备、智能制造为抓手，带动相关产业发展，满足社会新需求。

3.制造产业板块

提升质量水平，控制综合成本。制造是纺织行业未来持续发展的立业之本，是夯实支柱地位、促进社会和谐而必须经历的“体育”课；纺织行业要坚持质量为先，优化成本，完善产业链条和生产体系，提高产品质量保障能力和制造效率，逐步实现绿色制造、智能制造；加强产品形态、产品功能、生产流程及消费体验等各环节创意设计，开发个性化产品，形成有效供给与消费升级良性互动局面。

构建纺织行业的新未来

一、以技术创新为基点实现创新发展

《纺织工业发展规划（2016～2020年）》将科技创新目标定为五大发展目标之一，并将加快科技创新体系建设、加强行业关键技术突破定为重点任务。《纺织工业“十三五”科技进步纲要》制定了30项“十三五”纺织工业科技攻关及产业化项目和100项“十三五”纺织工业先进适用技术推广项目，见图 7。可见，未来纺织的发展必须以技术创新为基点实现创新发展。

图7 纺织行业“十三五”科技纲要“30+100”技术推广项目

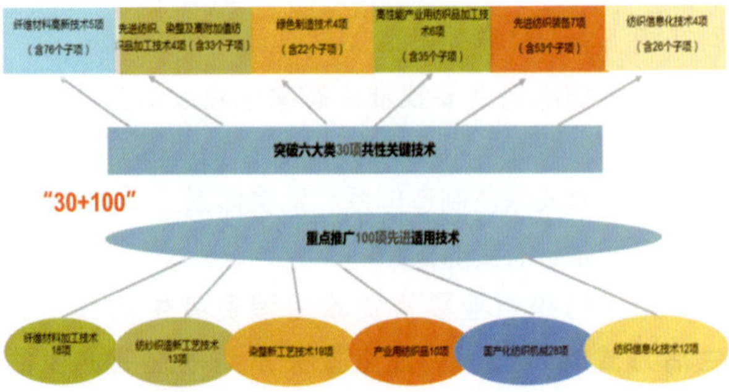

二、以智能制造为方向实现精益发展

随着《中国制造2025》、《智能制造发展规划（2016～2020年）》、《机器人产业发展规划》、《国家智能制造标准体系建设指南》、《国务院关于深化制造业与互联网融合发展的指导意见》等国家政策的发布，智能制造正在成为中国制造业转型升级的整体趋势之一，中国纺织行业也在积极地以智能制造为方向实现精益发展，见图8。纺织智能化主要表现在以下3方面。

布的《水污染防治行动计划》实施，重点推动超滤、纳滤、饮用水安全分离、海水淡化、污水资源化利用等材料、组件及成套设备的开发和工程应用示范。土壤污染治理方面，根据国务院印发《土壤污染防治行动计划》，重点发展尾矿修复用、重金属吸附治理用、生态护坡加固绿化用等土工纺织材料；加快麻地膜、聚乳酸非织造布等可降解农用纺织品的推广应用，并在新疆棉田、内蒙古沙漠等重点地区开展应用试点示范。

（三）医疗健康产业用纺织品

一是提升一次性医用纺织品的市场渗透率，大力发展并推动一次性医用纺织品，力争在2020年应达到15%以上。二是"十三五"期间行业要在妇女卫生巾和婴儿纸尿裤研究开发新产品，提高产品品质，占领高端市场，2020年我国的市场渗透率有望超过10%。

（四）应急和公共安全产业用纺织品

应急产业与产业用纺织品关系密切，涉及行业中的许多领域。例如安全防护用纺织品绝大部分产品都是应急产品，如消防服、防爆服、防刺防割服都是消防警察和特警的必备，防病毒、防细菌服装和面具等是应对重大自然灾害和重大疫情的首选。"十三五"将在在个体防护、应急帐篷、医疗应急救治、卫生应急保障、海上溢油应急、疫情疫病检疫处理等方面开展针对性的产品研发和应用推广。

（五）基础设施建设配套产业用纺织品

根据国家在基础设施建设发展中的要求，以及"一带一路"的发展重点，将在交通、水利、建筑装饰和环境保护等应用领域，推动高强丙纶长丝土工布、智能土工材料等技术进步和产品研发。

（六）"军民融合"相关产业用纺织品

2016年，《关于经济建设和国防建设融合发展的意见》把军民融合发展上升为国家战略，产业用纺织行业的重点是要将先进的纺织材料和产品应用到国防建设中，比如伪装材料、单兵防护、装备配套、医疗急救和应急保障材料等，解决制约防护和装备发展中的纺织材料问题。积极推动耐磨、防蚊、保温、耐温、防辐射等功能纺织材料和技术，在安全防护、大型船舶或钻井平台锚泊定位、高等级耐摩擦、耐高温保温、文体休闲等民用领域的应用。

三、推进纺织高端装备、智能装备的制造及应用

智能制造是《中国制造2025》的核心，纺织智能制造离不开智能化的纺织装备。纺织"十三五"发展规划提出，纺机装备将发展高效、低能耗、柔性化、自动化、数字化、智能化纺织装备，纺织专用应用软件系统，形成纺织各专业领域智能制造系统化解决方案。推进吊挂系统、智能物流包装、智能机器人、网络化管理信息系统等开发应用。《纺织机械行业"十三五"发展指导性意见》将纺织装备产品智能化和装备制造智能化作为"十三五"期间纺织机械行业主要技术研发方向。其核心就是发展数字化、网络化、智能化制造，实现高效、低能耗、柔性化、自动化、数字化、智能化纺织装备。

（一）高端装备、智能装备制造

1.化纤生产装备

推进化纤长丝智能生产，建设涤纶、锦纶等化纤长丝智能化车间或生产线，推动在涤纶、锦纶等行业建立示范智能车间和智能工厂。实现化纤生产过程模拟，化纤生产数字化集成系统应用、卷装落卷、换筒管、堆放、包装及运输的自动化和智能化，形成化纤长丝系统优化与控制一体化解决方案。

2.纺纱装备

提高连续化和智能化水平是纺纱机械发展的大

趋势，以满足用户的个性化需求。运用现代信息网络和数字技术、专家系统，实现纺织生产过程工艺参数的在线检测、显示、自动控制、自动调节和网络监控，纺纱工厂的远程诊断和远程服务。运用机器人技术、柔性生产技术，实现纺纱生产高度自动化。同时配套发展筒纱智能包装物流系统、智能搬运机器人等，为建立智能化、连续化纺纱工厂，实现纺纱全流程数字化监控和智能化管理，夜班无人值守做准备。

3. 织造与准备机械

机织与准备领域的智能装备发展将采用数字化控制技术，研发数字化织布工艺，多台套织机生产管理系统，自动穿经机，以及高速、数控、节能型无梭织机、特种宽幅织机等新型装备，建立具有全面监控能力的数字化机织车间，实现机织车间的织机群控管理。

4. 针织机械

针织领域的智能装备将重点研发针织机械智能化控制系统，通过数据网络将针织设备与生产管理系统联通，实现对设备的集群智能控制，对设备状态、生产数据、工艺数据和花型数据进行在线监控。集成计算机辅助工艺设计系统，通过系统联网传送编织文件、设置编织参数、控制编织过程，实现机器分组管理。重点是智能化全成型电脑横编织机开发及产业化、智能化经编装备开发及智能化制造。

5. 印染机械

印染领域的智能装备发展将建立智能化印染连续生产线和数字化间歇式染色车间，实现对机械参数、生产工艺参数、能源消耗和产品质量进行全方位实时监控，机台或单元机实现闭环控制；集成染化料自动配送系统，智能化废气、废水排放监控系统和能源回收监控系统，形成覆盖印染全流程的智能化监控系统。

6. 非织造布机械

“十三五”数控非织造布生产装备发展将面向产业用纺织品研发多种工艺在线复合成型和混合型非织造装备，研发宽幅高速梳理、铺网与针刺设备，研发与其他非织造技术结合的水刺装备。新型非织造布生产装备具有数字化远程诊断和实时监控功能；开发高速梳理机、智能化多模头纺熔复合非织造布生产线、高效高产环保节能气流成网生产线。推广宽幅土工布非织造布生产线、聚酯纺粘针刺防水卷材胎基布生产线等。

7. 服装、家纺机械

大力发展人工转机械、单机转单元、机械转自动、自动转智能，推广应用包括吊挂及其他单件衣片自动输送系统、自动缝制单元和自动模板缝制系统在内的自动化、智能化、专业化、高速化缝制设备。

（二）重点纺织生产的智能化技术应用

纺织工业“十三五”发展规划提出，要推动信息化技术在纺织生产、研发、管理、仓储、物流等各环节广泛运用。在棉纺、印染、化纤、服装、针织、家纺等行业，开展以自动化和智能化生产、在线工艺和质量监控、自动输送包装、智能仓储、智能管理为主要特征的数字化、智能化工厂（车间）试点示范，并加强研究和解决其智能生产线配套的共性关键技术及推广应用。智能化工厂（车间）示范线包括智能化纺纱，化纤长丝（涤纶、锦纶等）智能生产，智能化印染生产，智能化非织造布生产，智能化针织车间，智能化服装、家纺车间等。

四、发展绿色制造、推动循环利用

贯彻落实国务院关于印发《水污染防治行动计划》，印染行业实施低排水染整工艺改造，推广高效短流程前处理工艺技术、少水印染加工高新技术。如推广应用生物酶前处理、小浴比染色、冷轧堆前处理和染色、资源综合利用和废水深度处理技术等先进适用技术。

鼓励企业发展能源管控中心建设，支持染整生产建设行业绿色制造生产过程物质流和能量流数据库，推动能源管理智慧化。

鼓励发展节能环保绿色纺织装备制造及应用，

绿色加工技术应用改造；纺织品及服装的生产过程清洁化工艺技术改造，重点是化纤行业和染整行业；水资源综合利用高效化工程，印染废水的深度处理和零排放技术应用；纤维再生利用、废旧纺织品回收高值化循环再利用的纤维生产技术及装备、原液着色产业化关键技术及应用。

鼓励发展绿色工业园区的技术改造。以企业集聚化发展，积极推广先进少水染整技术、节能技术、清洁生产技术的集合应用、废水集中处理等示范工程，推进绿色工业园区建设。

五、提升纺织工业强基工程技术水平

工业强基技术水平直接决定着产品的性能和质量，是纺织工业整体素质和核心竞争力的根本体现，是纺织制造强国建设的重要基础和支撑条件，也是《中国制造2025》的核心任务。

（一）基础材料

落实好《工业强基工程实施指南（2016～2020）》中与纺织新材料密切相关的新材料技术。新材料“一揽子”突破行动，要突破新一代高性能纤维及单体、生物基材料、功能纺织新材料、高性能分离膜材料；航空航天装备“一揽子”突破行动，要开发高性能碳纤维材料；轻量化材料精密成形技术“一条龙”应用计划。要开发碳纤维复合材料，高性能聚酰胺等轻量化材料。

（二）核心基础零部件（元器件）

围绕重大装备、重点领域整机的配套需求，提高产品的性能、质量和可靠性，重点发展一批高性能、高可靠性、高强度、长寿命以及智能化的基础零部件（元器件），突破一批基础条件好、国内需求迫切、严重制约整机发展的关键技术，全面提升我国核心基础零部件（元器件）的保障能力。

（三）基础工艺

加强基础工艺水平有利于提升自动化、信息化、成套化水平的智能制造工艺，有利于提高基础材料的性能和质量稳定性，降低材料综合成本，提高核心竞争力，全面提升基础工艺水平，加快先进基础工艺在生产过程中的推广应用。

（四）完善产业技术基础体系

针对新一代高端装备制造、新材料等重点领域和行业发展需求，创建一批产业技术基础公共服务平台，建立完善产业技术基础服务体系。纺织“十三五”提出建设创新服务平台。推动建设高性能纤维及复合材料研发和应用公共服务创新平台；医疗、土工、安防、结构增强等高性能产业用纺织品服务创新平台；加快服装基础数据库及有关数字化服务平台建设。

（撰稿人：王玉琦　牛爽欣）

2016年纺织行业出口形势报告

中国纺织工业联合会产业经济研究院

2016年，面对世界经济和贸易增速7年来最低、国际金融市场波动加剧、地区和全球性挑战突发多发的外部环境，面对国内结构性问题突出、风险隐患显现、经济下行压力加大的多重困难，我国纺织对外贸易面临国际竞争压力不断加大。在2014年我国纺织品服装出口突破3000亿美元大关后，出口呈现了“两连降”，纺织行业正经历着一轮深度结构调整和转型升级。

2016年纺织行业出口特点

据我国海关数据显示，2016年，按美元计，我国纺织品服装出口总额达2701.20亿美元，同比下降7.22%。其中，出口纺织品1106.73亿美元，同比下降3.98%；出口服装1594.47亿美元，同比下降9.35%。

按人民币计，我国纺织品服装出口总额达17825.05亿元，同比下降1.40%。其中，出口纺织品7303.22亿元，同比增长2.04%；出口服装10521.83亿元，同比下降3.66%。

一、“两连降”出口规模回到2012年

2016年我国纺织品服装出口金额同比下降7.22%，这是在2015年下降4.78%的基础上再次下降。我国纺织行业对外贸易遭遇严峻的形势。

如图1所示，我国在2001年12月正式加入世界贸易组织后，纺织品服装出口不断增长。2001年我国纺织品服装出口450多亿美元，此后规模不断扩大，直至2014年超过3000亿美元规模。

“两连降”让我国纺织品服装出口规模基本回到了2012年的水平，2012年出口金额为2626亿美元。这是我国纺织品服装出口近20年来，首次出现连续两年下降，且降幅还有扩大趋势。

图1 2001年以来我国纺织品服装出口金额、增速

单位：亿美元，%

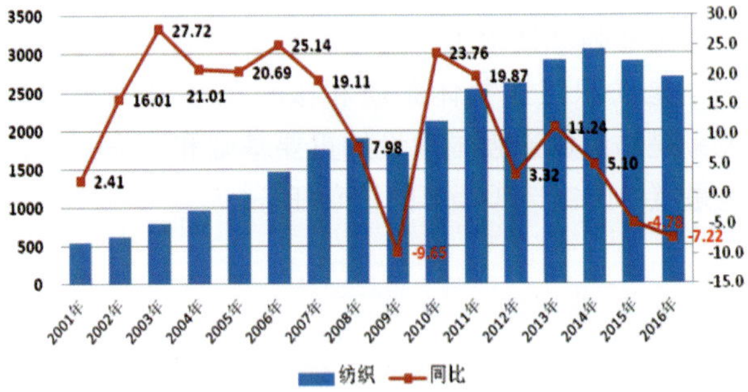

资料来源：中国海关

二、指数增长，出口竞争力优势依然存在

2016年，我国纺织品服装出口总额2701.20亿美元，其竞争力指数（出口−进口/出口+进口）达83.57%，显示我国纺织外贸竞争力优势依然存在。

从近几年数据看，竞争力指数略有增长。如表1所示，终端服装及衣着附件竞争力指数由2009年的96.61%，下降到2016年的90.73%，下降较明显。纺织产业链前端产品纺织纱线竞争力有所起伏，略有下降，从2009年的20.36%，到2016的16.66%；而纺织织物和纺织制品竞争力都有提高，分别从2009年的58.66%、73.83%，提高到82.24%、83.68%。

我国纺织产业链完整，在国际上具有较高的市

是与全球乏力的需求增长相适应的。

2017年世界经济预计会略有加快，尤其是新兴市场和发展中经济体；美元又一次加息，会让所有货币对美元都贬值，客观上有利于我们出口；市场结构优化，更多的“一带一路”沿线国家将成为新增长点；随着供给侧改革的深化和企业转型升级步伐的加快，我国各项利好行业、企业、外贸发展的政策不断出台实施，这些都将对我国纺织品服装出口形成正向拉动作用。

由于2016年的纺织品服装出口基数较低，预计2017年我国纺织品服装出口不至于大幅下滑，也不会出现快速回升，将与2016年基本持平或实现小幅增长。

（撰稿人：陆　健）

2016年纺织服装专业市场现状及发展趋势分析

中国纺织工业联合会流通分会

2016年纺织服装专业市场运行情况

一、总体运行情况

据流通分会统计，2016年我国万平方米以上纺织服装专业市场894家；市场经营面积达到7052.05万平方米，同比增长2.85%；市场商铺数量135.78万个，同比增长3.41%；市场商户数量111.52万户，同比增长2.39%；市场总成交额2.11万亿元，同比增长2.81%。

2013～2016年，我国纺织服装专业市场数量分别为802、833、862、894家，年同比增速依次为3.87%、3.48%、3.71%，专业市场数量保持稳步增长。

2013～2016年，专业市场的总经营面积从6364.75万平方米增长到7052.05万平方米，四年间依次增长了347.60、144.50、195.20万平方米。市场的总商铺数量从121.87万个增至135.78万个，四年间依次增长了5.48、3.95、4.48万个商铺。市场的总商户数量从103.85增至111.52万户，四年内依次增长了3.52、1.55、2.6万个商户。专业市场总成交额从1.95万亿元增至2.11万亿元，年同比增速依次为3.59%、1.49%、2.93%。可以看到，近几年专业市场的经营面积、商铺数、商户数及成交额均保持增长，但增量呈现下滑后的回升趋势。

（一）重点集群分析

1.集群内市场

流通分会重点监测的市场集群（东方丝绸市场、常熟服装城、濮院羊毛衫市场、柯桥中国轻纺城、义乌小商品城、芦淞服饰城、朝天门市场）内共有单体市场137家。

2013～2016年，专业市场集群总经营面积稳定在1372万平方米。市场总商铺数量从16.64万个增至18.37万个，四年间依次增长了0.15、1.21、0.37万铺。总商户数量从16.22万户增至17.41万户，依次增长了0.15、0.43、0.61万户。近几年商铺的增长数量收窄，商户的增长数量稳步攀升，2016年商户新增数量超越了商铺新增数量，说明集群内市场商铺的出租率上升，市场运营状况向好。

2013～2016年，重点监测的专业市场集群总成交额从0.49万亿元增至0.63万亿元，年同比增速依次为10.13%、8.70%、7.62%，重点集群成交额维持在一个较高的增速区间。

2.集群外市场

重点集群外单体市场757家。2013～2016年，市场总经营面积从4992.90万平方米增至5680.20万平方米，逐年依次增长了347.60、144.50、195.20万平方米。市场总商铺数量从105.23万个增至117.41万个，依次增长了5.33、2.74、4.11万个商铺。市场总商户数量从87.63万户增至94.11万户，依次增长了3.37、1.12、1.99万户。重点集群外的市场近几年商铺数、商户数增量均收窄，2016年商户新增数量小于商铺新增数量，说明集群外市场的商铺空置率提升。

2013～2016年，集群外市场的总成交额从1.43万亿元增至1.48万亿元，集群外市场成交额相对保持平稳增长，见表1。

（二）市场区域结构分析

从图1各地区专业市场经营面积看，2016年东部市场经营面积4942.81万平方米，占全国专业市场总面积的70.09%，中部、西部市场分别占全国专业市

表1 2016年纺织服装专业市场主要运行指标

	市场数量	经营面积（万平方米）	商铺数量（万个）	商户数量（万户）	成交额（万亿元）
重点集群外市场	757	5680.20	117.41	94.11	1.48
重点集群内市场	137	1371.85	18.37	17.41	0.63
合计	894	7052.05	135.78	111.52	2.11

资料来源：流通分会数据库

场总面积的为16.19%、13.72%，见图1。

图1 2016年各地区专业市场经营面积占比情况

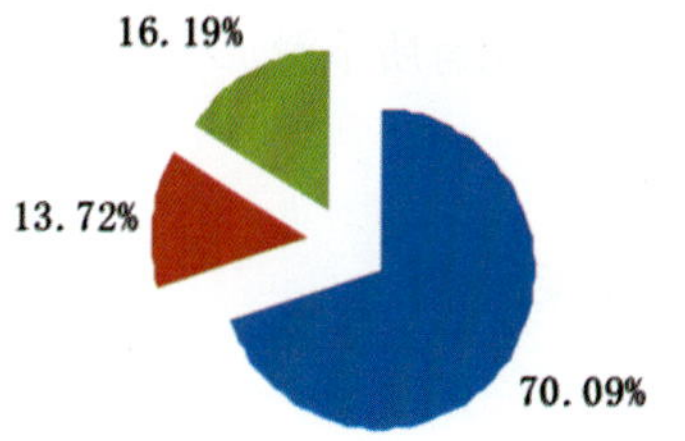

资料来源：流通分会数据库

从图2各地区专业市场成交额看，2016年东部市场成交额1.72万亿元，占全国专业市场总成交额的81.52%，中部及西部市场分别占10.43%、8.06%。

图2 2016年各地区专业市场成交额占比情况

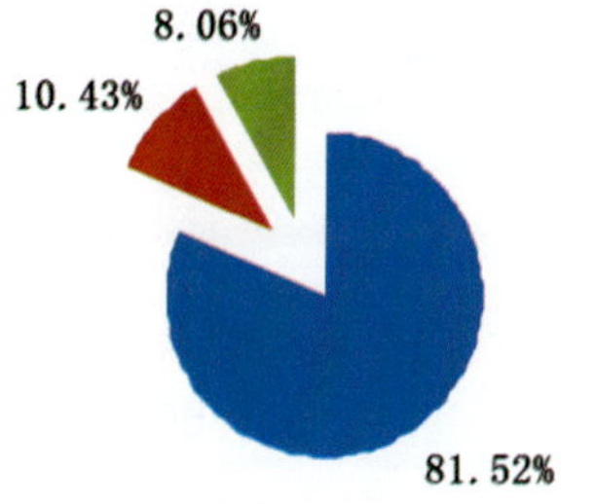

资料来源：流通分会数据库

2016年西部地区专业市场的经营面积、商铺数量及商户数量都有较大幅度的提升，同比增速分别高出全国纺织服装专业市场平均增速6.04、2.09及2.66个百分点，但成交额低于全国专业市场平均增速，见图3。这是由于重庆朝天门国际商贸城、重庆中国轻纺服装城等大体量的新市场在西部地区相继开业，西部地区的投资规模被加大，但新市场成功运营并获得收益还需要2～3年的培育期。

图3 2016年专业市场分地区主要指标同比变化情况

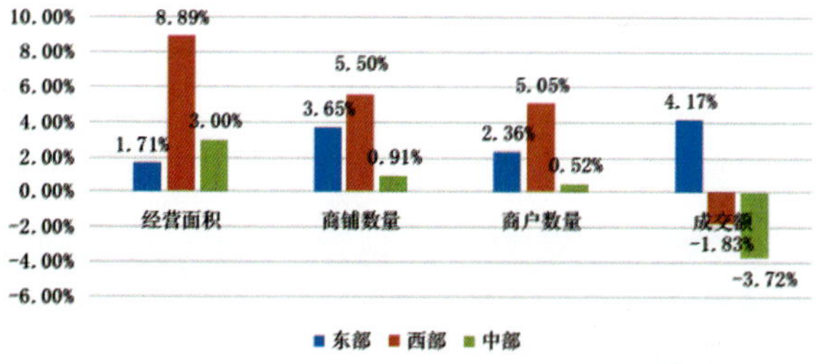

资料来源：流通分会数据库

（三）经营品类结构分析

1.各品类市场经营面积分析

从图4各品类市场经营面积比重看，服装、原面（辅）料及综合类市场分别占据前三位。2016年服装类专业市场经营面积为2980.26万平方米，占全国专业市场总面积的42.26%，同比增长1.54%；其次是原面（辅）料类市场，经营面积1280.05万平方米，占全国的18.15%，同比增长2.48%；第三位是综合类市场，经营面积1019.17万平方米，占全国的

14.45%，同比增长11.12%。

图4 2016年各类别专业市场经营面积占比情况

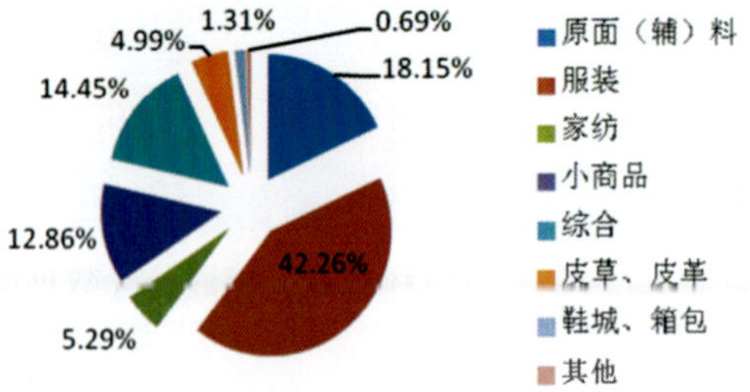

资料来源：流通分会数据库

2.各品类市场成交额分析

从图5各品类市场成交额比重看，服装、原面（辅）料及小商品类市场分别占据前三位。2016年服装类专业市场成交额达到1.00万亿元，占全国专业市场总成交额的47.60%，同比增长1.19%；其次是原面（辅）料类市场，成交额0.52万亿元，占全国的24.82%，同比增长5.11%；第三位是小商品类市场，成交额0.19万亿元，占全国的9.23%，同比增长6.83%。

图5 2016年各品类专业市场成交额占比情况

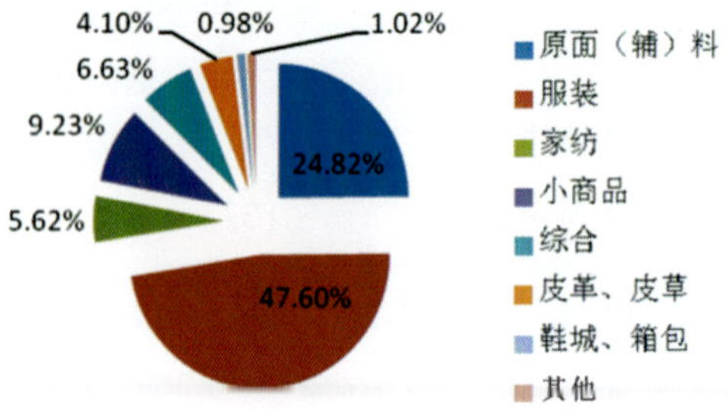

资料来源：流通分会数据库

从表2各品类市场成交额同比情况看，小商品、原面（辅）料及家纺类市场的同比增速较快，分别高出全国平均水平4.02、2.3及2.23个百分点。鞋城、箱包类市场的成交额同比有所下滑。

二、专业市场运行效率分析

数据显示，2016年纺织服装专业市场平均每个市场拥有1519个商铺，每个商铺年均成交额（商铺

表2 2016年各品类专业市场成交额同比情况

	2015年成交额(亿元)	2016年成交额(亿元)	同比(%)
原面（辅）料	4971.83	5225.84	5.11
服装	9902.39	10020.19	1.19
家纺	1126.70	1183.48	5.04
小商品	1818.05	1942.26	6.83
综合	1394.76	1396.79	0.15
皮草、皮革	848.70	862.16	1.59
鞋城、箱包	209.64	206.30	−1.59
其他	206.14	215.74	4.66
全国	20478.21	21052.76	2.81

资料来源：流通分会数据库

纺织服装上市公司经营业绩分析

一、上市公司全行业行业分化明显，品牌服饰公司业绩低迷，纺织制造板块快速增长

（一）全行业板块比较

纺织综合板块上市公司2016年前三季度平均营业收入同比上升12.49%，净利润同比上升5.18%。上市公司业绩上升主要在于板块内公司转型频现导致的业绩干扰。接下来我们选取了部分具有代表性的主流公司来计算整个行业业绩情况，见表1。

（二）重点个股板块比较

重点个股板块分析选取主流代表性公司作为样本。纺织制造重点个股子板块选取鲁泰纺织、联发股份、华孚色纺、百隆东方、伟星股份、兴业科技、华斯股份、际华集团和航民股份。服装家纺重点个股子板块选取朗姿股份、七匹狼、报喜鸟、九牧王、歌力思、搜于特、美邦服饰、森马服饰、探路者、罗莱生活、富安娜、梦洁家纺、奥康国际和海澜之家，其中雅戈尔、际华集团剔除多元化业务影响。

纺织服装板块上市公司2016年前三季度平均营业收入同比上升12.16%，净利润同比上升3.72%。纺织服装板块净利润的增速放缓，主要原因是服装家纺子板块受终端零售低迷和渠道变化影响，净利润涨幅变缓至3.36%，见表2。

二、重点个股板块主要财务指标分析

重点个股板块分析选取主流代表性公司作为样本。纺织制造重点个股自板块选取鲁泰纺织、联发股份、华孚色纺、百隆东方、伟星股份、兴业科技、华斯股份、际华集团和航民股份。服装家纺重点个股子板块选取朗姿股份、七匹狼、报喜鸟、九牧王、歌力思、搜于特、美邦服饰、森马服饰、探路者、罗莱生活、富安娜、梦洁家纺、奥康国际和海澜之家，其中雅戈尔、际华集团剔除多元化业务影响。

盈利能力方面，服装家纺重点个股的销售净利率同比上升2.91个百分点至13.70%。纺织制造和服装家纺重点个股板块的净资产收益率均上升，截至2016年三季报，纺织制造重点个股板块的净资产收益率为7.24%，同比上升6.00个百分点；服装家纺为10.36%，同比上升32.82个百分点。

表1 纺织服装主要子板块收入与净利增长情况

板块名称	2016年三季营业总收入（亿元）	2015年三季营业总收入（亿元）	同比（%）	2016三季平均归属母公司股东的净利润（亿元）	2015三季平均归属母公司股东的净利润（亿元）	同比（%）	2016三季销售毛利率（%）	2015三季销售毛利率（%）	增幅（%）
纺织服装	1732.37	1540.03	12.49	150.17	142.77	5.18	28.67	28.3	1.31
纺织制造	706.69	637.47	10.86	37.26	30.99	20.23	17.99	16.36	9.96
服装家纺	1025.68	902.56	13.64	112.91	111.78	1.01	36.03	36.48	-1.23

资料来源：WIND资讯

表2 纺织服装主要子板块收入与净利增长情况

板块名称	2016年三季营业总收入（亿元）	2015年三季营业总收入（亿元）	同比（%）	2016三季平均归属母公司股东的净利润（亿元）	2015三季平均归属母公司股东的净利润（亿元）	同比（%）	2016三季毛利率（%）	2015三季毛利率（%）	增幅（%）
纺织服装重点个股	849.02	756.95	12.16	80.10	77.23	3.72	36.55	36.04	1.42
纺织制造重点个股	424.59	377.56	12.46	30.20	28.95	4.32	22.99	20.98	9.58
服装家纺重点个股	424.43	379.39	11.87	49.90	48.28	3.36	45.27	45.72	–0.98

资料来源：WIND资讯

表3 纺织上市公司财务指标比较

指标		报告期	纺织制造重点个股	服装家纺重点个股
盈利能力	销售净利率（%）	2016年1～3季度	7.52	13.70
		2015年1～3季度	7.96	10.61
	净资产收益率（%）	2016年1～3季度	7.24	10.36
		2015年1～3季度	6.83	7.80
偿债能力	流动比率	2016年1～3季度	2.12	2.24
		2015年1～3季度	2.14	2.68
	带息债务/股权价值（%）	2016年1～3季度	19.18	4.32
		2015年1～3季度	19.11	5.96
营运能力	存货周转率（次）	2016年1～3季度	2.69	1.22
		2015年1～3季度	3.18	1.37
	应收账款周转率（次）	2016年1～3季度	8.83	5.82
		2015年1～3季度	5.84	7.12

资料来源：WIND资讯

在偿债能力方面，重点个股子板块的流动比率有下降趋势。截至2016年第三季度，纺织制造和服装家纺重点个股子板块的流动比率分别为2.12和2.24。

在营运效率方面，截至2016年三季度，纺织制造重点个股存货周转率为2.69，较2015年同期有所下降，主要由于棉价上涨过程中棉纺企业积极备货所致。服装家纺重点个股的存货周转率为1.22%，同比波动不大，主要是由于服装家纺企业近年持续的渠道库存清理使得原先堆积的库存有所缓解，见表3。

三、重点个股子行业上市公司业绩分析

选取重点个股子行业上市公司，逐个观察并进行业绩分析，见表4。

表4 纺织服装重点个股各细分行业营收、净利增速及费用率指标表现

单位：%

	政券简称	营收同比	净利润同比	销售费用率		管理费用率		财务费用率		销售净利率	
				2015年三季报	2016年三季报	2015年三季报	2016年三季报	2015年三季报	2016年三季报	2015年三季报	2016年三季报
色织布	鲁泰A	−5.46	5.88	3.16	2.92	10.43	11.60	0.35	0.62	0.12	0.14
	联发股份	3.78	32.69	4.90	4.67	4.25	4.66	2.31	1.67	0.07	0.09
色纺纱	华孚色纺	14.31	37.90	3.42	2.77	3.81	3.87	2.58	2.15	0.05	0.06
	百隆东方	7.26	44.57	2.92	3.02	5.97	6.01	4.16	−0.14	0.07	0.10
纽链	伟星股份	8.08	17.51	8.32	8.22	12.38	12.65	−0.30	−0.08	0.14	0.15
皮革	兴业科技	3.48	9004.47	0.40	0.39	5.51	5.42	3.12	0.94	0.00	0.02
印染	航民股份	4.32	5.54	1.94	1.62	6.64	6.57	0.36	0.23	0.15	0.15
裘皮	华斯股份	−15.41	8.21	7.91	10.53	11.87	12.77	3.41	5.74	0.02	0.03
女装	朗姿股份	−1.26	71.70	34.40	36.70	16.20	17.16	2.72	0.73	0.06	0.10
男装	七匹狼	1.29	−7.16	17.55	16.47	10.62	9.18	−3.36	−1.47	0.10	0.09
	报喜鸟	−14.22	−160.92	31.47	38.13	12.56	15.04	1.29	2.01	0.11	−0.07
	九牧王	−3.70	13.01	22.69	27.16	8.82	9.06	−0.27	−0.57	0.17	0.20
	摩登大道	5.56	−550.63	42.72	46.74	11.75	12.11	2.61	7.69	0.03	−0.12
	海澜之家	6.56	5.45	7.75	7.86	5.84	5.97	−0.73	−0.65	0.20	0.20
休闲	森马服饰	15.47	20.89	12.52	13.74	3.94	4.56	−2.01	−0.90	0.13	0.14
	美邦服饰	8.83	−12.73	36.35	35.81	5.37	4.72	2.04	1.92	−0.04	−0.03
户外	探路者	−12.43	−31.51	11.60	14.41	5.66	10.49	−0.29	0.03	0.08	0.06
家纺	罗莱生活	5.34	−19.88	22.60	24.06	8.19	9.32	−0.50	−0.09	0.16	0.12
	富安娜	3.80	−2.77	24.06	24.88	4.88	4.41	−1.20	−0.30	0.19	0.18
	梦洁家纺	−5.11	−7.64	30.91	33.52	6.81	6.55	−0.18	0.28	0.07	0.07
鞋业	奥康国际	−2.71	−5.26	13.46	13.68	7.78	9.34	−0.38	−0.22	0.11	0.11

资料来源：WIND资讯

从各细分子行业来看，根据公司2016年三季报，纺织制造子行业如色织布、色纺纱、纽链、皮革等受惠于人民币贬值营业收入有所增加。其中，受棉价上涨和人民币贬值双重利好影响，华孚色纺、联发股份、鲁泰A等龙头公司业绩增长较高。另外，值得一提的是印染业航民股份印染全产业链布局，受限环保政策近年产能扩张缓慢，染料价格上涨+环保政策趋严推动公司提价，带动销售收入增长。

服装行业中，百货商场人流量下降持续影响商场高端女装业绩；男装、休闲装板块也由于大环境疲软、线上渠道分流致使业绩较为低迷。家纺公司同样收入整体低迷，龙头公司纷纷向家居业务转型。

纺织服装板块二级市场表现

纺织服装板块整体涨幅在2016年基本与大盘走势相似，见图4。细分子板块中纺织制造相对服装家纺表现较好。由于纺织服装基本面整体较为疲软，且行业内大部分上市公司转型预期均已较为充分，因此纺织服装行业整体较大盘并没有表现出明显的超额收益。

图4 纺织服装板块2016年走势

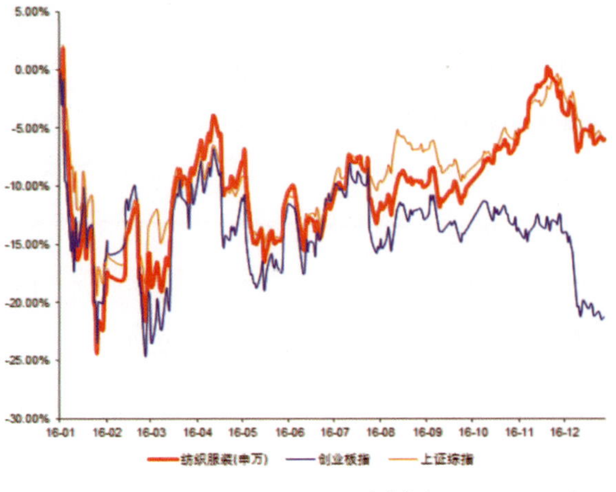

资料来源：WIND资讯

分行业看，品牌服装类上市公司由于终端零售仍处于调整期，股价受累于业绩整体表现平平；而在制造类企业方面，棉纺企业在人民币贬值以及棉价上涨利好的情况下，表现相对较好，带动制造板块在年初的股灾之后反弹相对较为明显。

2016年纺织服装板块筹资情况

得益于首次公开募股（IPO）进一步放开等因素，我国上市公司融资规模2016年明显上升。截至2016年底，两市通过新股发行、增发、配股及发行可转债共筹资20228.45亿元。其中248家企业发行新股筹资1633.56亿元；11家公司配股筹资298.51亿元；增发公司796家募资合计18083.86亿元；发行可转债公司11家合计募资212.52亿元；平均每家筹资额18.98亿元，见表5。

纺织服装行业2016年总筹资额为308.36亿元。其中，有7只新股在A股发行上市，共筹资37.87亿元；雅戈尔、红豆股份、鹿港文化、新野纺织、旷达科技、山东如意、凯撒文化等22家通过增发筹资270.49亿元；平均每家筹资额10.63亿元，见表6。

此外，据WIND数据，2017年4月纺织服装板块处于IPO排队的企业共计有24家，其中按照中国证券监督管理委员会（CSRC）行业标准，属于“纺织业”分类的有10家，属于“纺织服装、服饰业”的有10家，属于“服装”的有1家，属于“纺织服装业”的有1家，属于“纺织、服装、毛皮”的有1家，属于“服装及其他纤维品制造业”的有1家。在24家排队企业中，处于“已反馈”状态的有江苏金太阳纺织科技股份有限公司、北京心物裂帛电子商务股份有限公司、上海十月妈咪网络股份有限公司、浙江台华新材料股份有限公司、上海拉夏贝尔服饰股份有限公司、日播时尚集团股份有限公司、地素时尚股份有限公司，处于“已受理”状态的有厦门延江新材料股份有限公司，处于“辅导备案登记受理”状态的有安徽咏鹅家纺股份有限公司，处于“已预披露更新”状态的有深圳玛丝菲尔时装股

表5 沪深两市及纺织综合板块一级市场2012～2016年融资状况

市场融资		2012年		2013年		2014年		2015年		2016年	
		金额	同比（%）	金额	同比（%）	金额	同比（%）	金额	同比（%）	金额	同比（%）
沪深两市	筹资额（亿元）	4,721.00	−33.70	4,191.41	−11.22	6,718.16	60.28	11,177.59	66.38	20,228.45	80.97
	筹资次数	324	−32.60	263	−18.83	532	102.28	551	3.57	717	30.13
纺织板块	筹资额（亿元）	98.25	−50.10	8.40	−91.45	292.69	3,384.40	162.86	−44.36	308.36	89.34
	筹资次数	11	−50.00	2	−81.82	15	650.00	20	33.33	29	45.00

资料来源：WIND资讯

表6 2014年主要纺织上市公司筹资及项目投向

代码	名称	募集总金额（亿元）	筹资类型	拟投项目
002832.SZ	比音勒芬	6.98	首发募投	为从事公司自有品牌比音勒芬高尔夫服饰的研发设计、品牌推广、营销网络建设以及供应链管理募集资金
300577.SZ	开润股份	3.26	首发募投	为公司的围绕优质出行场景所销售提供的旅行箱、背包、功能性服装以及智能鞋等其他出行装备的研发设计、品牌推广以及各种营销网络建设募集资金
603958.SH	哈森股份	4.97	首发募投	为从事中高端皮鞋的品牌运营、产品设计、生产和销售募集资金
603608.SH	天创时尚	6.86	首发募投	为本公司销售的女性鞋履及服务提供需求研究、品牌规划、商品企划、设计研发、生产供应、营销推广、分销零售、顾客服务募集资金
600177.SH	雅戈尔	50.00	增发	投资服装板块，建设O2O营销平台项目以及雅戈尔珲春服装生产基地项目；补充流动资金
600400.SH	红豆股份	18.10	增发	投资“智慧红豆建设项目”。该项目是基于下一代互联网、云计算、物联网等前沿技术，充分利用信息化系统建立集企业信息流、资金流、物流、工作流于一体的智慧平台

续表

代码	名称	募集总金额（亿元）	筹资类型	拟投项目
601599.SH	鹿港文化	10.00	增发	投资互联网影视剧项目和偿还银行贷款，互联网影视剧项目包括超级网络剧制作及发行、内容版权采购、资源培植与整合
002087.SZ	新野纺织	7.61	增发	投资高档针织面料项目、针织服装数字化加工项目
002516.SZ	旷达科技	11.70	增发	股权激励；募集资金投向新疆各地光伏发电站项目；补充流动资金
002193.SZ	山东如意	18.38	增发	收购如意科技服装资产；收购泰安如意 100%股权；收购温州庄吉 51%股权；偿还借款；科研中心建设；高档面料西装项目建设
002425.SZ	凯撒文化	7.29	增发	购买理财产品；购买酷牛互动100%股权；购买天上友嘉100%股权；补充流动资金
002034.SZ	美欣达	4.00	增发	补充流动资金；资产置换；购买旺能环保 14.08%股权；投资垃圾处理项目
002503.SZ	搜于特	25.00	增发	营销网络拓展项目；信息化建设项目；归还银行贷款；补充流动资金；投资供应链、品牌、仓储物流基地项目
002674.SZ	兴业科技	7.16	增发	补充流动资金；归还银行借款；投资工业智能化技改项目；投资瑞森皮革加工皮革项目
002699.SZ	美盛文化	20.88	增发	购买理财产品；动漫服饰扩产建设项目；研发设计中心项目；研发设计中心项目；收购纯真年代影视70%股权
603555.SH	贵人鸟	3.96	增发	补充流动资金；供应链建设项目；设计研发中心建设项目；信息化系统建设项目；全国战略店建设项目；鞋生产基地建设项目
002494.SZ	华斯股份	6.00	增发	清洁生产平台项目；清洁生产仓储基地；归还银行贷款；补充流动资金

资料来源：WIND资讯

份有限公司，处于“中止审查”状态的有深圳市安奈儿股份有限公司、欣贺股份有限公司，处于“终止审查”状态的有广州市汇美时尚集团股份有限公司、安徽华辰造纸网股份有限公司、浙江真爱美家股份有限公司、雷迪波尔服饰股份有限公司、江苏丹毛纺织股份有限公司、江苏申利实业股份有限公司、北京富泰革基布股份有限公司、广东小猪班纳服饰股份有限公司、江苏云蝠服饰股份有限公司、泉州海天材料科技股份有限公司、德尔惠股份有限公司、宁波凯信服饰股份有限公司。2016年，伴随着注册制日益临近，监管逐步放开，新股发行进入市场化，纺织服装板块企业的上市节奏将会加快。

2017年纺织服装行业发展展望

一、整体需求增长缓慢，成本上升，生产型企业面临挑战

在过去的2016年，我国纺织工业坚持深入推进产业结构调整，积极适应国内宏观经济发展新常态，基本保持了平稳发展态势，运行质效稳中趋好，但是增速比2015年普遍回落。从国内销售看，终端需求增速依旧疲软，整体销售增速的放缓使得品牌服装企业面临着增长乏力的局面。同时个性化消费趋势的愈发明显，使得品牌服装企业需要提供更符合时尚潮流的产品。

同时成本端，一方面随着我国经济的发展我国土地、人力等生产要素的成本不断上升；另一方面，棉价在2016年经历了较大幅度上涨（2016年底较3月初棉价上涨31%），也使得在下游需求低迷的情况下以棉花为原材料的大量生产型企业面料挑战。同时，政府环保标准日趋严格等因素的影响仍然突出，包括印染在内的产生污染较大的行业在2016年开始的供给侧改革也受到了市场的强烈重视。因此，在各项成本及环保要求趋严，企业负担加大的情况下，生产型企业同样需要对自身技术、生产能力进行改进。

二、线上线下渠道结构调整，带来行业需求结构性变化

2016年，中国服装产品线下销售相对稳定，第四季度略有复苏。该年度全国50家重点大型零售企业零售额同比下降0.5%，其中服装类零售额同比下降0.4%；全国百家大型零售企业零售额同比下降0.5%，其中服装类零售额同比增长0.2%，增速高于2015年同期0.5个百分点。其中，童装类增长最快，增速为3.2%，男装和女装类则分别同比下降0.7%和0.6%。

2015年，我国服装网购市场交易规模达7457亿元，同比增长21.2%。2016年预计将达9343亿元，增速达25.29%，线上增速高于线下增速。

线上虽然增速较快，但是目前看线上服装零售依旧出现了流量从中心平台分化的局面。虽然线上增速依旧较快，但是随着淘宝、京东等中心平台流量日益昂贵，以网红等新渠道为代表的新兴线上渠道，由于个性化及人格化带来的渠道费用优势，逐步开始获得新的流量优势。

在线下方面，虽然线上对线下分流现象依旧存在，但是购物中心以其在体验感上的优势流量也在显著上升。同时，由于购物中心对品牌形象及门店面积要求较高，因此对于原先将渠道集中于百货及街边店的国内服装品牌，现正处于将线下渠道向购物中心拓展的探索阶段。

三、积极探索新模式，寻找未来增长方向

从品牌服饰企业来说，如何应对线上线下渠道的转变，以及对时尚需求的变化。品牌服饰企业一方面需要在线上开拓自己的品牌以抓住已经形成规模的线上市场，一方面需要在线下开拓包括购物中心在内的新兴渠道。同时其也需要通过更多更快的产品组合以适应目前极快的市场潮流变化趋势。

因此，对于品牌服饰企业来说，新渠道的探索以及新的产品设计生产模式的搭建将是未来保持增长的重点。

对于生产型企业来说，一方面在国内各项成本上升、环保政策趋严的情况下，为保持企业在价格上的竞争力，产业转移将是目前大部分生产型企业选择的解决办法之一，这有利于企业将资金及技术密集型的产业集中在国内，研发新的技术提升核心竞争力。另一方面，由于消费终端对产品时尚度的要求越来越高，快时尚对供应链的加速改革也形成了倒逼作用，生产型企业需要打破原有大规模长时间排单的模式而形成灵活快速规模较小的生产模式，这也将是未来生产型企业需要突破的新方向。

（撰稿人：马　莉　林骥川）

纺织信息化2016年回顾和2017年展望

中国纺织工业联合会产业部

2016年：加快转型升级化解经济下行压力

过去的2016年，我国纺织行业经济形势总体基本稳定，但是各项主要经济指标都处在增速放缓的态势。全年纺织工业增加值增长4.9%，2015年同期减少1.4个百分点。主要产品产量增速放缓，出口压力较为突出，盈利能力保持稳定，投资增速有所回落，运行质量持续改善。面对这一形势，如何做强内功，提高创新能力，深化结构调整，加快转型升级以化解行业整体经济下行的压力，成为我国纺织企业面临的关键课题，深入开展信息化建设成为必不可少的重要措施。

一、国家政策引导发展方向

一年中，《国家信息化发展战略纲要》、《“十三五”国家信息化规划》和《智能制造发展规划》、《深化制造业与互联网融合发展的指导意见》等一系列战略性指导性文件相继出台，立足于我国信息化建设的新局面，明确了新的指导思想、战略目标和基本方针，并对智能制造、“互联网+”等领域做出具体指导。在2016年9月发布的《纺织工业“十三五”发展规划》中，也结合行业特点，着重强调了推进智能制造，深入融合信息化技术的重点任务和相关工程。纺织信息化2016年在新形势下，向着智能制造和互联网融合发展的方向，取得了脚踏实地的进展。

二、智能装备取得普遍进展

装备的智能化是实现智能制造的基础，近年来纺织装备的数字化、网络化、智能化取得普遍进展。在纺纱设备方面，清梳联、粗细联、细络联都形成了成套设备；印染设备方面，具有优化功能的染色机、具有自适应功能的数码印花机投入应用。在其他方面也有亮点，如杭州爱科的真皮智能裁剪机，考虑到真皮面料形状不规则并有疵点的特点，先扫描面料，再按照形状进行优化排料，并避开疵点，最后自动裁剪、收料，整个过程都在流水线上连续完成。

三、智能物流系统形成突破

化纤、棉纺企业的自动化物流输送与管理系统近年来在技术上形成突破，应用取得快速发展。

（一）化纤自动物流与仓储系统

北自所开发的化纤全自动物流与仓储系统能适应化纤厂的多种生产状况，从丝卷下线之后，一直到码垛完成实现了全自动化处理，可完全替代人工落丝。自动仓储系统适用于涤纶、锦纶等产品的仓库，实现了立体库存出入库和管理。一年来新增了桐昆集团、恒力集团等多家用户企业。

（二）筒纱自动包装物流系统

青岛赛特环球的筒纱自动包装物流系统，包括筒纱的自动识别输送、堆垛、拆垛、视觉检测、称重筛重、多方式自动成包、自动装箱、整包（箱）称重贴标、打包、码垛、入库出库等功能。可以对筒纱品种自动识别跟踪，并采用视觉识别技术全过程质量监控，自动剔除不合格筒纱。已经应用于魏桥纺织、临清三和、山东华兴、浙江鸿海等企业，大大提高了纺纱生产线后道工序的自动化水平。

四、智能生产线有了试点

以智能生产线为代表的生产过程智能化是智能制造的核心，投入最大，最受关注。去年终于建设了山东华兴、江苏大生等纺纱生产线试点，在行业内很有影响力。如山东华兴的环锭纺智能生产线，包括在线监测信息系统、条筒AGV输送系统、细纱接头智能导航系统、筒纱智能包装与输送系统等，实现了对国内外不同供应商的设备和系统全流程综合集成，建成了从原料投入到成品入库的连续化、自动化生产线。该项成果获得2016年纺织行业科学技术一等奖。

五、个性化定制多点开花

随着电子商务的快速发展，服装个性化定制模式得到越来越多的企业青睐。继青岛红领公司之后，宁波慈星公司、报喜鸟公司、泉州海天公司2016年被工信部确定为个性化定制的示范企业。

（一）针织毛衫个性化定制系统

宁波慈星公司开发了针织毛衫定制系统，提供可随时获取、按需使用的毛衫款式、制版软件、织造工艺单和设备改造等服务功能。通过整合上下游资源，形成包括产品设计、订单受理、工艺制版、原料仓库、织造生产、半成品仓库、缝制生产、去污柔软、整烫定型、质量检测、成品仓库、物流配送等环节的网络化产业链。

（二）西装个性化定制系统

报喜鸟公司在自身男式西装生产能力的基础上，开发了面向男式服装的大规模个性化定制系统，以MTM智能制造云工厂为主体，实现支撑规模化全品类定制的快速生产；通过私享定制云平台，实现一人一版、一衣一款的交互式设计，满足用户个性化需求；分享大数据云平台对产业链相关方开放共享，加强产业链协同。

（三）休闲服装个性化定制系统

泉州海天公司整合企业在纤维开发、面料织造、面料染整、服装制造等方面的资源，通过信息化平台集成印染监控系统（SEDO），服装管理系统（JDe），协同软件X3，裁床德国拓卡奔马等设备和软件，提供创意设计、面料印染、休闲服装打样、针织圆机检测等定制化服务，并计划通过网络化协同，组织和优化休闲服装产业链，以满足消费者个性化需求。

六、云服务平台发挥作用

基于互联网的云服务平台是“互联网+”的重要内容，在纺织行业有很好的发展前景。如福建睿能开发了针织横机网络监控云平台，用户可以通过电脑、手机、平板电脑等终端访问监控管理系统。该系统支持横机远程数据采集、数据实时跟踪、运行维护等，便于机械厂对出厂设备进行后期维护，还可以提供远程基站定位、远程锁机、远程解锁等服务。

2017年：着力供给侧结构性改革

中央经济工作会议指出，2017年是改革深化年，供给侧结构性改革是重点任务，也是“十三五”的发展主线，“三去一降一补”要深入推进。中国的信息化进程已经汇入供给侧改革的洪流，制造业转型升级是改革的重要战场。纺织工业要加快信息化建设，主要是结合行业的具体情况，发挥其在供给侧改革中的推动作用，助力自主创新，提高管理水平，培育新模式新业态，全面提升供给系统的效率和经济增长的质量。

一、突出纺织信息化的重点领域

2017年是推进纺织工业由大国向强国转变进程中承前启后的一年。《纺织工业“十三五”发展规划》中强调了要实现两化融合能力增强，成套智能纺织技术装备实现产业化应用，形成纺织各专业领域智能制造系统化解决方案；要推动互联网、大数据、云计算、物联网在纺织行业融合应用，促进要素资源优化配置，推动制造模式和商业模式创新。

在《纺织工业“十三五”科技进步纲要》中，也提出了要重点突破的信息化技术，包括数字化设计技术、智能化生产及管理技术、电子商务和物流信息化技术、互联网相关技术的应用，涵盖了“十三五”期间纺织行业从设计、生产、管理，到物流、营销等各个环节。为了适应大环境变化和新技术发展，更加突出了智能制造和互联网融合发展两个重点领域。

二、智能制造提供纺织经济发展的重要推动力

智能制造是制造业转型升级的突破口和重点，各级政府也将其作为做强制造业的抓手，会继续给予专项支持。在纺织行业，智能制造包括装备、产品、生产过程、制造方式的智能化，以及管理、服务的智能化。其中装备的数字化、网络化、智能化的重要性不言而喻，而生产过程智能化是整个智能制造的核心。发展规划提出的目标是建设纺纱示范生产线、从纺丝到产品包装的长丝示范生产线、全流程数字化监控的印染示范生产线、新型非织造布示范生产线、经编和纬编针织示范生产线和服装家纺示范生产线。在这些生产线中，基于物联网的在线监测系统实时从设备采集数据，是生产过程智能化必不可少的基础；生产物流信息化系统是生产线的重要组成部分和连接各个环节的纽带，提高了生产线的自动化程度；MES与ERP的集成，提高了精细化管理水平，可以充分发挥生产线的整体效益；需要着力开发的是知识获取和优化决策功能，以实现智能化的目标。

就纺织行业的现状而言，选择和培育试点示范是实施智能制造的有效途径。在基础条件好的重点细分行业，选择需求迫切的骨干企业，围绕智能化生产线、网络协同制造等主题，开展不同模式和不同技术方案的试点示范，形成有效的经验，在全行业推广。

三、互联网融合发展注入纺织转型升级新动能

纺织工业与互联网的融合发展，覆盖设计、研发、生产、管理、物流、营销和服务等全产业链业务，涉及物联网、云计算、移动互联网、大数据等新一代信息技术，有利于形成叠加效应和倍增效应，为行业转型升级注入新动能，前景广阔、潜力巨大。

基于互联网平台的个性化定制是制造业服务化的发展趋势，也是今年纺织行业重点推广互联网技术的主要内容。通过整合加盟设计师、原料辅料供应商、小型加工生产商、物流配送、经销商等资源，建设云服务平台，在线提供服装等产品设计排版、关键工业软件、制造能力外包、供应链管理、可追溯订单交付等个性化柔性定制的全流程服务，进而发展成为云制造平台，服务中小企业智能化发展。

未来几年，服装、家纺、针织产品等终端消费品可以利用个性化定制平台与用户实现深度交互，让客户更多地参与设计开发，开展分散设计、外包设计、互动式设计，达到产品充分个性化。这一领域最具创新性，也有较大的发展空间。

（撰稿人：吴　迪）

纺织行业节能减排与绿色发展现状和趋势展望

中国纺织工业联合会环境保护与资源节约促进委员会

党的十八届五中全会提出了创新、协调、绿色、开放、共享的发展理念，党中央、国务院对生态文明建设和环境保护也做出一系列重大决策部署。《中华人民共和国环境保护法》、《中华人民共和国水污染防治法》、《中华人民共和国大气污染防治法》等法律法规先后出台，《中华人民共和国环境保护税法》也将于2018年1月1日起施行。这表明我国环保法律法规体系逐步完善，制度保障力度加大，执法标准越来越严，国家、行业、地方的立体式环保制度体系逐步形成。对纺织行业来说，纺织染整工业水污染物排放标准已实施三年，新标准、新要求倒逼企业投入资金对污水处理设施升级改造，强化了企业环保减污意识。同时，纺织印染工业大气污染物排放标准的地方标准已发布实施，强制性国家标准也即将发布，纺织企业又将面临新的环保挑战。

节能减排与绿色发展现状

2016年是纺织工业“十三五”规划的开局之年，也是纺织工业由大国向强国迈进的关键一年。纺织行业积极落实《建设纺织强国纲要（2011～2020年）》可持续发展强国目标，推动能效水效提升，推广先进清洁生产技术工艺，推进废旧纺织品综合利用，着力落实绿色制造标准体系、工程项日等建设，节能环保技术创新成果不断涌现，绿色发展理念逐步增强。

但成果之下仍有隐忧。全行业排污总量处于工业前列，减排压力依然明显；产业规模继续扩大，节能节水空间持续压缩；用水效率明显偏低，产业集聚带来的环境压力不容忽视；化纤、印染等企业仍在工业重点排污监控行业之列，清洁化提升改造迫在眉睫；废旧纺织品回收、分拣和综合利用等环节尚未打通，关键技术和产品研发有待突破。具体表现在以下方面。

一、年度减排任务圆满完成，减排主力格局未变

据统计，2015年纺织工业废水排放量23.9亿吨，同比下降5.9%，较2011年下降20.8%；化学需氧量（CODCr）排放量37.0万吨，同比下降6.8%，较2011年下降19.7%；氨氮排放量2.15万吨，同比下降1.4%，较2011年下降19.5%；废气排放量5112.8亿立方米，同比下降4.5%，较2011年下降22.4%。在产能规模不断扩大的背景下，纺织工业各项污染物指标均超额完成既定任务，成果来之不易。

但不容忽视的是，纺织行业仍是工业减排的重点监控行业。2016年纺织工业规模以上企业主营业务收入超过7.3万亿元，纤维加工总量超过5500万吨，如此大的经济体量很大程度上依靠的是资源能源消耗和污染排放作为有力支撑。据统计，2015年纺织工业废水排放量占全国41个工业行业排放总量的13.2%，排在第2位，仅次于化学原料和化学制品制造业；化学需氧量（CODCr）排放量占全国41个工业行业排放总量的14.5%，排在第2位，仅次于农副食品加工业；氨氮排放量占全国41个工业行业排放总量的10.9%，排在第2位，仅次于化学原料和化学制品制造业，见表1～表3。

表1 2015年纺织行业废水排放量占全国的比重

项目	全国	化学原料和化学制品制造业	纺织行业	造纸和纸制品业	煤炭开采和洗选业	农副食品加工业	其他行业
排放量（亿m^3）	181.6	25.6	23.9	23.7	14.8	13.9	79.7
占比（%）	100.0	14.1	13.2	13.1	8.1	7.7	43.8

资料来源：中国环境统计年报

表2 2015年纺织行业化学需氧量排放量占全国的比重

项目	全国	农副食品加工业	纺织行业	化学原料和化学制品制造业	造纸和纸制品业	酒、饮料喝精制茶制造业	其他行业
排放量（万m^3）	255.55	40.11	37.04	34.63	33.54	17.97	92.26
占比（%）	100.0	15.7	14.5	13.6	13.1	7.0	36.1

资料来源：中国环境统计年报

表3 2015年纺织行业氨氮排放量占全国的比重

项目	全国	化学原料和化学制品制造业	纺织行业	农副食品加工业	石油加工、炼焦和核燃料加工业	造纸和纸制品业	其他行业
排放量（万m^3）	19.63	5.76	2.15	1.80	1.48	1.24	7.2
占比（%）	100.0	29.3	10.9	9.2	7.5	1.2	41.9

资料来源：中国环境统计年报

二、资源能源消费总量不断下降，节能节水空间持续压缩

据统计，2014年纺织工业能源消费总量9731.7万吨标煤，同比下降5.0%。从全国工业对比来看，纺织行业能源消费总量占制造业的4.0%，同比下降0.3个百分点，在全国制造业中排在第六位。纺织工业能源消费主要集中在煤炭和电力的消耗上，在能源消费构成中合计占比超过90%。在总量下降的趋势下，煤炭和电力消耗呈现不同走势，同比分别下降11.7%、提高0.4%。随着工艺技术改进、装备和管理水平的提高，纺织行业节能空间正逐步变窄。以聚酯涤纶行业为例，目前已经形成如恒逸集团、恒力集团、盛虹集团、桐昆集团、中国石化仪征化纤等一大批营业收入超百亿元、产业链上下游配套的骨干企业。这批企业经过长期市场经

济的洗礼，在科研投入、技术创新、产品升级、设备更新和人才培养上取得重大进步，已经走在世界聚酯生产发展的前列。根据中国化学纤维工业协会统计，2015年我国纤维级聚酯单位综合能耗为96.5千克标煤/吨，涤纶短纤单位综合能耗为115千克标煤/吨，与2011年相比下降幅度均超过30%。从纺织业、纺织服装服饰业、化学纤维制造业三大类行业来看，能源消费占比约为71.5%、9.7%和18.8%，其中纺织业能源消费占的比重最大，是节能降耗的主要行业，见表4。

据统计，2015年纺织规模以上企业的用水总量为84.9亿吨，同比下降1.8%，占全国工业用水量的2.3%，排在全国工业行业第七位，见表5。新鲜水取水总量29.5亿吨，同比下降幅度达到6.1%，占全

表4 2014年纺织行业能源消费总量占全国的比重

项目	制造业	黑色金属冶炼和压延加工业	化学原料和化学制品制造业	非金属矿物制品业	石油加工、炼焦和核燃料加工业	有色金属冶炼和压延加工业	纺织行业
总量（万吨标煤）	245051.4	69342.4	47527.8	36592.5	20217.5	17510.2	9731.7
占比（%）	100	28.3	19.4	14.9	8.3	7.1	4.0

资料来源：中国统计年鉴

表5 2015年纺织行业用水量占全国的比重

项目	全国	电力、热力生产和供应业	黑色金属冶炼和压延加工业	化学原料和化学制品制造业	石油加工、炼焦和核燃料加工业	造纸和纸制品业	有色金属冶炼和压延加工业	纺织行业
用水量（亿m^3）	3724.7	1274.3	828.2	624.5	301.6	118.4	102.6	84.9
占比（%）	100	34.21	22.24	16.77	8.10	3.18	2.75	2.28

资料来源：中国环境统计年报

表6 2015年纺织行业取水量占全国的比重

项目	全国	电力、热力生产和供应业	化学原料和化学制品制造业	纺织行业	造纸和纸制品业	黑色金属冶炼和压延加工业	石油加工、炼焦和核燃料加工业
取水量（亿m^3）	387.0	123.9	46.8	29.5	28.9	27.6	18.4
占比（%）	100	32.0	12.1	7.6	7.5	7.1	4.8

资料来源：中国环境统计年报

国工业取水量的7.6%（同比下降0.5个百分点），排在全国工业行业第三位，见表6。用水效率总体水平较低，水的重复利用率为65.2%，虽然同比提高1.5个百分点，但仍远低于全国80%的平均水平。2015年纺织业、化学纤维制造业和服装、服饰业的用水量比例分别为46%、51%和3%，而取水量比例则为76%、17%和7%。由此可见，纺织业的用水效率远低于化学纤维制造业，尤其在印染环节，用水量大且废水难处理，循环利用水平不高，水的重复利用率仅为30%。近年来，小浴比染色、针织物连续平幅前处理等一批节水技术在行业内得到应用推广，行业节水取得显著成效，节水潜力从过程管控逐步向末端深度回用转移。

三、废旧纺织品再利用引起广泛关注，政策技术等瓶颈有待突破

我国每年新增上千万吨的废旧纺织品，但再利用率不到14%，市场存在巨大发展潜力。随着“旧衣零抛弃”系列公益活动在社会上引起积极反响，废旧纺织品的资源化受到更多的关注。但公益慈善只是废旧纺织品再利用起步阶段的一个引线，推动其产业化才是行之有效的解决方式。随着国内从事废旧纺织品再加工的企业不断增加，推进废旧纺织品产业化再利用有着明朗的前景。目前，很多企业已经将回收原料通过物理拆解、化学降解后，用于家居装饰、服装、家纺、玩具和汽车工业等众多领域。但废旧纺织品资源再利用任重道远，仍存在着诸多问题，需要从国家政策、技术攻关、标准体系、产品研发、市场推动等诸多方面进行探索。

（一）产业基础薄弱

虽然自20世纪70年代开始便零星开始废旧纺织品的回收利用，但受洋垃圾、黑心棉等负面事件影响，面临社会舆论和政策限制双重压力，产业发展非常缓慢。目前从回收到分拣到再利用，仍没有明确的法律界限和标准规范，缺乏引导性产业政策，废旧纺织品回收再利用的合法性、合规性、安全性等问题缺乏有效的法律依据和标准规范作为支撑。

（二）回收和分拣模式仍需探索

与公益捐赠、品牌回收模式相比，民间组织自发回收是目前最普遍的一种回收模式，即通过街道回收网点收集、存储，再统一运到集散地分拣处理。在分拣程序上仍采用人工分拣，安全性和分拣效率得不到保障，且存在回收分散、运输成本高等问题。探索建立废旧衣物分级利用机制，研究制定废旧纺织品再利用产品质量标准，利用“互联网+产业”模式搭建废旧纺织品回收交易平台，建立多元化、市场化回收体系，积极引导和规范企业行为。

（三）产品开发和宣传推广有待加强

受原料、技术等因素限制，废旧纺织品再生产品普遍档次较低，品种品类有限，市场认可程度不高。目前产品主要为家具填充材料、汽车用板材、墙体保温材料等产业用纺织品。国内消费者对再生纺织品的认知度不够，能够获取相关信息的渠道有限，需要从纸媒、网媒、中小学教育等方面加大力度宣传“旧衣零抛弃”的理念，从中小学阶段开始培养国人的环保意识和消费习惯，引导绿色消费。

行业节能减排与绿色发展展望

一、政策导向

（一）节能低碳

工业节能方面，按照国家节能降耗、化解过剩产能、阶梯电价等重大战略部署，工信部、发改委等有关部门在重点行业、重点区域开展能效水平提升，重点用能企业节能监管等工作。通过实施能效对标达标、遴选高耗能行业能效领跑者，推动企业向先进水平看齐。通过实施产品能效标准标识制

度，促进高效节能设备产品应用推广。通过实施基于能耗限额标准的阶梯电价政策，倒逼企业节能减耗，营造公平竞争市场环境。对标准缺失的领域，适时制定一批强制性节能标准。纺织行业企业在工艺技术改进、电机和工业锅炉能效提升、能源计量器具配备、能源消费统计和执行能源利用状况报告制度等方面要做好落实工作。

碳排放方面，中国是世界上最大的温室气体排放国，在推动《巴黎协定》过程中发挥了积极作用，并确定了自主贡献目标和严厉的环保政策，即：实施能源消费总量和强度双控行动，大力推动能源结构调整，到2020年单位国内生产总值二氧化碳强度相对2015年降低18%，到2030年非化石能源占一次能源比重达到20%左右。随着CCS（碳捕集与封存）技术与机制的有效实施，全国碳市场即将启动，碳价在未来将会达到200～300元/吨，市场规模将达到千亿级别。目前北京环境交易所等多家单位正在开展碳交易能力建设，纺织行业企业也应积极关注。

（二）环境政策

区域可持续发展方面，在经济发展的同时，区域生态环境问题日益受到关注。以长江经济带和新疆为例，长江经济带横跨11个省市，人口占比接近40%，工业占长江经济带GDP比重超过40%，重点工业企业密度大，能耗、水耗、污染排放高，环保问题已成为制约长江经济带健康持续发展的主要瓶颈。在以习近平总书记提出的"共抓大保护、不搞大开发"指导思想下，各地制定了严格的跨区域产业转移政策，严禁国家明令淘汰的落后生产能力和高耗能、高排放等不符合国家产业政策的项目向中上游转移。在长江经济带沿线，纺织企业分布较为密集，化纤、印染等产能超过全国80%以上，浙江、江苏两省污染排放在所有省份中位居前两位，纺织产业面临着巨大环保压力，清洁化改造和转型升级已是必然趋势。而随着"一带一路"国家战略以及《新疆发展纺织服装产业带动就业》政策的逐步落实，新疆承接纺织产业转移的速度也在加快，在工业、人口、城市叠加效应下，巨大的水资源需求及污染排放势必对当地生态环境会造成较大的风险压力。在区域环境容量有限的情况下，环境承载力是否支撑当地产业又好又快发展，也是亟需研究和探讨的问题。

环境管理方面，一是2018年开征环境税。环境税是向污染源征收的一种税种，把环境污染、生态破坏的社会成本内化到生产成本和市场价格中，再通过市场机制来分配环境资源的一种经济手段。环境保护税法按照"税负平移"原则将现行排污费改为环境税，明确"直接向环境排放应税污染物的企业事业单位和其他生产经营者"为纳税人，确定大气污染物、水污染物、固体废物和噪声为应税污染物。二是排污许可证核发。根据国务院《控制污染物排放许可制实施方案》要求，排污许可制是具有法律意义的行政许可，是整合环境影响评价、污染物排放标准、总量控制、排污权交易、排污收费等环境管理制度，建立统一的固定源环境管理平台，实现排污企业在建设、生产、关闭等生命周期不同阶段的全过程一证式管理制度。到2017年底，造纸、印染等十个行业率先核发排污许可证，意味着每个排污单位都需配备"身份证"，到2020年基本完成排污许可证的核发，纳入政府排污许可体系中。

（三）绿色制造

2016年工信部、发展改革委、财政部、科技部联合印发了《绿色制造工程实施指南（2016～2020年）》，要求通过开展技术创新和系统优化，将绿色设计、绿色技术和工艺、绿色生产、绿色管理、绿色供应链、绿色循环利用等理念贯穿于产品生命周期中，实现全产业链的环境影响最小、资源能源利用效率最高，获得经济效益、生态效益和社会效益的协调优化。到2020年要创建百家绿色工业园区、千家绿色示范工厂、推广万种绿色产品，初步形成较为完善的绿色制造体系。2016～2018年，用三年时间开展绿色制造系统集成建设，即围绕中国制造2025战略部署，重点解决机械、电子、食

表2 2005～2015年我国纺织品服装出口额占全球出口份额

单位：亿美元

项目	纺织品出口			服装出口		
	全球	中国	中国占比(%)	全球	中国	中国占比(%)
2005年	2029.7	410.5	20.2	2756.4	741.6	26.9
2006年	2185.9	486.8	22.3	3114.1	953.9	30.6
2007年	2403.6	559.6	23.3	3458.3	1152.3	33.3
2008年	2533.6	653.6	25.8	3649.1	1204.0	33.4
2009年	2110.6	598.6	28.3	3156.2	1072.6	34.0
2010年	2515.3	768.7	30.6	3514.2	1298.2	36.9
2011年	2949.5	944.1	32.0	4165.2	1537.7	36.9
2012年	2856.7	954.5	33.4	4226.9	1596.1	37.8
2013年	3040.9	1065.7	35.0	4549.6	1774.1	38.6
2014年	3140.8	1116.6	35.6	4832.8	1866.1	38.6
2015年	2905.2	1088.2	37.5	4538.9	1740.8	38.4

资料来源：世界贸易组织

我国纺织服装加工贸易存在的问题

我国纺织行业加工贸易价值链长期处于低端环节，企业创新能力较低，限制了其参与国际高附加值分工的机会，以外资企业为主体的格局很难打破，加工贸易出口导向型政策很容易造成巨额贸易顺差和贸易摩擦。这导致我国纺织行业加工贸易在承接国际产业转移过程中受到部分发达国家和发展中国家的“双向挤压”，出现了“一慢、一快、一升、一降”的态势，“一慢”是指大规模国际产业转移明显放缓，部分发达国家开始推动“产业回归”和“再工业化”；“一快”是指产业和订单向外转移加快；“一升”是指生产要素成本快速上升，劳动力成本年均增幅超过10%，几乎是缅甸、孟加拉等国家的3～5倍。“一降”是指劳动力、土地、资源等生产要素成本持续上升，环境承载能力已达到或接近上限，低成本制造的传统优势明显弱化，粗放式发展模式难以为继。

一、技术吸收和创新能力不足

从目前来看，纺织行业自主创新和集成创新不足，创新资源分散，未能形成合力，难以针对共性关键技术进行协同和集成创新。科技成果转化率不高，关键技术未能形成辐射效应。纺织行业在新型纤维材料、先进纺织织染技术及高附加值纺织品加工能力等方面投入不足。2014年规模以上纺织服装研究与试验发展（R&D）经费投入占主营业务收入比重为0.51%，大中型企业中R&D经费支出占主营业务收入比重为0.67%。相比全国规模以上工业企业R&D经费0.84%的投入强度及国际纺织服装研发5%的投入强度相差甚远，致使企业研发能力不能有效的改善和提高。作为支柱产业之一的纺织业，其相关专利申请总量不多、质量不高。2014年，规模以上企业有

表3 2016年我国纺织品、服装出口主要生产省市出口额变化情况

单位：亿美元

主要省市	小计		纺织品		服装	
	当年	同比(%)	当年	同比(%)	当年	同比(%)
浙江省	665.54	−5.85	365.78	−4.03	299.76	−7.99
广东省	506.45	−4.77	122.66	−7.11	383.78	−3.99
江苏省	454.39	−1.42	220.37	−0.06	234.03	−2.68
福建省	215.27	−8.42	66.38	1.04	148.89	−12.10
山东省	210.60	−2.88	98	0.05	112.60	−5.29
上海市	183.18	−9.70	71.44	−3.23	111.74	−13.41

资料来源：中国海关

效发明专利数7716件，只占专利总量的1.74%。

二、加工贸易地区分布不平衡，生态环保压力大

从区域分布看，我国纺织服装加工贸易企业主要集中在东南沿海地区，长三角和珠三角是纺织服装加工贸易的大本营。东部沿海的浙江、广东、江苏、福建、山东五省聚集了全国3/4的纺织企业、近88%的出口额，是加工贸易的主体。在长三角地区注册的16万家纺织企业，其生产能力占全国1/3。

从资源环境看，行业发展面临的国家环保管控和环境资源约束的压力逐年加大。纺织工业是我国的传统污染大户，每年产生大量废水、废气的排放及污染，一直是制约行业可持续发展及生态环境保护的重要因素，废水排放量、化学需氧量、氨氮等污染指标均排在全国工业第二位，印染、化纤等纺织企业也是环保重点监控企业。纺织印染、化纤产业集聚程度越来越高，以印染为例，浙江、江苏、山东、广东、福建五省部分地区的纳污水体中化学需氧量、氨氮、总氮等指标超标明显，环境容量已无法满足快速增长的产能需求，区域性生态环境承载压力比较突出。

三、成本优势弱化，综合竞争力下降

我国纺织服装加工贸易处于生产要素导向阶段，受综合成本上升、贸易壁垒、融资环境等因素影响，行业综合竞争优势在逐渐弱化。

综合成本上升。劳动力方面，2006～2015年，我国纺织行业人均工资保持年均10%以上涨幅，其中东部地区、中部地区、西部地区年均增长率分别为13.5%、13.6%和14.1%。在低劳动力成本的驱动下，中低档加工贸易订单快速向印度、越南、土耳其、孟加拉等国转移，其中越南发展最为迅速，成为美国第二大服装进口国。土地成本方面，我国工业用地平均价格从2005年的每亩单价32.8万元上涨到2015年的60.2万元。根据国土资源部的地价数据，2015年长三角、珠三角、环渤海地区工业用地分别是64.53万元，75.87万元和48.99万元。在整体经济形势不乐观的情况下，工业地价仍然呈现平稳涨势。资源成本方面，在国内煤价降至十年最低情况下，工业用电价格并未联动下调，国内电价约是越南、美国的?倍。

非关税壁垒形式多样且隐蔽。绿色壁垒和技术壁垒等非关税壁垒成为行业加工贸易的新壁垒，我国纺织行业是贸易摩擦争端的重灾区。在经历国际“碳标签”限制后，我国纺织品在国际贸易中受到重创。美国、欧盟等发达国家通过设定严格的环保

标准限制我国纺织服装的进口，有些限制类物质可从纺织行业的整个产业链追溯到生产加工的每个环节。近几年，全球针对我国纺织品服装的各类贸易保护案件创历史新高，而且这种风潮已经开始从欧美发达国家向印度、巴西等国家蔓延，高昂的检疫认证费也成为我国纺织企业的巨大包袱。

融资环境和汇率影响。国家支持实体经济、中小企业融资的政策并未有效落实，中小纺织企业融资难、融资贵的现象仍较普遍，有商业银行明确将纺织列为高风险行业，不予提供贷款。以柯桥为例，2016年印染企业融资年利息7%，财务成本上涨幅度达到30%。受人民币升值影响，我国纺织服装加工贸易利润率大幅降低。据研究，人民币每升值1%，纺织对外贸易利润率就下降2%～6%。如果人民币持续升值，企业议价能力下降，其升值的边际负效就会继续扩大，直接影响纺织行业加工贸易的发展。

四、加工贸易相关政策尚不完善

我国对外资企业和加工贸易企业提供政策优惠，是加工贸易发展的重要推动力量。但作为硬币的正反两面，优惠政策也对行业技术进步和产业升级带来负面影响。一是地方政府竞相制定优惠的引资让利政策，形成地方间的恶性竞争。二是加工贸易运转中存在一系列与技术进步和产业升级发生矛盾的政策因素，如深加工结转业务是国内加工贸易产业链不断延伸的结果，有效提高附加值，但当前我国对跨关区深加工结转业务的监管办法十分繁琐，给企业经营带来不利影响。三是出口退税时间长，周转环节多，深加工结转“先征后退”、手续繁琐。 四是“出口导向”型贸易政策使贸易顺差持续扩大，加剧了国际间的贸易摩擦。欧美等国不断对我国提起反倾销调查、产品安全投诉和技术使用权调查等。五是加工贸易国际依存度高。我国纺织服装加工贸易国际市场高度集中的格局造成对少数发达国家和地区的过度依赖。特别是国际金融危机以来，我国纺织服装对部分国际市场的过度依赖多次验证了生存危机。美国等发达国家实施“再工业化”等战略，对先进制造业的前瞻布局，带动部分纺织自动化，智能化程度高的生产环节回流；东南亚等亚洲国家和地区成为重要的投资目的地；非洲地区纺织工业投资的逐步扩大；国际区域性投资和贸易协定的纵深推进，进一步改变全球纺织产业的投资和贸易格局等。

促进中国纺织服装加工贸易转型升级的对策建议

2016年初国务院印发的《关于促进加工贸易创新发展的若干意见》是指导今后一段时期我国加工贸易创新发展的纲领性文件，其中明确提出：牢固树立和贯彻落实创新、协调、绿色、开放、共享的发展理念，主动适应经济发展新常态，以创新驱动和扩大开放为动力，以国际产业分工深度调整和实施《中国制造2025》为契机，立足我国国情，创新发展加工贸易。根据国家区域发展总体战略和主体功能区战略，制定符合我国纺织服装加工贸易发展战略，对加速转型升级，促进加工贸易健康快速发展具有非常重要的现实意义。

一、完善政策措施，优化发展环境

在政策措施上，一是深化纺织行业加工贸易行政审批改革。即建立新型管理体系，加快推进商务、海关、质检、税务、外汇等部门与加工贸易企业多方联网，实现部门联动，建立科学合理的转型升级评价体系。二是优化监管方式。即逐步实现以企业为单元的监管，规范出境加工监管流程，加快推进内销便利化，进一步简化内销征税和核销手续，推动线上线下融合。三是加大财政支持力度。即充分发挥现有财政资金引导作用，鼓励引进先进技术设备，支持产品创新、研发设计、加强对社会资金的引导，推动加工贸易转型升级和梯度转移。四是提升金融服务水平。即鼓励金融机构创新金融产品和服务，对内陆沿边地区承接产业转移提供信贷支持，为转型升级提供多样化融资服务。创新海外保险业务品种，扩大出口信用保险规模和覆盖面，提高承保和理赔效率。引导融资担保机构加强对中小型加工贸易企业的服务，鼓励金融机构通过内保外贷等方式为加工贸易企业开展跨国经营提供融资支持。

在优化发展环境方面，一是优化法治环境。即完善符合我国国情和国际惯例的加工贸易管理法律法规体系，强化加工贸易企业分类管理，建立商务、环保、海关、工商、质检等部门协调机制，推进加工贸易企业信用评价体系建设。二是建设公共服务平台。即大力支持行业性、区域性公共服务平台建设，增强面向广大中小微型企业的服务保障。三是营造公平外部环境。即积极参与多双边谈判，有效化解贸易摩擦和争端，发挥自由贸易协定的促进作用，构建稳定的制度化合作平台。

二、拓展业务纵深发展，提升加工贸易在全球价值链中的地位

我国纺织服装加工贸易结构主要是建立在劳动力资源比较优势的基础上。纺织行业加工贸易经过近40年的发展，仍被“锁定”在价值链低端，关键因素在于“技术资源缺口”和“营销资源缺口”。按照产业内贸易理论，加工贸易产业结构应由劳动密集型向技术创新型转变，通过延长加工贸易产业链，形成产业配套优势和规模优势，并逐渐走自创品牌和自行营销的道路。通过与国际知名品牌合作，一方面可以加强纺织行业加工贸易的成本优势，另一方面也可以弥补本身欠缺的关键性资源能力，推动加工贸易从贴牌生产（OEM）提升到原始设计商（ODM），进而与世界级买主建立互惠互依的GLM伙伴关系，再由GLM合作中奠定全球营运的规模条件与管理能力，最后扩张至代工厂经营自主品牌（OBM），以实现结构优化。

根据德国Werner资料显示，我国部分生产装备具备了向深加工发展的条件。可将家纺和产业用纺织品作为创新试点，谋划加工贸易境外合作布局。转变加工贸易企业“走出去”方式，依托境外经贸合作区、工业园区、经济特区等合作园区，实现链条式转移、集群式发展，深度融入全球产业链、价值链、物流链；完善加工贸易国际合作机制，强化多双边合作机制，加强与重点国家在投资保护、金融、税收、海关、质检等合作；支持在重点开发区开放试验区、边境经济合作区、跨境经济合作区积极承接加工贸易梯度转移等。通过优化技术创新加工贸易的配套环境，改善技术创新产品加工贸易的发展环境，提升我国纺织服装加工贸易附加值和产业国际竞争力。

三、推动区域转移和协调发展，促进转型升级提质增效

鼓励纺织服装加工贸易企业利用西部资源、能源及劳动力成本优势，与东部沿海的经济要素相结合，实现东中西部联动，达成双赢局面。东部沿海地区发挥沿海地区加产业配套完备、产业集聚、物流便捷、监管高效等优势，发挥沿海地区示范带动作用，加强技术研发和设备改造，提升产品技术含量和附加值，增强企业核心竞争力，支持沿海地区培育有全球影响力的先进纺织制造基地和经济区，建成纺织工业迈向中高端、形成国际竞争优势的重点区域；建立加工贸易产业转移合作机制，支持梯度转移重点承接地发展，推动建立省际加工贸易产业转移协调机制，鼓励沿海地区与内陆沿边地区共建产业合作园区，按照优势互补、共同出资、联合开发、利益共享的原则，开展产业对接、人才交流等合作；依托全方位开放格局，发挥“丝绸之路经济带”核心区和向西开放的窗口作用，引导优势企业整合全球资源，提升价值链高端掌控能力，发挥大企业集团引导作用，推动纺织加工贸易产业集群发展。

四、实施创新管理模式

创新应该涵盖到并延伸到科技、管理、产品、

体制与机制的创新。推动企业加大自主创新和集成创新，提高科技成果转化率，增强新产品研发能力；鼓励企业留下来拓展加工贸易外延，引导企业由生产型向生产服务型转变，与智能化生产制造融合，与服务贸易融合，与互联网融合；加大招商引资力度，明确政策预期，通过引资引智引技相结合，提升企业利用外资水平；加快推动沿海加工贸易向内陆沿边地区转移，研究制定支持内陆沿边地区承接梯度转移的差异化政策，强调发挥境外合作区平台作用，引导企业开展国际产能合作。始终坚持稳中求进，着力推动转型升级，大力实施创新驱动；合理统筹内外布局，不断优化营商环境。

欧盟、日本、美国等发达国家和地区在新技术、新型纤维的开发与生产上处于领先水平，环保纤维、智能纤维等新产品不断推出，尽管产量增长缓慢，但产品科技含量高，竞争优势明显。我国在产业创新方面正在力求突破，如恒力化纤提出的“金字塔产品开发模式”，三级开发对应三类不同规模的产品；雅戈尔提出新产品开发周期创新模式，即新产品在不同时期采用不同的策略、规划、开发机制和技术支撑等，把握新产品开发周期创新；山东南山拥有市场快速反应机制，企业在澳大利亚自有牧场可以保证充足的羊毛供应，除了原有毛纺织的加工能力，还延伸到终端四个品牌，形成了完整产业链模式。

五、借鉴世界纺织服装加工贸易转型升级案例

我国纺织服装加工贸易存在巨大发展空间，适时提高技术水平，发展配套产业体系，发挥关联效应，有效抑制加工贸易的“飞地效应”，最终促进加工贸易“落地生根”。这包括引进来、扎下根和本地化三层含义。“引进来”即完善投资环境，提升加工配套能力，引进核心技术和高端业务；“扎下根”即允许加工贸易企业有一定的内销比例，密切加工贸易企业与本地市场的经济联系；“本地化”即鼓励本地企业主导的进料加工，创造产业、产品、工序的转型升级和技术进步的良性机制。

米兰产业升级改变了意大利作为法国服装加工国的地位，纽约改革创新使美国从欧洲时装的大买家转变为世界时尚中心，而巴黎整体战略维护了法国“时尚帝国”的地位。中国作为纺织服装生产大国，在品牌营销上比不过欧美，人力资源上逊于越南、老挝和印度，处于不上不下的尴尬境地。我国纺织服装要成功转型，需要从典型国家和地区学习成功经验，寻找加工贸易的转型点。

台湾从技术端形成蜕变。台湾纺织业转型时曾被唱衰，但到2012年台湾每赚进三元外汇，就有一元来自纺织行业，靠的是台湾纺织业者对技术的执着钻研。轻、暖、排汗、防火、防寒、防紫外线等种类的顶级机能布被研发出来，为台湾纺织业保持了强大的抗风险能力和竞争力；美国从品牌端找到支点。理性体验是以产品为基础，感性体验是以情感为基础，耐克品牌为消费者提供了独特的质量保证与消费体验，保持了其在国际的竞争实力；西班牙得益于资源整合。ZARA拥有方圆200英里的生产基地，集中了20个高度自动化的染色、剪裁中心和500家代工终端。其核心竞争力来源于强大的资源整合能力，它耗资几十亿欧元构建了一个的战略核心，实现了“快速、少量、多款”的市场战略，引导着个性化服装潮流。

我国纺织行业加工贸易转型升级是长期、艰巨的任务，是一个动态的过程，创新发展是巩固传统优势的一条重要路径。“十三五”期间，纺织服装等传统劳动密集型加工贸易产业依然是国家重点发展方向，目标是向全球价值链高端不断跃升。一是提升产品技术含量和附加值，由低端向高端发展。二是延长产业链，向生产制造与服务贸易融合发展转变。三是增强经营主体实力，由加工组装企业向技术、品牌、营销型企业转变。四是优化区域布局，逐步实现东中西部协调发展和境内外合理布局。五是转换增长动力，由要素驱动为主向要素驱动和创新驱动相结合转变。

（撰稿人：李超群）

2016年度中国纺织工业联合会经济研究成果奖

中国纺织工业联合会

一等奖

序号	名称	完成人	完成单位
1	服务型制造推进纺织服装“三品”战略的研究	何　涛　姜宁川	成都纺织高等专科学校
2	供给侧改革下纺织服装业“三品战略”研究	胡星辉	武汉纺织大学中国纺织业绩效评价与风险预警研究中心
3	基于因子分析的纺织服装企业创新协同度研究	张克英　吴晓曼　杨瑶盼　李　蕊　庞　凯	西安工程大学管理学院 西安工程大学工程学院
4	纺织类非遗经济价值开发适宜性评价方法研究	姜　弘　赵　宏　陈俊君　王海洋	天津工业大学
5	《国内外旧衣物回收再利用制度及体系研究》（专著）	郭　燕　陈遊芳　郝淑丽　姚　蕾　索　珊　陈丽华　王　洁　杨楠楠	北京服装学院

二等奖

序号	名称	完成人	完成单位
1	“三品”背景下盛锡福帽业发展战略研究	陈俊君　尹艳冰	天津工业大学经济学院
2	纺织行业实施“三品”战略的背景、路径及保障机制	牛爽欣	中国纺织工业联合会产业经济研究院
3	对“一带一路”国家家纺出口市场分析及建议	郭　燕　张　芳	北京服装学院 中纺网络信息技术有限责任公司
4	我国纺织工业“走出去”面临的现实困境与推进策略	杨晓锋	武汉纺织大学会计学院

续表

序号	论文题目	主要完成人	主要完成单位
5	互联网+纺织供应链知识整合、共享与创新研究	王　罗　沈　滨　刘晓刚	东华大学服装艺术设计学院 东华大学旭日工商管理学院
6	数据驱动的棉纺过程质量智能控制	邵景峰　马创涛　林晓文 陆少锋　肖　渊　王瑞超 刘　晟	西安工程大学管理学院 西安工程大学纺织学院
7	新常态下纺织产业集聚和结构转型对县域经济产业竞争力影响研究——基于江浙两省纺织产业集聚的县域面板数据	周荣虎　李桂付 瞿才新　施建华	盐城工业职业技术学院经贸管理学院
8	纺织业用水技术效率的随机前沿分析——基于超越对数生产函数	韩成吉　张雪花 余敦涌　张宏伟	天津工业大学环境经济研究所
9	基于低碳竞争力培育的纺织服装企业碳资产界定研究	胡颖梅　韩亚东	成都纺织高等专科学校

三等奖

序号	名称	完成人	完成单位
1	试论当前大环境下服装企业“创品牌”的路径选择	李笑言　马大力	天津工业大学艺术与服装学院
2	我国纺织产业境外投资的外来者劣势分析：以东南亚为例	张童莲　赵君丽	东华大学旭日工商管理学院
3	“互联网+”下服装业价值链的重构研究	陈亚男　李云霄　周兴建	武汉纺织大学管理学院
4	社会化电商情境下，视觉刺激与服装网络消费行为反应的关系研究	郑智颖　沈　蕾	东华大学旭日工商管理学院
5	我国服装产品贸易流量现状与影响因素——基于引力模型的实证研究	张旭兰　姚　蕾	北京服装学院商学院
6	新常态下我国棉纺织产业集群转型升级研究	姜　黎　郝淑丽	北京服装学院商学院

续表

序号	论文题目	主要完成人	主要完成单位
7	中部省会城市发展服装创意产业的困境与对策——以南昌市为例	廖江波	江西服装学院服装管理学院
8	纺织类非遗元素与纺织业融合发展新趋势的研究	尹艳冰　于小桐	天津工业大学经济学院
9	浅谈欧洲丝织品纹样的发展与演变	吴妍妍	天津美术学院
10	《汇率与劳动力成本对中国纺织服装贸易的影响》（专著）	张家胜	武汉纺织大学
11	基于“内需”和“创新”双核驱动的湖北纺织产业升级战略研究	叶茂升	武汉纺织大学
12	服务化转型背景下的纺织服装供应链协调机制研究——以陕西纺织服装企业为例	和　征	西安工程大学

优秀奖

序号	名称	完成人	完成单位
1	新型城镇化背景下我国服装品牌竞争力分析	邹彩芬　余　茜　葛　戎	武汉纺织大学会计学院
2	供给侧改革背景下纺织行业实施“三品”战略探讨	李桂付　李玉娟　曹林峰	盐城工业职业技术学院经贸管理学院
3	我国纺织工业“三品”战略转型研究及建议	汪雅雯	武汉纺织大学会计学院
4	构建纺织业“一带一路”新格局	刘　洋　孙立东	天津工业大学经济学院
5	“一带一路”倡议下中国纺织业产业链升级	彭紫燕	武汉纺织大学
6	“互联网+”背景下我国纺织产业转型的研究	鲁　晴	武汉纺织大学会计学院

市场，优化国内农产品供给结构；支持农业企业开展跨国经营，培育具有国际竞争力的大企业大集团。中央一号文件不仅明确了未来一年我国农业供给侧改革的主攻方向，也明确了我国棉花产业的创新发展路径。需要着力解决四个方面的问题：一是继续加快去库存步伐，完善现有机制，统筹协调好国内外两个市场，在稳定供应的同时，提升供应效能；二是要优化棉花产业结构、强化优势区域布局，促进规模化生产，进一步提升我国棉花整体品质和市场影响力；三是优化流通结构，创新经营模式，节约交易成本，提高有效经济总量；四是不断优化消费端供给结构，实现棉制消费品持续升级。

棉花供求基本形势

一、棉花供给

（一）棉花种植面积和产量持续下降

继2014、2015年之后，2016年我国棉花面积再次减少，成为影响棉花产量下降的主要原因。国家统计局数据显示，2016年全国棉花产量为534.3万吨，比2015年减产26.0万吨，下降4.6%，见图1。全国棉花播种面积为3376.1千公顷（5064.2万亩），比2015年下降11.1%。从棉区看，我国最大的产棉区新疆尽管棉花播种面积减少，但由于每公顷单产增加151.5千克（10.1千克/亩），棉花产量仍达到359.4万吨，比2015年增长2.6%。新疆棉花产量占全国的比重进一步扩大到67.3%，比2015年提高4.8个百分点。黄河、长江流域棉区面积、产量继续下降，黄河流域棉花面积下降14.3%，单产提高6.0%，产量下降9.2%；长江流域棉花面积下降19.8%，单产下降5.9%，产量下降24.6%。

据中国棉花协会监测统计，2016年全国植棉面积为4129.75万亩，同比减少10.1%，产量493.7万吨，同比增加2.4%，平均单产同比增加，其中新疆和黄河流域单产同比增加18.1%和6.6%，长江流域由于受到气象条件影响，单产同比下降13.6%。

图1 2003～2016年我国棉花产量

单位：万吨

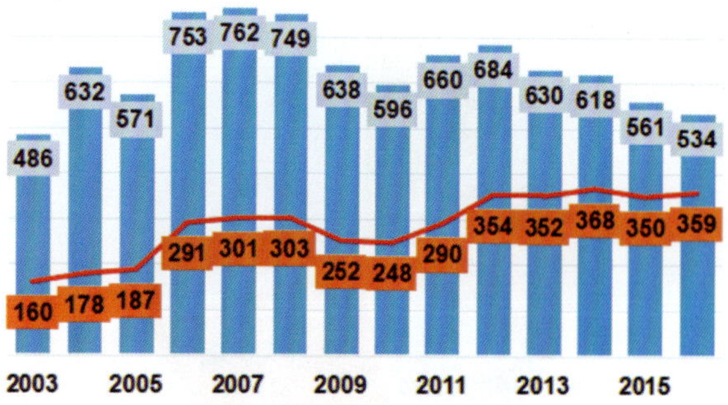

注 红色线代表新疆棉产量

资料来源：国家统计局

（二）外棉优势减弱，进口继续下降

2016年，世界经济复苏缓慢，国际贸易疲弱，人民币持续贬值，1～10月，虽国内外棉价持续上涨，但价差总体呈缩小态势，加上国内供给充裕新疆棉花增产且质量有较大幅度上升；国内纺织厂对澳棉、美棉的依赖度进一步下降，棉花进口量大幅回落。据中国海关统计，2016年我国累计进口棉花89.66万吨，同比减少39%；全年平均进口价格1745.9美元/吨，和2015年基本持平，见图2；进口贸易方式以进料加工贸易为主，超过海关特殊监管区物流货物方式位居首位；进口来源地中，美国继续保持第一大进口来源国，澳大利亚和印度分别排在第二和第三位，见图3。

图2 2016年我国棉花进口数量及价格走势

单位：万吨，美元/吨

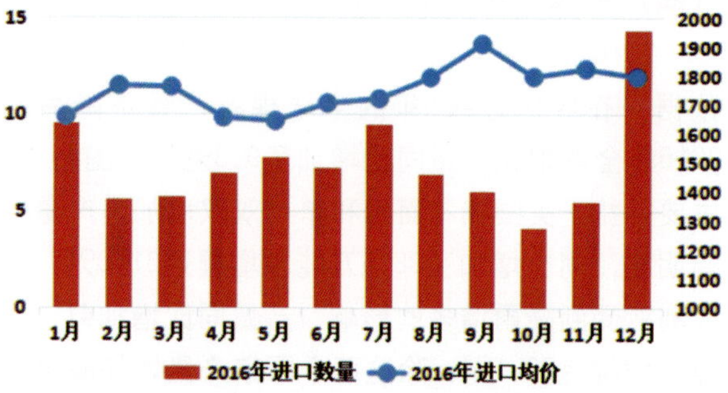

资料来源：中国海关

图3 2016年我国棉花主要进口来源国

单位：万吨

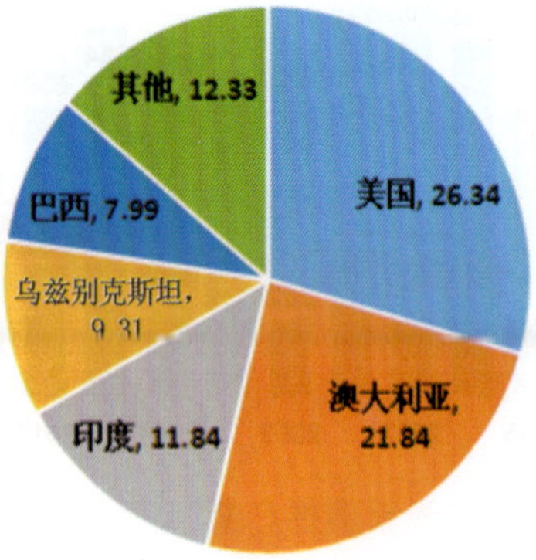

资料来源：中国海关

（三）储备棉轮出成交踊跃，成市场供给主体

2016年4月15日，国家发展改革委员会、财政部联合发布公告，明确了储备棉轮换实现常态化、机制化，轮出方式、时间、数量、价格形成机制等都将在一定时间内保持不变。本次储备棉轮出自5月3日启动，由于当年度棉花已基本销售完毕，市场供给以储备棉为主，企业竞拍踊跃，储备棉成交价格持续走高，7月份连续出现100%成交，直到8月份初有关部门发公告，将储备棉轮出时间延长一个月，成交价格和成交率有所回落。9月底，储备棉轮出全部结束，累计计划出库300.38万吨，实际成交265.92万吨，成交率为88.53%，其中国产棉累计成交236.29万吨，成交率87.45%；进口棉累计成交29.63万吨，成交率98.16%。

（四）全球棉花产量增加

2016年全球棉花生产大丰收，据美国农业部的数据，在经历连续5年的全球棉花产量下降后，2016年全球棉花产量同比增加了9.3%，见图4。这主要得益于美国棉花面积和单产双双增加，产量增幅明显，同比增加了88.6万吨，增幅达31.6%；澳大利亚受到降雨增多的影响，产量同比增加41.4万吨，增幅达73.1%；除这两个国家产量增加幅度较大外，印度、巴基斯坦、巴西等国均有小幅增加。

图4 2012～2016年全球棉花产量统计

单位：万吨

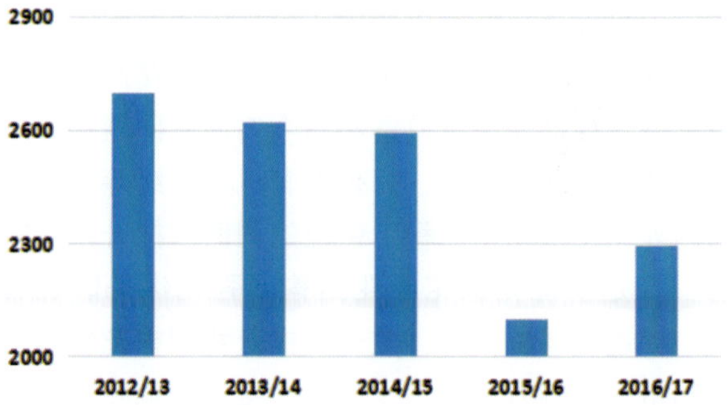

资料来源：美国农业部

二、棉花需求

（一）纺织行业运行总体情况好转

2016年，在全球经济低迷、市场需求偏弱的复杂形势下，我国纺织行业深入推进转型升级，积极落实供给侧结构改革，纺织行业全年实现平稳增长，行业盈利能力稳定，运行质量持续改善，但企业成本负担依然较重，行业面临较大发展压力。据工信部统计，2016年我国纺织业运行多项数据同比上涨，仅出口交货值出现下降。亏损企业数量有所增加，但亏损额度下降，据统计局数据显示：2016年纺织工业增加值同比增长4.9%，纺织业固定资产投资增长10.7%；纺织业产销率达到98.4%，服装制造业为97.7%；但纺织行业出口交货值同比下降1.0%。纺织行业主营业务收入同比增长4.1%；纺织业亏损企业同比增加7.0%，亏损额同比下降－5.8%；利润保持增长，纺织行业利润同比增长4.5%，纺织业产成品存货同比下降0.1%，2016年全国规模以上纺织业增加值比2015年增长5.5%，增幅同比下降1.5个百分点，其中纱产量4039.5万吨，同比增长3.5%；布产量715亿米，同比增长2.7%。

（二）纺织品服装出口继续下跌

2016年，中国纺织行业在新国际经济形势下，或将面临更多挑战。2016年纺织行业形势被总结为

“以整合产业链应对成本问题，以创新应对同质化，以科技应对国际竞争”，在影响行业发展的多重因素的共同作用下，纺织行业增长动能转换及转型升级仍然存在不畅，出口市场经济复苏缓慢，外需疲软，外贸压力增大。据中国海关统计，2016年我国纺织品服装累计出口2624.4亿美元，同比下跌7.5%，见图5；服装及衣着附件出口累计出口1574.6亿美元，同比下跌9.6%；纺织纱线/织物及制品累计出口1049.9亿美元，同比下跌4.1%。

图5 2006～2016年我国纺织品服装出口金额

单位：亿美元

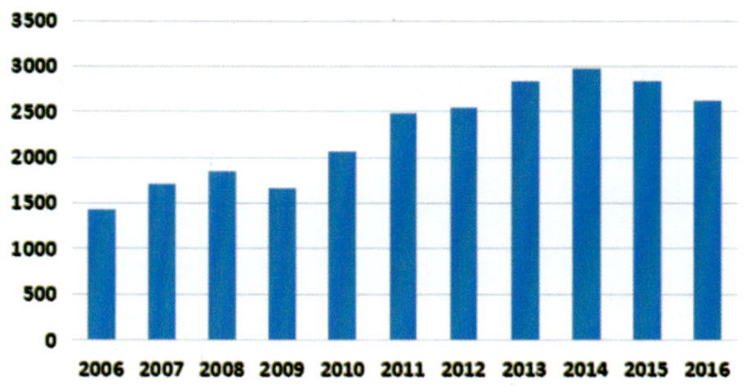

资料来源：中国海关

（三）棉纱进口萎缩，外棉纱线竞争力下降

棉纱与棉花进口不同，不受配额限制，过去几年内外棉价差倒挂，纺织生产成本逐年上升，越南、印度、巴基斯坦等国对我国中低端棉纱市场冲击较大，从而棉纱进口量连年攀升，2015年棉纱进口创历史新高，达到235.5万吨。

2016年，受国内棉花政策的影响，棉价调整至合理水平，棉纱进口有所萎缩。据中国海关数据统计，2016年我国累计进口棉纱线197万吨，同比下降38万吨，跌幅16.1%。全年棉纱线进口平均单价2602美元/吨，价格从年初的2534美元/吨，到年底已上涨至2701美元/吨，涨幅达6.6%，见图6。分月来看，1～10月，棉纱进口逐步缩减1～10月累计进口159万吨，同比减少20.4%，10～11月，由于新棉上市价格攀升，纺织企业用棉成本上升，进口棉纱优势再现，进口量回升，见图7。分进口国别来看，2016年我国棉纱线进口排名前三位的国家分别是越南、印度和巴基斯坦，分别进口62.4万吨、41.5万吨和28.8万吨，同比分别为24.1%、－41.0%和－28.4%；进口单价分别为2670美元/吨、2517美元/吨和2278美元/吨；印度、巴基斯坦棉纱优势减弱，越南棉纱优势突出，成为我国棉纱进口量第一的来源国。

图6 2016年中国棉纱价格指数与进口棉纱价格指数走势

单位：元/吨

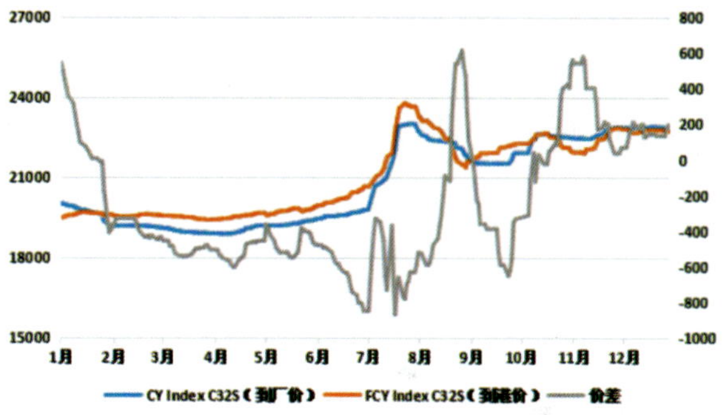

资料来源：中国棉花信息网

图7 2016年我国棉纱线进口分月统计表

单位：万吨，美元/吨

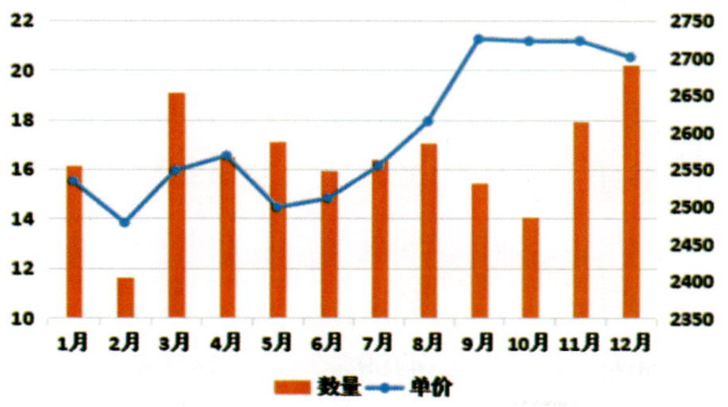

资料来源：中国海关

棉花市场运行情况

一、棉花价格走势分析

受多重因素影响，2016年中国棉花现货价格震荡上行，波动幅度加大，特别是6～9月间，国内棉花价格大起大落，形势之复杂多年未遇。国际棉花市场的走势与国内大致相同，但波动幅度相对平缓，内外棉现货价差缩小。

（一）棉花现货价格震荡走高

2016年初，中国棉花价格指数CCIndex（3128B）延续上一年的跌势连续回落，3月31日达到全年最低点11678元/吨，之后一路上涨至7月28日的15415元/吨，然后又快速回落至9月7日的14058元/吨，进入新年度后再次连续上涨至11月29日的16019元/吨全年最高点，12月30日收于15798元/吨，全年上涨2876元，涨幅为22.26%，见图8、表1。

图8 2016年中国棉花价格指数3128B级走势

单位：元/吨

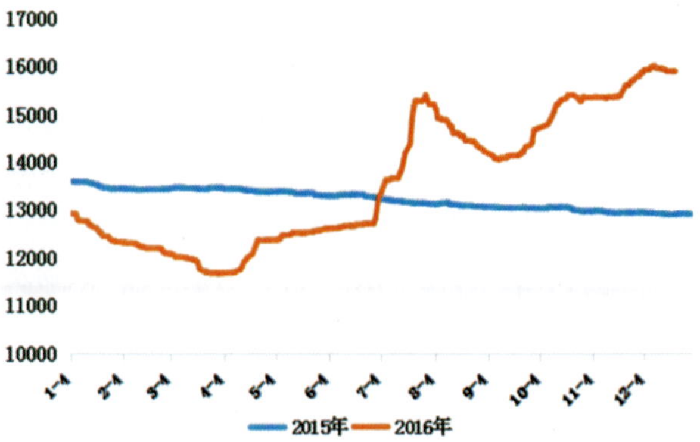

资料来源：中国棉花协会

（二）新棉收购总体顺利，价格同比上涨

2016年9月，各棉区陆续展开收购，新疆开秤最

表1 2016年中国棉花价格指数分月统计表

单位：元/吨

日期	1129B	2129B	3128B	4128B	1228B	2227B
1月	13637	13250	12653	12212	12302	11760
2月	13279	12846	12251	11845	11970	11458
3月	12849	12396	11885	11444	11570	10584
4月	12832	12436	12017	11424	11541	10980
5月	13142	12843	12511	11853	11972	11478
6月	13257	13003	12694	12063	12183	11732
7月	14872	14598	14316	13704	13839	13321
8月	15158	14924	14670	14160	14276	13833
9月	14759	14508	14258	13855	13968	13557
10月	15965	15648	15315	14888	15003	14514
11月	16248	16033	15663	15110	15218	14718
12月	16440	16242	15893	15302	15405	14894
总计	14412	14107	13727	13205	13320	12783

资料来源：中国棉花协会

早，收购初期价格持续上涨，部分地区收购价最高达到8元/千克，10月中旬后，随着新棉上市数量增加，市场趋于理性，价格逐渐稳定。12月底，新疆籽棉平均收购价格在7元/千克左右，同比高2.4元左右。内地收购工作开始较晚且进展缓慢，价格较高，平均收购价格为7.4元/千克，同比高1.4元左右。今年收购价格上涨的主要原因，一方面，受前期资金炒作等原因导致期货、现货价格上涨的延续；另一方面，新棉质量普遍较好，纺织企业使用国产棉比率有所增加。

（三）新棉质量好于2015年

自播种以来，2016年天气总体利于棉花生长发育，全国大部棉花长势较好，质量好于2015年，同时也是自2011年以来质量最好的一年，其中新疆棉花质量好于内地。根据中国纤维检验局的数据，截至12月底，新疆已公检棉花平均长度为29.3毫米，同比增加0.8毫米，29毫米及以上占比为55%，同比增加23.1个百分点，见图9；内地平均长度为28.4毫米，同比增加0.2毫米，29毫米及以上占比为26.9%，同比增加7.2个百分点。从马克隆值方面看，新疆主要以B2为主，其中A+B占比达到79.5%，同比增加18.3个百分点。2015年棉花存在的“短、粗”问题得到改善。全国棉区马克隆值情况见图10。

图9 2008～2016年度新疆棉花公检长度指标情况

单位：毫米

资料来源：中纤局

图10 全国棉区马克隆值情况

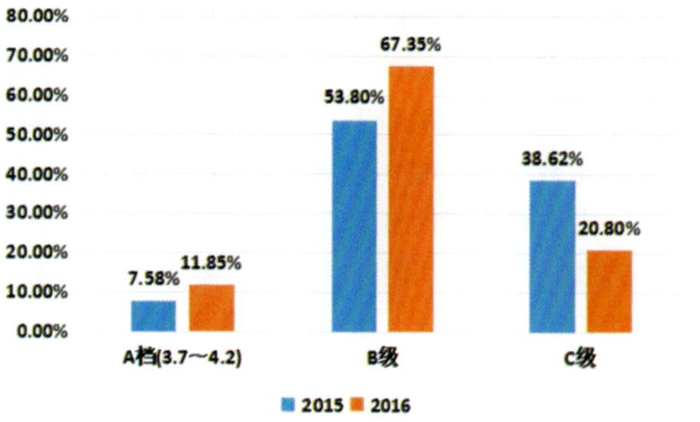

资料来源：中纤局

（四）国际现货价格震荡走高

2016年，受国内棉价上涨等因素影响，国际现货价格震荡走高。年初，由于中国储备棉轮出政策，以及美元持续升值，国际现货价格持续下跌；4月至8月，国内棉价上涨带动国际现货价格强势上涨，之后棉价开始回落，新棉上市后，受印度棉花上市推迟、国内新棉收购价格较高等多种因素影响，国际现货价格强势上涨，2016年12月31日Cotlook A指数收于79.4美元/磅，较年初上涨9.45美分/磅，涨幅13.5%，年均价为74.26美元/磅，同比上涨3.96美元/磅，涨幅5.6%，见图11。

图11 2016年Cotlook A指数走势

单位：美分/磅

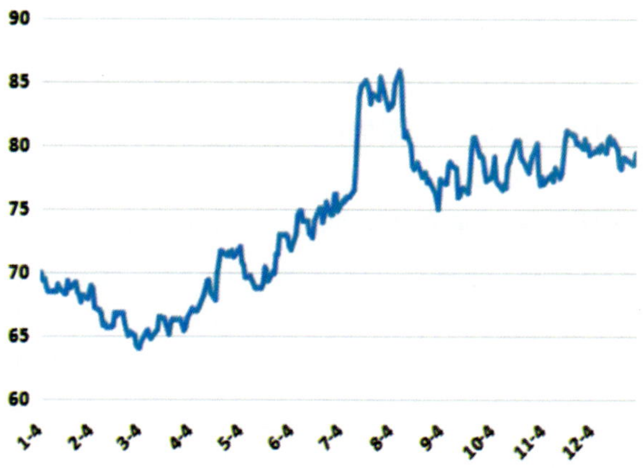

资料来源：Cotlook

（五）外棉价格优势减弱 价差阶段性缩小

2016年，国内外棉花现货价格波动上涨，内外棉价差阶段性缩小。年末，中国进口棉价格指数（FC Index M）1%关税下折人民币价格低于中国棉花价格指数（CC Index3128B）1800元/吨左右，见图12。由于储备棉轮出定价机制采取国内外价格联动的方式，在此期间内外棉平均价差为702元/吨，为全年价差最小时段，随着储备棉轮出机制的常态化、国内棉花质量好转，外棉价格优势减弱。

图12 2016年中国棉花价格指数与进口棉价格指数对比

单位：元/吨

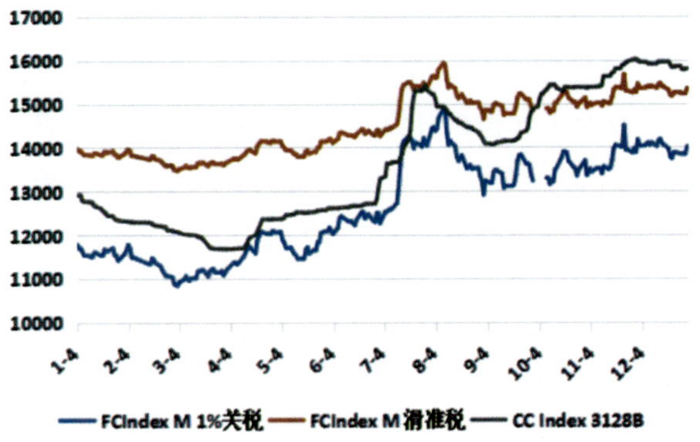

资料来源：中国棉花协会

二、市场流通情况

（一）商业库存量增加

截至2016年12月，据中国棉花协会物流分会对全国18个省市的183家棉花交割和监管仓库、社会仓库、保税区库存和加工企业库存调查数据，12月底全国棉花商业库存总量约300.98万吨，较上月增加19.01万吨，见图13，增幅7%。1～9月，全国棉花商业库存逐步消耗，10月新棉大量上市，商业库存量大幅增加，截至年末，达到顶峰，为300.98万吨，同比增加27.18万吨，见图13。新疆仓库为263.95万吨，同比增加67.95万吨，内地仓库为31.44万吨，同比减少30.86万吨。

图13 2016年全国棉花商业库存变化

单位：万吨

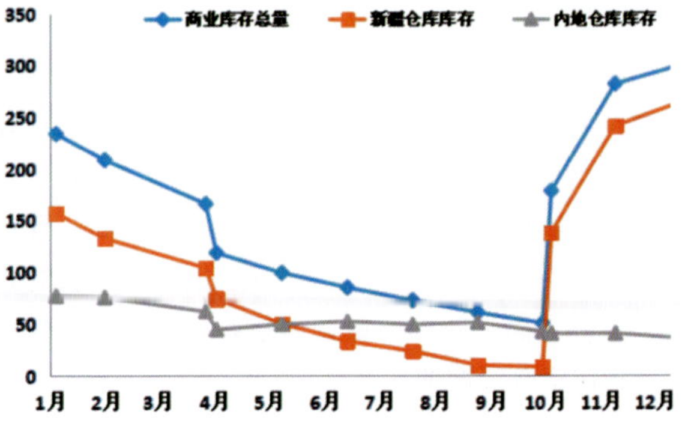

资料来源：中国棉花协会

（二）现货挂牌交易成交相对稳定

2016年，现货挂牌价格走势主要分为三阶段，见图14。第一阶段（1～3月）：储备棉轮出在即，叠加新棉集中上市，市场情绪悲观，纺织企业谨慎采购，加工企业加快销售，挂牌成交价格下挫至新低；第二阶段（4～8月）：轮出时间晚于市场预期，纺织企业库存不足，轮出后，国内外价差缩小，储备棉成交价格上行，挂牌成交价格稳步上涨，轮出后期纺织备货带动储备棉成交活跃，再次提振市场信心，挂牌成交价格加速上行；第三阶段（9月～年末）：新棉陆续上市，受国内供求时间和空间错位及宏观经济政策影响，挂牌成交价格区间震荡。

图14 2016年现货挂牌交易主力合约量价趋势图

单位：元/吨，吨

资料来源：全国棉花交易市场

（三）郑棉期货价格异常波动上涨

2016年郑棉期货成交活跃，成交价格震荡上升，受多种因素影响，期货价格出现异常波动，导致市场出现紧张情绪，见图15。1～3月底，由于市场对中国宏观经济悲观，加上储备棉投放预期，郑棉期货持续下行，主力合约一度跌破万元大关；4～6月，储备棉轮出时间推迟，纺织企业补库在即，现货市场供应紧张；同时在受资金炒作的影响郑棉期货开始非理性上涨；7～8月，由于消费市场转好，储备棉轮出延长至9月底，价格回落。9月～年末，新棉收购价格持续上涨，出疆棉运力紧张，加上人民币持续贬值使得郑棉期货高位震荡，年末，主力合约收于14985元/吨，全年上涨33%。

图15 2016年郑棉主力合约量价趋势图

单位：元/吨，手

资料来源：郑州商品交易所

（四）洲际交易所（ICE）期棉震荡上涨

2016年，上半年由于对美国、印度、巴基斯坦棉花产量预期不理想，加之中国储备棉轮出推迟，全球市场现货供应偏紧，ICE期棉震荡上涨；之后，全球棉花产需逐渐明朗，美元升值，ICE期棉开始下跌，见图16。印度新棉上市期间由于其货币政策导致本国新棉上市缓慢，加之美棉出口稳定，国际棉价震荡上行，ICE价格维持年底收于70.65美元/磅。

图16 2016年三州际交易所ICE主力合约量价趋势图

单位：美分/磅，张

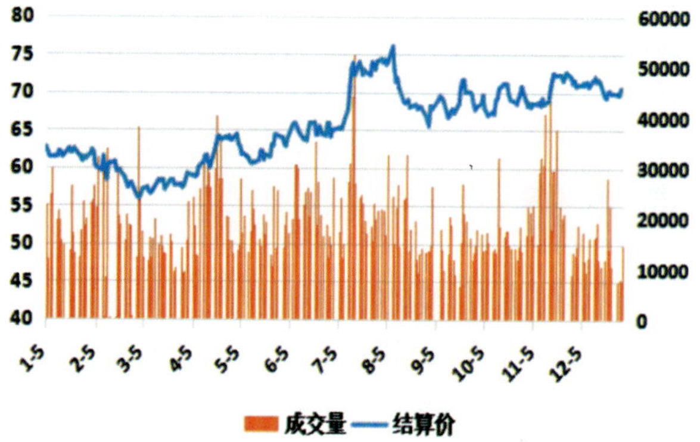

资料来源：洲际交易所

棉花产业宏观环境

一、政策因素

（一）中央一号文件涉及棉花产业政策

2016年1月底，中共中央国务院发布《关于落实发展新理念加快农业现代化实现全面小康目标的若干意见》，这是连续第13个指导“三农”工作的中央一号文件，也是“十三五”期间第一个中央一号文件。其中关于棉花的内容有：在优化农业生产结构和区域布局中，要制定划定粮食生产功能区和大豆、棉花、油料、糖料蔗等重要农产品生产保护区的指导意见；在改革完善粮食等重要农产品价格形成机制和收储制度中，要深入推进新疆棉花、东北地区大豆目标价格改革试点。

（二）继续实施新疆棉花目标价格改革试点政策

2016年国家继续在新疆实施棉花目标价格改革试点。综合考虑棉花市场供求、生产成本收益等因素，2016年新疆棉花目标价格水平为每吨18600元，较2015年度下降500元/吨。在总结过去两年棉花目标价格试点经验的基础上，2017年对改革试点工作进行优化，实施方案基本保持不变。

今年是新疆目标价格改革三年试点的最后一年，企业建议有关部门要尽早明确相关政策，及时公布并切实履行，确保市场可预期。同时，中国棉花协会联合保监会、证监会、郑州商品交易所等有关单位，成立“互联网+合作社+保险+期货”课题组，通过深入调查研究，已形成初步方案，为棉花供给侧改革奠定基础。

（三）储备棉轮出成交活跃

2016年4月15日，国家有关部门发布公告，决定逐步有序消化国家储备棉库存，将储备规模调整至合理水平，明确了储备棉轮换实现常态化、机制化，轮出方式、时间、数量、价格形成机制等都将在一定时间内保持不变。其中，考虑到投放储备棉可能给市场带来压力，2016年投放量和投放时间调整为5月3日。储备棉轮出正式启动以来，由于市场现货较少，轮出底价低于市场价，成交活跃，每日投放计划基本全部成交。截至9月30日，储备棉轮出全部结束，累计计划出库 300.38万吨，实际成交265.92万吨，成交率为88.53%，其中国产棉累计成交236.29万吨，成交率87.45%；进口棉累计成交29.63万吨，成交率98.16%。

2016年储备棉轮出与往年的不同点：常态机制：每年3～8月期间；价格联动：与国际国内现货价格联动，每周调整；公检：进口棉净重结算，10%抽检，国产棉质量指标包包检，重量指标批批检，允差范围按实际结算。

（四）《关于加快棉花现代物流发展的指导意见》出台

我国是世界棉花生产、消费和进口第一大国。发展棉花现代物流，建立布局合理、技术先进、高效顺畅的棉花现代物流基础设施网络和服务体系，对提高棉花流通效率、降低物流成本，增强我国棉花、纺织产业竞争力具有重要意义。为促进棉花现代物流持续健康发展，按照《物流业发展中长期规划（2014—2020年）》（国发[2014]42号）和《促进物流业发展三年行动计划（2014～2016年）》（发改经贸[2014]2827号）有关要求，特提出《关于加快棉花现代物流发展的指导意见》。

（五）国务院决定取消棉花加工资格认定

国务院印发《关于第三批取消中央指定地方实施行政许可事项的决定》，取消包括棉花加工资格认定在内的39项中央指定地方实施的行政许可事项。棉花加工资格认定事项取消审批后，质检总局、国家发展改革委等部门将按照职责分工，进一步健全棉花加工抽检、预警机制，健全质量追溯体系，加强棉花加工企业诚信体系建设，加大违法责任追究力度。

二、行业因素

（一）成功举办第七届中国棉业发展高峰论坛

5月12日，2016年中国棉业发展高峰论坛在湖北省武汉市隆重开幕。论坛由中国棉花协会主办，自2004年起每两年举办一次，2016年是第七届，主题为“新格局下的棉业发展之路”。来自世界主要产棉国和地区的专家学者、政府官员、棉花纺织业者近700人，探讨新格局下棉花产业如何顺势而为，探索新思路，谋求新发展。

（二）完善公益基金，落实精准扶贫

中国棉花协会与中国儿童少年基金会共同发起的“棉绵爱心——暖冬行动”子项目。新疆维吾尔自治区克孜勒苏柯尔克孜自治州阿克陶县木吉乡发生6.7级地震。震区天气寒冷，急需帐篷、棉衣、棉被等生活物资。中国棉花协会、中国儿童少年基金会联合发起“棉绵爱心——暖冬行动”，号召业内企业为新疆阿克陶地震灾区捐赠棉衣、棉服、棉被等御寒用品，共募集御寒物资19万元，帮助灾民度过难关。同时，“棉绵爱心”第二期助学项目，继续资助了新疆阿克苏地区60名贫困家庭学生高中教育。

2017年棉花市场展望

2017年，是供给侧结构性改革深化之年，中央已经明确农业工作的方向是深入推进供给侧改革，解决产需失衡、竞争力下降等农业中的体制机制矛盾。围绕深化农业供给侧改革的重点，棉花作为主要农产品，供给侧改革在其他农产品之前，已初见成效，但库存水平仍然超过800万吨，去库存任务仍然艰巨，2016年底，国家有关部门公布了2017年储备棉轮出的具体时间安排，给市场以预期，同时，储备棉的轮出定价政策，将维持国内外棉价差相对稳定，并有望进一步收窄，进口纱优势减弱，从而有助于提升我国棉纺企业竞争。

新疆目标价格改革三年试点顺利结束，稳定新疆棉花种植面积，保障棉农收益，2016年棉花价格整体上涨，棉农收益大幅提高，植棉积极性回升。中国棉花协会预计，2017年全国植棉意向增加2.9%；其中，新疆植棉意向增加1.7%，黄河流域和长江流域意向分别增加5.11%和5.52%，棉花产量将有望提高。2017年中央一号文件明确调整完善新疆棉花目标价格政策，改进补贴方式。国家发展改革委、财政部联合印发《关于深化棉花目标价格改革的通知》，明确了2017～2019年棉花目标价格水平为18600元/吨，进一步深化棉花目标价格改革，打造新疆优质棉花生产基地，稳定棉农种棉积极性，提升国内棉花产业竞争力，促进棉纺织产业持续健康发展。

全球经济与国内经济数据均有向好的迹象，随着“一带一路”战略的不断推进，国内棉纺织产业也将迎来新的贸易机会，但实体压力依然较大，预计短期内棉花需求不会增加，市场呈稳中趋缓态势。新棉质量虽有改善，但价格高于纺织企业心理预期，储备棉价格优势明显，仍然成为阶段性市场供给主体。同时，高成本（新疆棉加工成本多在15100～15500元/吨）的棉花流通企业，经营风险增大。据中国棉花协会预测，2017年度棉花消费量约780万吨，较2016年度持平略增。

2017年一号文件指出：“农产品供求结构失衡、要素配置不合理、资源环境压力大，增加产量与提升品质、成本攀升与价格低迷、库存高企与销售不畅、国内外价格倒挂等矛盾亟待破解。”为此，我国棉花产业要以供给侧结构性改革为统领推进品质迈向中高端，突出“优”字，落脚点是全面提升国产棉品质和效益，最终目标是向产棉强国迈进。

（撰稿人：王　丹）

2016年羊毛市场回顾及2017年展望

南京羊毛市场

2016年似乎比往年更加艰难，主要面临的问题是经济不确定性和风险性，尽显猴年上蹿下跳之本性。假如说过去黑天鹅是论只的话，现在似乎真的进入了黑天鹅论群的时代，并且一直延续到2017年。但在这样的形势下，进一步短缺的羊毛供给数量没有让行业出现大的下滑，需求依旧不旺。

国际羊毛市场

一、澳大利亚羊毛市场

面对澳洲干旱的严峻形势，2015/16年度的澳毛预计进一步减产的信息给全年澳毛价格高位震荡定下了基调。虽然市场疲软，需求不旺，对澳毛的刚性需求依旧存在，细度小于23微米的羊毛价格都在稳中有升，主要因为中国铁路、军队制服的换装和新产品的开发，尤其是粗纺市场的双面呢档次提升，越来越向细支毛发展，加上羊剪绒产品的推出加大了19.5微米以细的羊毛的使用，细支毛成为了全年的佼佼者。相反由于粗纺市场不景气，杂交毛出现回落。

2016下半年受澳洲雨水影响，各地区推迟剪毛，供应量同比减少。尤其是十月第二周拍卖创下自1995年以来十月拍卖周供应量最小的一次。值得关注的是十一月随着天气转好，迎来了剪毛高峰，上市的羊毛数量短期内逐渐增加。按照以往澳洲上市拍卖的数量一旦上升，需求开始相对减少，价格开始下跌，但今年的价格确实一高再高，一是受到澳元汇率的影响，二则是供给关系的不平衡。

2016年末澳大利亚羊毛交易所东部市场综合指数（AWEX EMI）与2015年同期相比上涨90澳分（+7.1%），收于1355澳分，创年末收市价历史高位，见表1。2016年全年成交额达25亿澳元，是自2002年（29亿澳元，当年供应量比现在高62%）以来的最高成交额。因此2016年平均每包羊毛价格达到1478澳元（除了新西兰毛），从AWEX数据库里可以看出已创下自1997年以来最高均价。澳洲牧民的信心提振，明年会有增加养殖数量的预期和意愿。

今年澳元兑美元汇率震荡上涨，尤其是四月铁矿石和钢材价格的疯狂飙涨令澳元多头倍受鼓舞，加上澳洲国内经济数据表现普遍积极，澳元触及年内最高位0.7834。随后澳联储连续下调利率，降至纪录低位1.50%，打压澳元，从图1看，澳元汇率基本震荡上扬，相比年初上涨6.2%。最后一次拍卖收于0.7502。

表1 2016年澳大利亚东部拍卖市场指数

	年初	年末	最高	最低	平均指数	均价同比(%)
澳元价（澳分/kg）	1282	1355	1378	1217	1291	7.8
美元价（美分/kg）	890	1006	1022	890	963	6.7

资料来源：南京羊毛市场整理

图1 2016年澳大利亚东部拍卖市场指数
与澳元兑美元汇率走势

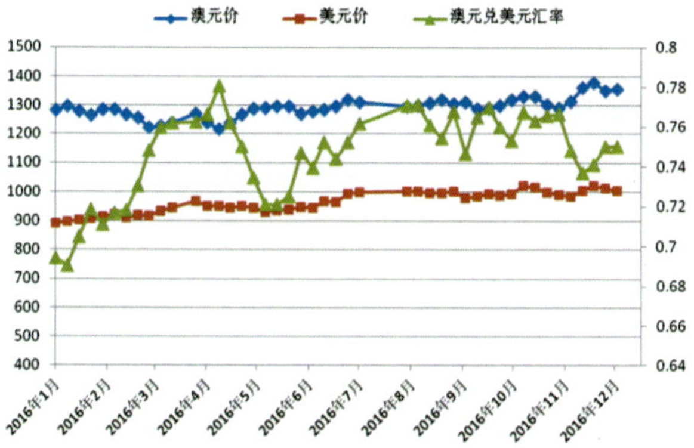

资料来源：南京羊毛市场整理

2016年澳洲供应量总计为1838773包，成交1699392包，成交率为92.4%。其中前五名买家分别是：泰克羊毛购买了222548包，中纺（澳）购买了129838包，福克斯利购买了95630包，PJ MORRIS购买了79538包，伦普利（澳）购买了65779包。

二、新西兰羊毛市场

全年新西兰羊毛市场出现了困难的瓶颈，从供应看，新西兰羊毛市场同样面临着羊毛产量短缺的担忧。部分羊早已提前剪毛，另外一些地区遭受干旱，例如坎特伯里的牧民们手中的绵羊存栏数严重下降。

但是从需求看，中国国内针织面料行情从2015年下半年开始一直没有好转，导致企业库存积压，中国型号羊毛价格下跌。自英国脱欧后，中国市场表现越发不积极，许多客户在这个不稳定时期对市场保持了谨慎态度，加上新西兰元汇率走强，对新西兰毛价格影响较大。近期油价下滑造成化纤成本大跌，在地毯和其他纺织行业的替代性越发明显，导致新西兰毛缺乏竞争力。

直到十月后，新西兰市场结束了连续几周的下跌趋势，供应量紧张以及来自其他国家地毯毛订单的需求，支撑了市场平稳上扬。对于中国国内需求依旧不佳，针织圆机面料中羊毛使用量很低，只占5%，没有需求支撑，国内新西兰毛销售价格仍然很低。

图2 2016年新西兰羊毛市场常规品种
价格指数走势

单位：新分/千克

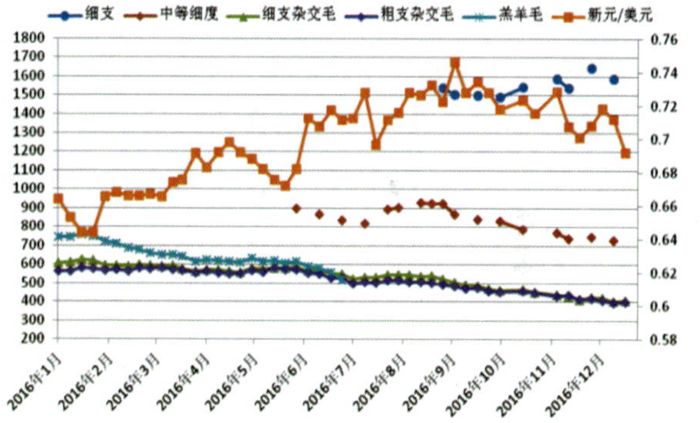

资料来源：南京羊毛市场整理

2016年新西兰羊毛拍卖量总计448507包，成交362001包，成交率为80.7%。购买羊毛的前五名买

表2 2016年新西兰羊毛市场常规品种价格表

单位：新分/千克

	年初	年末	最高价	最低价	平均价	均价同比(%)
细支杂交毛	607	409	624	403	535	−11.9
粗支杂交毛	562	399	580	396	516	−5.1
羔毛	747	414	758	414	638	−1.5

资料来源：南京羊毛市场整理

家是：马修德公司购买89890包；新西兰国际羊毛公司购买71845包；福曼公司购买56570包；JSB公司购买39340包；B&B公司购买25130包。

三、南非马海毛市场

2016年上半年，南非夏季马海毛拍卖举行了七次，供应总量为906707.6千克，成交率为97.9%。全球需求平稳，南非兰特汇率波动影响了市场。而且前四个月出口数据显示与2015年同期相比，马海毛出口量有所增加，因此买家争相竞买，以确保休市前的库存。夏季马海毛市场平均指数反映市场整体需求正常，比2015年夏季同期高29%，收于248.08兰特/千克，见图3。

2016年度冬季马海毛拍卖举行了七次，总供应量为930544.7千克，成交率为77.8%。主要是因欧洲已进入淡季，兰特汇率走势强劲也给出口增加了不少压力，拍卖竞争不如往常激烈，加上牧民惜售，撤拍率较高，市场整体平稳。直到最后两次拍卖，供应的高品质马海毛，吸引了不少买家。2016年冬季平均市场指数收于185兰特/千克，相比2015年186.69兰特/千克有所下跌，全年指数平均值为217.39兰特/千克。尽管通过官方拍卖的羊毛量高于2015年，但预计全年羊毛产量维持平稳。

图3 马海毛市场平均指数走势

单位：兰特/千克

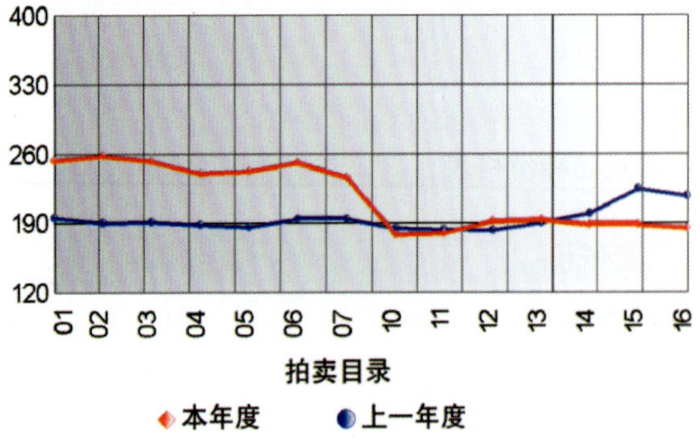

资料来源：南京羊毛市场整理

四、南非羊毛市场行情

2016年南非羊毛市场拍卖总供应量为208654包，成交率为96.4%，由于市场供应的整体羊毛质量没有达到预期水平。与毛丛长度较短和较粗的羊毛类型相比，毛丛长度较长和质量更好的羊毛表现良好。兰特汇率的波动对羊毛价格影响较大，买家很难控制相关的风险。随着季节好转，市场供应量不断增加，导致未出售的羊毛增多，而粗支毛需求略减，价格下跌较大，细支毛价格稳中有升，全年整体维持平稳好于2015年同期。年底开普羊毛美利奴指数收于146.93兰特/千克净毛，相比年初下跌5.6%，全年平均指数为150.79，较2015年同比上涨17%，见图4。

2017年1月11日复拍，预计供应量为11534包。

图4 开普羊毛美利奴指数

单位：兰特/千克

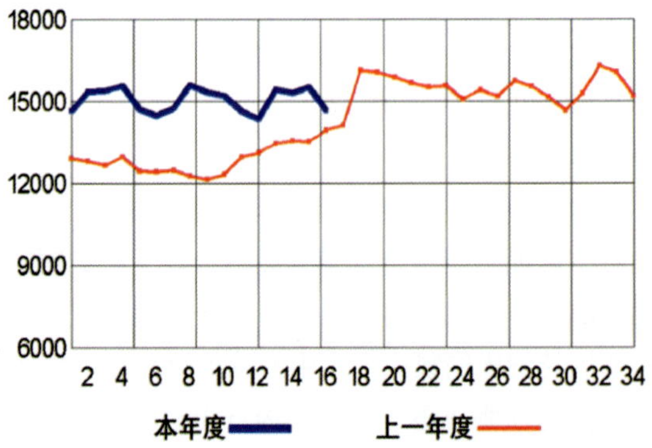

资料来源：南京羊毛市场整理

国内羊毛市场

图5 南京羊毛市场综合指数走势

单位：分/千克

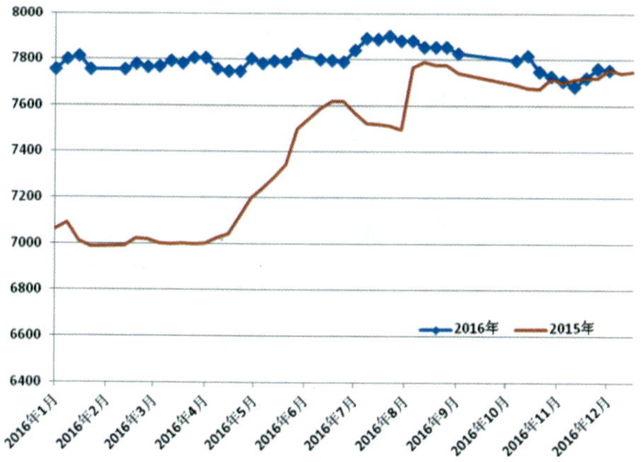

资料来源：南京羊毛市场整理

从南京羊毛市场综合指数走势上看，羊毛价格在2016年全年高位徘徊，主要是受到人民币贬值的影响，原料进口成本加大，国内销售价格被迫上调，出于成本的考虑，多数毛纺产品中的含毛比例还在逐渐减少，甚至全部采用化纤面料，跟随“短周期、快时尚”的节奏，见图5。

经过一年双面呢市场的疯狂，市场陆续淘汰一些滥竽充数的企业和产品，运行较好的企业面临的是订单少、客户要求高的现状；而设备陈旧，管理不善的企业面临的将是被淘汰出局，新一轮的洗牌正在进行。从市场走访中了解到，小型企业生产艰难，有的逐步退出毛纺行业，中、大型企业慎重前行，以稳求生存，正如羊毛市场董事长杨枭雄在28届羊毛大会上的发言题目“活着就是王道”。

2016年上半年唯独精纺市场撑住了毛纺市场的半边天，原因是正逢上了四年一度的换装大年，虽然2016年换装总量跟以前相比，因国家廉政有所下降，但毕竟有需求。到了下半年精纺纱需求一直不旺，工厂原料采购量低，虽然羊剪绒产品出现了短期支撑，但并未持续，且近期原料波动较大，工厂也不敢贸然做库存。粗纺纱近两年的出口订单一直在缩小，不仅对碳化毛需求在减弱，羊驼毛产品也少有订单。

国内羊毛进出口情况

2016年10月，人民币又掀起了一轮新的贬值高峰，羊毛进口成本再次加大，原料价格大涨。面对

表3 2016年各品种平均价格指数

单位：元/千克

品种	2016年	2015年	环比变化(%)	同比变化(%)
澳原毛	96.07	81.60	3.11	17.73
澳毛自梳条	100.95	83.49	4.92	20.91
澳炭化毛	71.87	66.75	0.59	7.67
新原毛	29.89	37.54	−5.14	−20.38
新洗净毛	30.81	37.76	−3.42	−18.41
新毛自梳条	46.03	51.34	−3.14	−10.34
乌拉圭毛条	45.72	49.84	0.00	−8.27
国毛条	83.65	83.10	1.89	0.66

资料来源：南京羊毛市场整理

原料高企，汇率波动，风险加剧，企业应根据自己的资金状况，量力而行，千万不要盲目追求大，更不要轻易赊欠。

（一）我国原毛进口情况

2016年，我国进口原毛总计25.2万吨，同比下跌6.3%，见图6。

一是全球羊毛产量紧缩，特别是澳洲十月前受到雨水影响推迟剪毛，导致参拍羊毛数量减少；二是我国毛纺产能过剩，大家都在以消化库存为主；三是全球经济不景气，投入羊毛产业的资金越来越少，复苏乏力，消费需求低迷。

图6 我国原毛及洗净毛进口量同比情况

单位：万吨

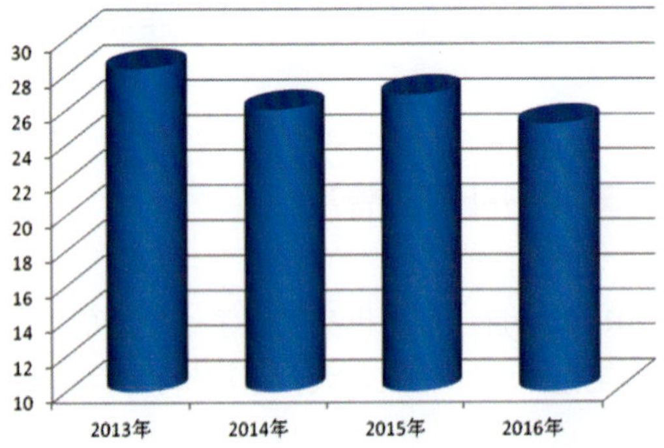

资料来源：南京羊毛市场整理

（二）我国毛条出口情况

2016年，我国出口毛条总计3.09万吨，同比下跌8.3%。结合图6、图7不难看出今年毛纺行业面临的外部形势较为复杂，发展的压力较大。稳经营成为不少企业今年的首要任务。

图7 我国毛条出口量同比情况

单位：吨

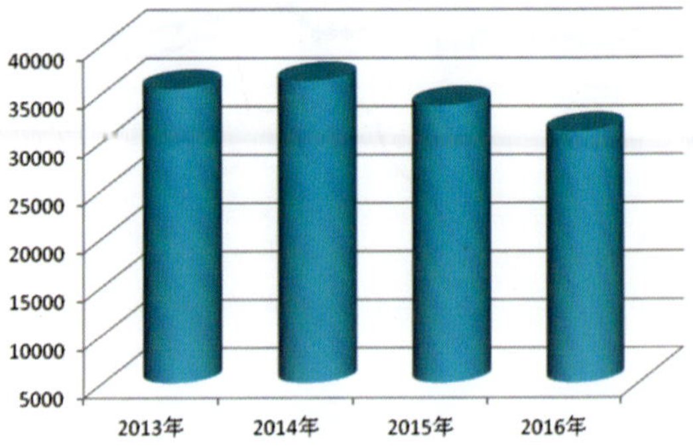

资料来源：南京羊毛市场整理

未来市场展望

展望2017年，今年化纤产品成主流，羊毛需求几乎很少，库存越积越多，2017年产品还是很朦胧，化纤还可能是主力，羊毛的需求很不乐观。再看超细毛，价格震荡上行已有两年左右的时间，期间有价格快速上涨，但都有价格回调释放部分风险，进二退一，相对稳健。看2017年，是粗毛重新布局之年，也是细毛谨慎看涨之年。

（撰稿人：蒋雅丽）

2016年聚酯产业运行回顾

浙江华瑞信息资讯股份有限公司
中国化纤信息网

聚酯原料类

一、2016年对二甲苯（PX）市场运行分析

回顾2016年亚洲PX的价格走势，除了一季度原油大幅变动，引发PX价格的宽幅波动之外，其他三季度PX价格的波幅都相对较小；不过全年总体走势可以算震荡上涨。一季度原油跌至30美元/桶以下后展开反弹，PX则跌至700美元/吨以下后反弹。12月，受原油石脑油推动，PX突破了长达9个月的震荡区间，继续开始向上突破。

从操作的角度来看，2016年尽管个别时间段压缩至350美元/吨偏下水平，但总体PX—石脑油之间的价差仍旧维持相对良好；而同时，PTA（对苯二甲酸）—PX之间的价差一方面被压缩维持在了相对低位，但另一方面也是PTA大厂暂时可以接受的位置。

2016年，得益于原油和石脑油的疲弱，以及部分供应商的买远月货策略，PX—石脑油价差维持得较好。除了1月和四季度，价差压缩到360～370美元/吨水平，其余基本在400美元/吨附近，全年重心在396美元/吨附近。

由于缺少规划产能，2016年中国PX产能停止扩张，截至年底，中国大陆PX产能仍然在1440万吨/年。不过由于2015年投产的部分装置在2016年释放，国内PX产量仍旧在增加。同时，PX表观需求增速在6%附近，较2015年继续回落，低速增长趋势明显。PX进口依存度仍维持在56%水平。

亚洲仍是全球PX产能集中的地区。除中国外的东北亚地区占比28.1%，居首位；中国产能紧随其后在27%；再加上东南亚和印度、以及中东，PX亚洲产能占到全球产能的83.9%附近。可见，其他地区为调配性贸易流入为主，亚洲是最主要贸易地区。

从新增产能的角度来看，2016年唯一可能投产的只有信赖的PX装置，有效供应预计要到2017年。当然，2016年新加坡裕廊芳烃，这套长期停车的80万吨/年PX装置在8月重启，给亚洲PX也增加了供应量。

表1 2012～2016年PX供需平衡表

	2012年	2013年	2014年	2015年	2016年
PX年底产能（万吨）	906	1118	1270	1440	1440
PX产量（万吨）	770	827	945	934	991
PX进口量（万吨）	629	905	997	1164	1236
PX出口量（万吨）	19	18	10	12	6
PX表观消费量（万吨）	1380	1714	1932	2086	2221
进口依存度（%）	45.6	52.8	51.6	55.8	55.7

资料来源：华瑞信息

据本网统计，到2016年底，国内PX社会库存至219万吨附近，较2015年年底上移18万吨附近。社会库存的增加，一是汉邦新线和佳龙复产可能会备有半个月附近的安全库存，二是贸易环节的提前备货增加了流通环节的PX库存，主要用于买PX卖PTA套利操作；当然还可能有一些其他方面的原因。

2016年PTA产量在3310万吨附近，那么对应PX的需求在2185万吨附近，而PX的表观需求为2221万吨，两者差26万吨附近。PX的社会库存增量在18万吨附近，剩下的8万吨左右为其他领域需求。

总的来说，2016年PX行业仍旧处于供大于求的格局，因此社会库存上升。不过，由于亚洲PX罐区库容可控，因此现货市场博弈的焦点仍是大户的头寸立场，跟库存的高低关联度下降。

二、2016年PTA市场运行分析

2016年1～12月，国内PTA产量在3310万吨，较2015年3104万吨增加206万吨，产量增速6.6%。1～12月平均开工负荷在73.5%左右（年均负荷按产量除以2016年初产能和年底产能中间值计算，2016年初国内PTA产能4393万吨，年底产能4613万吨，中值为4503万吨），开工负荷较2015年微幅提升，见图1。

进口方面，在国内产能过剩压力下，2016年进口量继续下降，1～12月在50万吨，较2015年同期下降25.2万吨。

图1 2016年中国PTA开工负荷变化走势图

单位：%

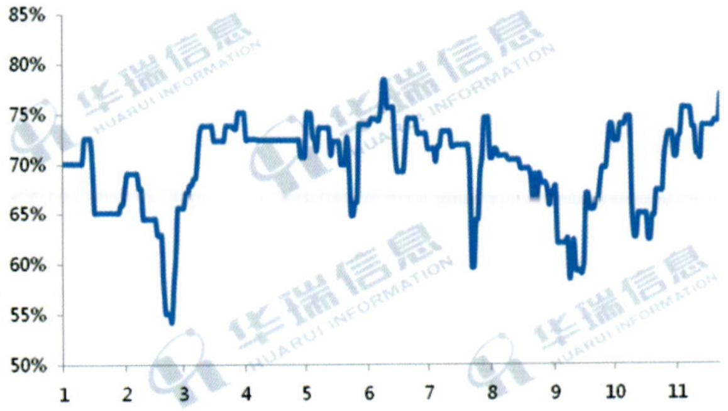

资料来源：华瑞信息

图2 2013～2016年国内PTA供需运行趋势图

单位：万吨

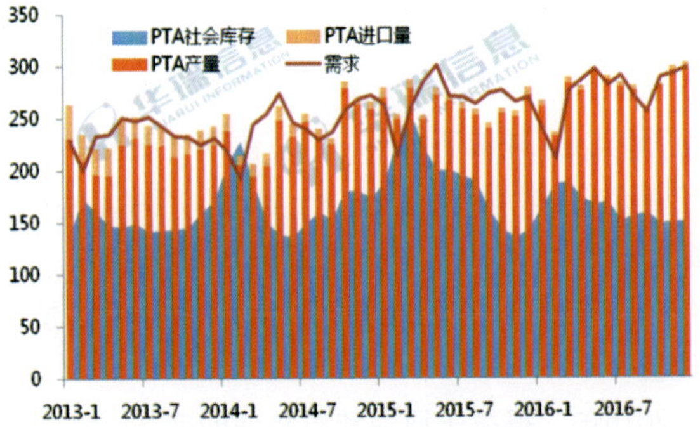

资料来源：华瑞信息

表2 2012～2016年中国PTA生产消费情况

年份	2012年	2013年	2014年	2015年	2016年
PTA产能(万吨)	3298	3328	4348	4693	4613
PTA产量(万吨)	2035	2605	2818	3104	3310
进口量(万吨)	537	274	116	75	50
出口量(万吨)	1	13	46	62	69.4
表观消费量(万吨)	2571	2866	2888	3117	3291
进口依存度(%)	21	10	4	2	1.5

资料来源：华瑞信息

需求方面，2016年1～12月聚酯同比增量在4.2%，PTA产量增幅在6.6%附近，加上1～12月国内PTA出口增幅有限，增量仅在7.2万吨附近。2016年1～12月PTA社会库存上升幅度在5万～10万吨区间，见表2。

三、2016年乙二醇（MEG）市场运行分析

图3 2007～2016年MEG内外盘价格走势

左轴：MEG内盘现货均价（元/吨）

右轴：MEG外盘现货均价（美元/吨）

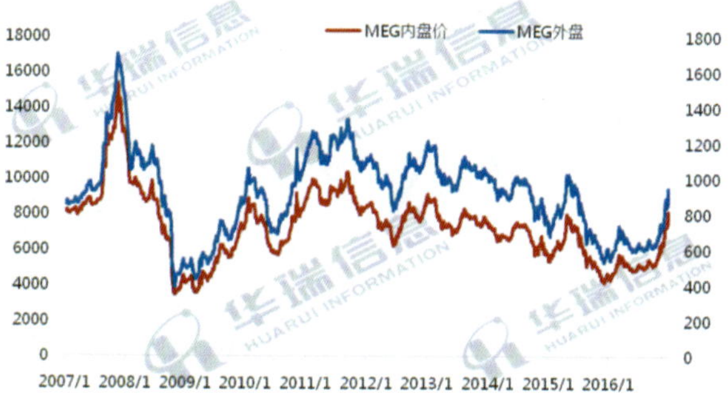

资料来源：华瑞信息

图4 2016年MEG内外盘价格走势图

左轴：MEG内盘现货均价（元/吨）

右轴：MEG外盘现货均价（美元/吨）

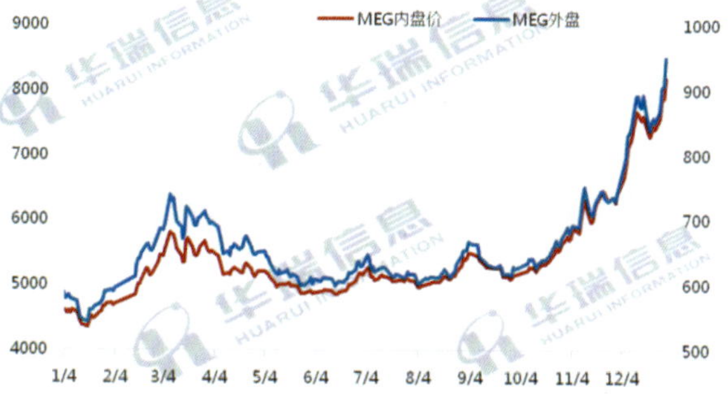

资料来源：华瑞信息

2016年MEG重心平台抬升明显，其中上半年价格冲高回落，下半年价格震荡上行，10月起市场重心快速拉升。今年市场涨跌过程中宏观面与市场基本面的共振效果比较明显。一季度，供应商在经历了2015年下半年持续下跌的行情后，多采取减量供应策略。供应端收紧刺激下，MEG价格大幅反弹。二季度，MEG高位回落，受基本面因素影响较小，部分时段甚至与基本面预期背道而驰，而更多的是在资金主导下受到外围商品以及原油价格走势的波动。下半年，MEG价格重心坚挺上行，其中三季度受G20影响价格重心维持区间震荡；四季度在商品市场回暖、基本面偏强以及MEG期货上市消息的共同提振下，MEG市场重心大幅走高。

2016年的MEG市场出现一些转变：

第一，还是融资情况的恶化。2016年全年市场融资活跃度不高，加上部分时段乙二醇内外盘倒挂价差高于其他品种，如苯乙烯等，因而不少做融资的国内贸易商操作量下降。

第二，贸易环境的转变。随着国产货的普及，人民币合约有所增加，2016年聚酯工厂的合约货比例提升明显。在价格涨跌过程中，聚酯工厂多谨慎观望，追涨杀跌的动作甚少，这个导致了人民币方面操作缩量。此外，2016年前三季度市场行情波动区间较窄，特别是二三季度随着价格回落至平台震荡，市场多空的选择相对僵持，在基本面及外围都没有方向性的引导下，资金选择离场观望。

第三，市场供需结构好转。国外供应商在经历了2015年下半年持续下跌的行情后，多采取减量供应策略，2016年MEG进口同比缩量明显。国内市场，由于EO价格持续处于高位，中石化、中石油等装置进行EO/EG的负荷调整，加之2016年新增装置多为煤制，新增产量有限。供应端大幅收缩下，2016年MEG长时间内处于去库存通道，至11月底社会库存再创近五年新低。

第四，全年价格前低后高。外商缩量供应下，2016年初MEG触底反弹，市场重心大幅上行。二季度MEG展开回调，主要是在资金主导下受到外围商品以及原油价格走势的波动。10月起，受MEG期货上市消息影响，MEG贸易心态回暖明显，价格重心大幅上行。同时由于下半年大部分时间MEG基本面的表现强势，导致其一度成为套利操作中被做多的品种。

2016年MEG经历“N”字行情，上半年乙二醇强势上涨后震荡回落，上涨行情从1月至5月，历时5个月左右；6～9月为震荡调整格局；四季度开始基本为单边上涨行情。

1～3月乙二醇底部抬升明显，市场影响因素主要在于成本端及供需结构两方面。一月前半月价格受到外围宏观波动及成本面塌陷影响比较明显；一月下半月起随着供应端装置意外的不断显现，SABIC宣布下限供应，陶氏、壳牌、伊朗、三江及富德等装置变动。这使得市场对于一季度的MEG供需结构开始重新审视，市场情绪也因此而开始发生转变。基本面配合下的资金拉涨行为，使得市场成交放量，部分场外资金纷纷参与，市场情绪也急剧回暖。

4～5月，MEG趋势性下跌成为主基调，期间市场受基本面因素影响较小，部分时段甚至与基本面预期背道而驰，而更多的是在资金主导下受到外围商品以及原油价格走势的波动。由于个别贸易主体（资金）的参与，乙二醇场内多空洗盘加剧，缺乏趋势性行情及价格波动风险、频率加剧的情况下很多场内资金趋于观望，市场成交有所缩量。

6～9月，MEG价格开启平台式震荡调整，价格重心基本维持在5000～5500元/吨区间内，主要为宏观、大宗商品的展开弱势回调以及MEG短期供需结构良好的情绪影响。8月受远洋货延迟抵港，部分货源污染，以及萧绍地区聚酯工厂提前执行合约影响，市场内可流通现货持续趋紧，买气支撑下价格重心回升，宁波方向个别贸易商接盘积极，适量多单进场。9月，G20后聚酯工厂开工不及预期，基本面去库存预期弱化，贸易商获利了结以及止损出局明显。

10～12月，MEG市场重心坚挺上行，市场重心从5200元/吨上涨至8200元/吨水平，贸易商跟进积极。宏观面来看，原油市场表现强势、黑色系商品上行，MEG市场信心有所提振。10～11月主要受MEG上市消息影响，市场交投活跃度明显提升，买盘跟进积极。12月，中东方面乙二醇装置运行相对不畅，供应端提振下MEG价格大幅攀升。此外年底补票以及部分存合约缺口的贸易商补货需求也有所显现。基本面来看，四季度MEG持续处于去库存状态，POY、FDY、DTY等产品库存均处于年内低位，聚酯产业各环节效益分配良好，产业链运行较为顺畅。

但从全年看来，2016年1～12月CCF MEG内外盘平均价分别在5420.27元/吨、661.07美元/吨，较2015年同期分别下降了562.95元/吨、113.05美元/吨。

图5 2003～2016年年均价走势图

左轴：MEG内盘现货年均价（元/吨）

右轴：MEG外盘年现货均价（美元/吨）

资料来源：华瑞信息

聚酯产品类

一、2016年聚酯市场运行分析

2016年，国内经济增速有所企稳，虽然实体经济仍未有明显回暖，但在流动性资金带动下，房地产市场有所复苏，大宗商品价格止跌反弹。从聚酯环节来看，虽然行业依然处于景气周期的相对低谷，但有回暖迹象。今年聚酯需求端总体保持低速平稳增长，但供应端产能增速进一步放缓，而且在经历了近几年低迷期之后，行业继续洗牌，已有部分长期亏损工厂或装置陆续退出市场，整体供需格局或有适度改观。

今年，原油止跌反弹，同时国内供给侧结构改革初显成效，大宗商品价格开始反弹，聚酯成本端总体稳中小幅抬升，聚酯产品价格同样逐步摆脱低位，出现一定上涨。

从产业链上下游来看，今年行业格局有所转变，虽然上游PX继续保持相对强势，但PTA受自身格局压制明显，从盈利能力来看，PX效益继续改善，PTA效益出现下滑，而聚酯环节较比2015年明显改观。从现金流来看，聚酯各产品效益较比2015年均有改善，其中涤纶长丝尤为明显，今年除半光切片微亏以外，其余各产品现金流均为盈利。

2015年底聚酯产能为4515万吨，2016年新增产能为173万吨，加上原剔除项中15万吨产能开启，据此计算2016年底聚酯名义产能为4703万吨，见表3。然而考虑到长期停车装置的影响，其中118万吨暂不计入聚酯产能统计口径，因此2016年有效产能修正为4585万吨，若该装置重新开启，则在重启后的下一月初重新计入产能统计口径。根据有效产能4585万吨计算，当年聚酯负荷为80.9%。

2016年底，全国聚酯有效产能达到4585万吨，较2015年底增长1.6%，产能增速继续放缓；全年聚酯负荷在80.88%，较2015年小幅回升。

2016年全国聚酯产量达到3680万吨，较2015年增加150万吨，同比增长4.2%。

2016年聚酯市场整体企稳后反弹，一方面，随着原油及大宗商品低位反弹，聚酯成本端逐步抬升，另一方面，聚酯自身产能增速继续放缓，加之春节、G20期间装置大幅减产，供需格局有所好转，价格逐步反弹，尤其进入下半年，随着聚酯低库存以及终端需求回升带动，产品效益大幅改善。

一季度，聚酯市场低位反弹，一方面，原油创新低后大幅反弹，加之在资金面宽松刺激下，商品期货全线反弹，聚酯成本端逐步上移，另一方面，受春节期间聚酯工厂大幅减产利好，聚酯产品价格一度涨幅达到500～800元/吨，但随后原油冲高回落，加之需求端跟进动力一般，产品价格高位小幅回落。

二季度，聚酯市场震荡回落，一方面上游聚酯原料冲高回落，聚酯成本平台下移，另一方面终端需求持续疲软，聚酯产销低迷，工厂库存压力上升，产品价格重心逐步下跌，5月聚酯产品整体跌幅达到400～500元/吨。

表3 2011～2016年我国聚酯产能产量表

年份	2011年	2012年	2013年	2014年	2015年	2016年
聚酯产能（万吨）	3200	3700	4105	4418	4515	4585
聚合体产量（万吨）	2720	2980	3205	3268	3530	3680
聚酯进口量（万吨）	70.8	68.4	73.4	72.4	67.1	66.9
聚酯出口量（万吨）	292.3	323.7	415.9	498.3	499.8	547.2
聚酯负荷（%）	90.8	86.4	82.1	76.7	79	80.9

资料来源：华瑞信息

注 ①2016年数据为初步估算值，其中2016年底产能统计口径剔除118万吨，剔除之前的产能在4703万吨，增速在4.16%。
②聚酯负荷=当年聚酯产量/当年及前一年底聚酯产能的平均值
③聚酯进/出口量=涤纶长丝+涤纶短纤+聚酯切片+聚酯瓶片+聚酯薄膜，统计口径包含原生和再生，表观消费量根据此口径同步调整。

三季度，聚酯市场小幅上涨，G20成为市场炒作热点，虽然受原油连续下跌以及商品氛围走弱，聚酯原料震荡走弱，但聚酯产品方面，随着峰会临近，在物流因素炒作下，聚酯产品迎来一波上涨，整体涨幅在200～300元/吨，但峰会结束后，终端表现略偏弱势，加之峰会期间聚酯工厂库存有所上升，产品价格有所回落。

四季度，聚酯市场继续走强，一方面原油大涨带动，加之国内商品期货表现强势，聚酯原料成本端逐步上移，另一方面终端需求明显回暖，聚酯产销持续良好，工厂库存降至低位，产品价格逐步上推，尤其涤丝产品涨幅较为明显，现金流效益继续改善。

图6 2016年聚酯市场产品价格走势

左轴：半光切片、POY150/48（元/吨）

右轴：PTA、MEG（元/吨）

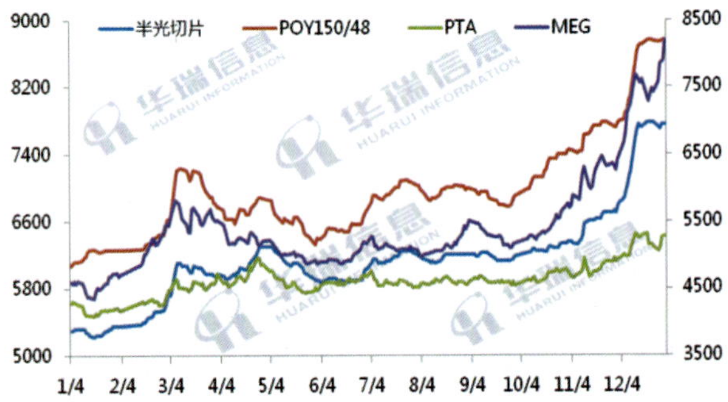

资料来源：华瑞信息

回顾2016年聚酯市场的运行，主要呈现以下特点：产能增速放缓，效益明显改善，库存大幅下降，负荷稳步回升。

（一）产能增速持续放缓

2016年聚酯产能增长在1.6%，较比2015年增速进一步放缓。从近几年来看，虽然聚酯新投装置依然不少，但较前期已有明显放缓，局部新投产时间持续推后，且随着行业经历几年低迷期，部分长期亏损工厂或装置陆续退出市场，实际有效产能增加不多。

图7 2007～2016年聚酯产能增速

单位：%

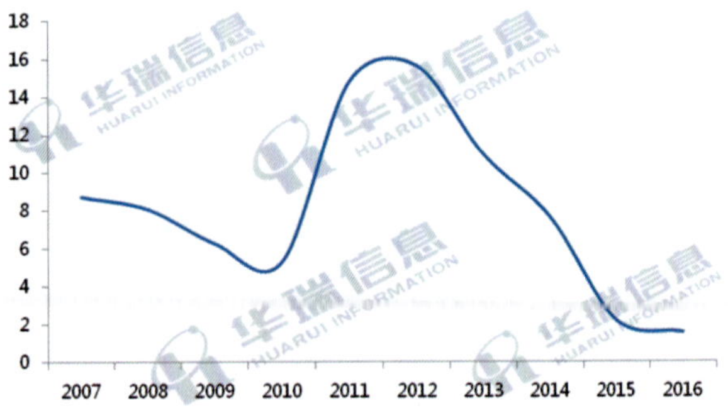

资料来源：华瑞信息

随着2010～2012年的投资高峰期逐步过去，近几年聚酯产能增速持续放缓，2015年、2016年连续两年聚酯有效产能增速已降至2%附近，为近10年以来低点。

（二）效益明显改善

2016年，聚酯产品效益明显改善，尤其进入下半年，各产品均处于盈利状态。一方面，聚酯自身供需格局改善，供应端新增产能不多，加之春节期间、G20峰会期间聚酯工厂大幅减产，聚酯供应端增长放缓，加之聚酯需求端增长总体维持；另一方面，今年PTA格局依然弱势，导致聚酯原料上涨空间受限，使得聚酯环节从中得到了较好的加工价差区间。

图8 2014～2016年聚酯各产品现金流对比

单位：元/吨

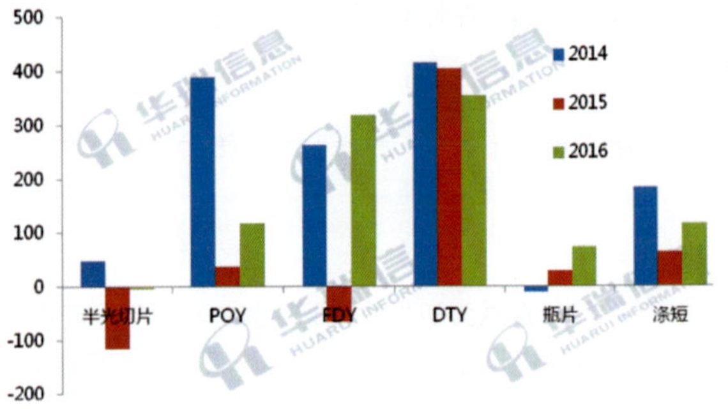

资料来源：华瑞信息

2016年聚酯各产品效益均有改善，全年来看，除半光切片微亏以外，其余各产品均为盈利，其中涤纶FDY效益改善尤为明显，另外涤纶POY、涤纶短纤、聚酯瓶片效益同样有较大增幅，而半光切片也大幅减亏。

（三）库存持续下降

2016年聚酯各产品库存较前几年均有下降，上半年库存相对较高，但进入下半年，聚酯产品处于去库存阶段，尤其G20峰会后，部分产品库存甚至降至历史低位水平。一方面受春节以及G20峰会影响，聚酯工厂大幅减产；另一方面，需求端略有回暖，尤其今年受大宗商品反弹带动，下游备货意愿明显增加。

图9 2013～2016年聚酯产品年均库存指数

单位：天

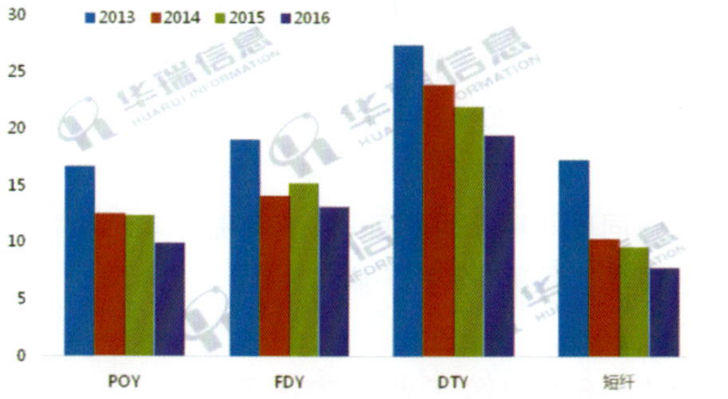

资料来源：华瑞信息

从年均数据来看，2016年聚酯各产品库存较比2015年平均下降2～3天不等，而较2013年高点更是下降6～10天不等。

（四）负荷稳步回升

2016年聚酯负荷继续小幅回升，从年均负荷来看，整体较比2015年上升1～2个百分点，其中春节以及G20峰会期间正好是全年两个低点，其中春节期间因聚酯工厂主动减产，2月聚酯负荷一度降至60%附近，而G20峰会期间萧绍地区聚酯工厂被动减产，负荷降至65%以下，其余时段，聚酯负荷保持在80%附近或偏上水平。

图10 2014～2016年聚酯负荷走势

单位：%

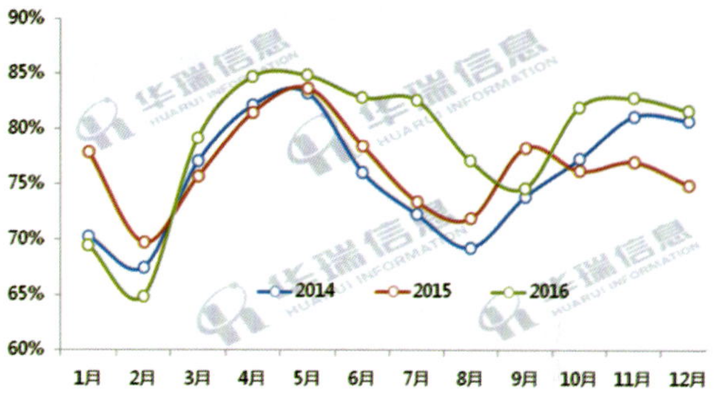

资料来源：华瑞信息

从月均负荷来看，近几年聚酯负荷呈缓慢回升，2016年除春节和G20期间聚酯负荷低于往年，其余时段月均负荷均为几年来高点。

二、2016年聚酯切片市场运行分析

图11 2016年聚酯切片现货价格走势

单位：元/吨

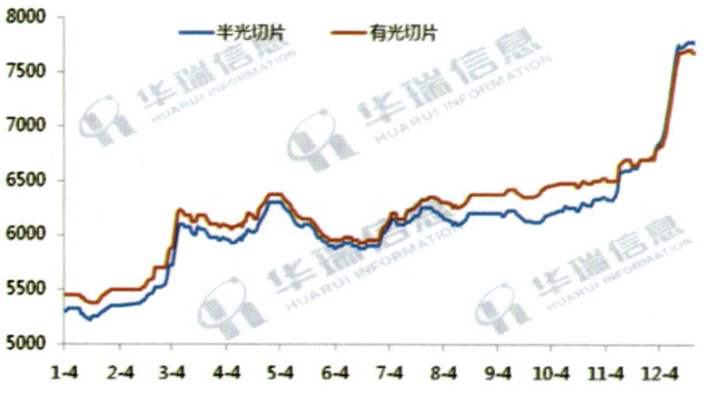

资料来源：华瑞信息

据统计，2016年全年CCF半光切片的均价为6160元/吨，相比2015年CCF半光切片均价6293元/吨，下跌133元/吨，跌幅在2.11%；2016全年CCF有光切片均价为6266元/吨，相比2015年有光切

片均价6341元/吨，下跌75元/吨，跌幅在1.18%。

2016年聚酯切片市场运行略有好转，价格止跌反弹，效益适度改善。一方面，聚酯市场整体供需格局适度好转，另一方面，下游切片纺运行趋稳，差别化产品生产效益尚可。2016年受原油及大宗商品反弹，聚酯产品价格重心逐步抬升，聚酯切片价格同步反弹，值得一提的是，今年有光切片表现相对较好，受供需偏紧影响，全年平均价格较半光切片升水100～150元/吨，全年来看有光切片现金流实现盈利。

三、2016年聚酯瓶片市场运行分析

图12 2015～2016年华东聚酯水瓶片和FOB中国出口价格走势图

左轴：华东水瓶片(元/吨)

右轴：出口价格(美元/吨，FOB中国主港)

资料来源：华瑞信息

2016年，国内聚酯瓶片现货价格从历史低位逐步震荡上行，高点出现在四季度，低点出现在一季度。

四、2016年涤纶长丝运行分析

2016年全年涤纶长丝产量在2330万吨，较2015年增长96万吨，同比增长4.3%

2016年涤纶长丝综合开工率上半年低于2015年同期，而下半年则基本高于2015年同期。

从2015～2016年的涤丝库存走势对比来看，今年5月中旬之前，涤丝库存要高于2015年同期，但5月下旬之后，涤丝库存整体呈下降走势，明显低于2015年同期水平。

图13 2015～2016年直纺POY库存走势对比图

单位：天

资料来源：华瑞信息

从聚酯原料成本（原料成本=0.86×PTA现货+0.34×MEG现货）来看，2015年聚酯原料平均成本为6010元/吨，2016年为5814元/吨，相比下，今年聚酯原料成本下降了196元/吨。2016年涤纶长丝整体效益同比2015年明显回升，尤其是今年下半年，涤丝现金流利润一直处于偏高水平。

五、2016年涤纶工业丝市场回顾

2016年涤纶工业丝市场走势与2015年相似，也是呈现高开低走的态势，但是相对2015年而言，2016年工业丝产品价格更稳定，波动幅度要明显小于2015年。上半年尤其是3月以后产品效益有明显提升，但进入7月以后，产品效益开始快速下滑。2016年产能扩张明显减缓，部分老旧装置逐渐淘汰，新增产能也多为中小型装置，行业集中度继续提升。整体现货价格表现为在跟随原料端价格波动变化的情况下，工业丝工厂更注重负荷的调节与库存的控制，减少了工业丝产品的价格波动性，下半年行业开工负荷明显下滑，一方面是受到G20停产

的影响，另一方面是面对传统淡季，工业丝主流工厂主动的调节负荷应对效益的萎缩。年内下游市场需求逐渐下滑，尤其四季度传统淡季再次陷入低迷，2016年工业丝下游市场需求增速总体上与2015年持平，内外需市场都维持了比较平稳的增长。

六、2016年涤纶短纤运行分析

2016年直纺涤短价格震荡走高。由CCF价格指数来看，年初为6230元/吨，年底为8420元/吨，涨幅2190元/吨（35.2%）。全年波动幅度为2410元/吨。

图14 半光1.4旦直纺涤短价格走势

单位：元/吨

资料来源：华瑞信息

1～2月春节期间，在原油及聚酯原料震荡影响下，直纺涤短整体在6100～6400元/吨区间窄幅震荡。

3月商品市场大涨，直纺涤短快速跟涨原料，从3月初到3月中，直纺涤短快速拉涨，从6300～6400元/吨附近大幅涨至7100～7200元/吨附近，短短半个月左右涨幅达11.4%。但之后，在市场总体资金撤离商品的大背景下，涤短开始震荡下滑。尽管4月下半月纺涤短出现300元/吨左右的反弹，但总体趋势仍以疲软下行为主，至6月初跌至6500～6600元/吨附近，跌幅8%左右。之后整个6月直纺涤短在6600元/吨附近窄幅震荡。7月在前期棉花大涨刺激下，涤纱生产以及需求转好，带动了直纺涤短需求，直纺涤短量价齐升，前期短纤工厂库存快速转移，价格也再次快速上行，本次涨幅在5.3%。8～9月在棉花价格下跌，以及下游消耗前期库存等情况下，直纺涤短再度震荡下滑。

随着下半年旺季需求恢复、以及资金面再度流转至商品市场，带动黑色系等商品上涨，和成本的推动，直纺涤短再度迎来下半年量价转好的阶段，销售好转，价格上扬。中间虽有小幅调整，但总体震荡上行趋势至11月底仍在延续。至11月底，国内直纺涤短主流成交价在7350～7450元/吨附近，已创年内新高。

12月直纺涤短在原料EG、PTA连番大幅上涨推动下进入快速跳涨阶段，而这也与10～11月涤短销售顺畅，工厂普遍无成品库存的良好背景息息相关，并且12月下游涤纱跟涨迅速，成本转嫁十分顺畅。至年底，原料高位回落，直纺涤短进入高位盘整状态。整个12月直纺涤短涨幅达1045元/吨，占全年涨幅的47.7%。

（撰稿人：高建江 陆迪峰 袁媛 施佳平等）

CNTAC

2016/2017 中国纺织工业发展报告

2016/2017 CHINA TEXTILE INDUSTRY DEVELOPMENT REPORT

统计资料

国内统计

表1　2016年国民经济主要指标

指标名称 Indicators	单位 Unit	数值 Volume	比上年增长(%) Percentage Change over Previous Year
国内生产总值 GDP	亿元 100 million yuan	744127	6.7
规模以上工业企业实现利润 Gained Profit of Enterprises above Designated Size	亿元 100 million yuan	68803	8.5
其中：国有及国有控股企业 State-owned and State-controlling Enterprises	亿元 100 million yuan	11751	6.7
全部工业增加值 All Industrial Added Value	亿元 100 million yuan	247860	6.0
其中：规模以上企业增加值 Added Value of Enterprises above Designated Size	亿元 100 million yuan		6.0
其中：国有及国有控股企业 State-owned and State-controlled Enterprises	亿元 100 million yuan		2.0
集体企业 Collective-owned Enterprises	亿元 100 million yuan		-1.3
股份制企业 Stock Enterprises	亿元 100 million yuan		6.9
外商及港澳台投资企业 Foreign, Hong Kong, Macao and Taiwan Invested Enterprises	亿元 100 million yuan		4.5
私营企业 Private Enterprises	亿元 100 million yuan		7.5
其中：采矿业 Mining and Quarrying	亿元 100 million yuan		-1.0
制造业 Manufacturing	亿元 100 million yuan		6.8
电力、燃气和水的生产和供应业 Production and Distribution of Electricity, Gas and Water	亿元 100 million yuan		5.5
全社会完成固定资产投资 Total Fixed Assets Investment in the Whole Country	亿元 100 million yuan	606466	7.9
固定资产投资（不含农户） Fixed Assets Investment Excluding Rural Household	亿元 100 million yuan	596501	8.1
全年社会消费品零售总额 Social Consumable Retail Total Amount	亿元 100 million yuan	332316	10.4
全国居民消费价格指数 National Residents' Consumption Price Index	上年=100		102.0
全国城镇居民人均可支配收入 National Urban Residents' Disposable Income Per Capita	元 RMB YUAN	33616	7.8
全国农村居民人均纯收入 National Rural Residents' Net Income Per Capita	元 RMB YUAN	12363	8.2
全年货物进出口总额 Imports and Exports Total Value	亿元 100 million yuan	243386	-0.9

Table3—2 Textile Industry Main indicators by Industrial Sectors in 2016 (Enterprises above Designated Size)

单位：万元
Unit：10,000 yuan

主营业务成本 Cost of Principle Business			销售费用 Sales Expenses			管理费用 Management Expenses		
本月止累计 Current Year	去年累计 Previous Year	同比(%) Compared Ratio	本月止累计 Current Year	去年累计 Previous Year	同比(%) Compared Ratio	去年累计 Previous Year	去年累计 Previous Year	同比(%) Compared Ratio
11564009	11009824	5.03	156847	140646	11.52	391287	357001	9.60
9490182	9143328	3.79	124620	111686	11.58	277598	259321	7.05
2073827	1866496	11.11	32226	28960	11.28	113689	97680	16.39
28818978	27576758	4.50	583789	571857	2.09	1028155	988453	4.02
21773404	20629113	5.55	422203	405916	4.01	749641	715926	4.71
2411147	2514724	−4.12	66334	75897	−12.60	95196	102642	−7.25
4634427	4432921	4.55	95252	90045	5.78	183318	169885	7.91
23698887	22952287	3.25	680986	634017	7.41	805787	770134	4.63
11954388	11404844	4.82	402432	383816	4.85	451983	419262	7.80
5595775	5591166	0.08	95650	93256	2.57	121136	127830	−5.24
2115127	2091713	1.12	39298	36791	6.81	81526	78696	3.60
4033597	3864562	4.37	143607	120155	19.52	151142	144347	4.71
26620379	25167499	5.77	727445	677799	7.32	1173829	1084381	8.25
13422993	12423211	8.05	393410	370150	6.28	585856	563360	3.99
2682881	2387679	12.36	75155	66403	13.18	99700	84910	17.42
5161335	5250598	−1.70	87128	81657	6.70	182155	164411	10.79
2128684	2070514	2.81	58269	52642	10.69	128229	105888	21.10
3224486	3035498	6.23	113483	106947	6.11	177889	165812	7.28

表3-3 2016年纺织工业经济指标分行业完成情况（规模以上全行业）

行业 Industrial Sectors	企业户数 Number of Enterprises	亏损企业数 Number of Loss-making Enterprises	亏损面(%) Proportion of Loss-making Enterprises	主营业务收入 Reveneue from Principal Business		
				本月止累计 Current Year	去年累计 Previous Year	同比(%) Compared Ratio
纺织服装、服饰业 Garment and Accessory Manufacturing	15715	1668	10.61	236050909	225038009	4.01
机织服装制造 Woven Garment Manufacturing	10885	1127	10.35	179298518	172032977	4.22
针织或钩针编织服装制造 Knitted Garment Manufacturing	3434	421	12.26	42581083	40602316	4.87
服饰制造 Garment Accessory Manufacturing	1396	120	8.60	14171309	13003316	8.98
化学纤维制造业 Chemical Fiber Manufacturing	1887	307	16.27	76627967	73887603	3.71
纤维素纤维原料及纤维制造 Cellulose Fiber (Raw Material) and Fiber Manufacture	336	40	11.90	22405207	20761837	7.92
化纤浆粕制造 Pulp Sector	69	13	18.84	2603846	2273349	14.54
人造纤维（纤维素纤维）制造 Man-made Fiber (Cellulose Fiber) Sector	267	27	10.11	19801361	18488488	7.10
合成纤维制造 Synthetic Fiber Manufacturing	1551	267	17.21	54222759	53125766	2.06
锦纶制造 Polyamide Fiber Sector	194	31	15.98	8304898	7684473	8.07
涤纶制造 Polyester Fiber Sector	764	124	16.23	36984383	36858259	0.34
腈纶制造 Acrylic Fiber Sector	15	3	20.00	934026	845944	10.41
维纶制造 Polyvinyl Fiber Sector	10	3	30.00	445879	453240	-1.62
丙纶制造 Polypropylene Fiber Sector	43	4	9.30	624767	535765	16.61
氨纶制造 Polyurethane Fiber Sector	54	16	29.63	2238394	2182868	2.54
其他合成纤维制造 Other Synthetic Fiber Sector	471	86	18.26	4690414	4565215	2.74
纺织专用设备制造 Textile Machinery Manufacturing	677	91	13.44	11646995	11588229	0.51

Table3—3 Textile Industry Main indicators by Industrial Sectors in 2016 (Enterprises above Designated Size)

单位：万元
Unit:10,000 yuan

主营业务成本 Cost of Principle Business			销售费用 Sales Expenses			管理费用 Management Expenses		
本月止累计 Current Year	去年累计 Previous Year	同比(%) Compared Ratio	本月止累计 Current Year	去年累计 Previous Year	同比(%) Compared Ratio	去年累计 Previous Year	去年累计 Previous Year	同比(%) Compared Ratio
203178990	193751295	4.87	7676509	7386804	3.92	9309465	8928798	4.26
153900612	147119564	4.61	6213090	6036147	2.93	6975630	6684861	4.35
36998492	35411400	4.48	989761	929452	6.49	1806210	1759403	2.66
12279886	11220331	9.44	473658	421205	12.45	527625	484535	8.89
68880412	66712271	3.25	961593	880845	9.17	2250749	2115226	6.41
19583744	18218021	7.50	410561	385351	6.54	742534	710355	4.53
2291777	2019354	13.49	39108	37426	4.50	86705	78821	10.00
17291967	16198667	6.75	371453	347925	6.76	655829	631534	3.85
49296668	48494250	1.65	551032	495494	11.21	1508215	1404871	7.36
7407266	6825955	8.52	89752	76493	17.33	233355	214998	8.54
33899928	34067775	−0.49	304442	285793	6.53	954475	894609	6.69
837535	742329	12.83	21585	19150	12.72	32688	31586	3.49
368079	384535	−4.28	13959	12736	9.60	42897	44213	−2.97
549753	475935	15.51	17643	15159	16.39	20227	17750	13.95
1912124	1771683	7.93	58391	49452	18.08	116552	107216	8.71
4321983	4226039	2.27	45260	36712	23.28	108022	94500	14.31
9833876	9790514	0.44	310415	315925	−1.74	618325	625789	−1.19

表3-4 2016年纺织工业经济指标分行业完成情况（规模以上全行业）

行 业 Industrial Sectors	财务费用 Financial Expenses			其中：利息支出 (Include) Interest		
	本月止累计 Current Year	去年累计 Previous Year	同比(%) Compared Ratio	本月止累计 Current Year	去年累计 Previous Year	同比(%) Compared Ratio
纺织行业 The Overall Textile Industry	7405090	7682649	−3.61	6305072	6698663	−5.88
纺织业 Textile	4418629	4615509	−4.27	3942310	4105193	−3.97
棉纺织及印染精加工 Cotton Textile & Dyeing, Printing and Finishing Process	2885934	3064242	−5.82	2701753	2760523	−2.13
棉纺纱加工 Cotton Spinning Sector	1967007	2057158	−4.38	1836594	1809300	1.51
棉织造加工 Cotton Weaving Sector	563814	606082	−6.97	526257	559881	−6.01
棉印染精加工 Cotton Textile Dyeing, Printing and Finishing Sector	355113	401003	−11.44	338902	391342	−13.40
毛纺织及染整精加工 Wool Textile & Dyeing, Printing and Finishing Process	288993	295633	−2.25	248567	256485	−3.09
毛条和毛纱线加工 Wool Top and Yarn Processing Sector	187497	192839	−2.77	163634	169257	−3.32
毛织造加工 Wool Weaving Sector	79949	83267	−3.98	67768	69658	−2.71
毛染整精加工 Wool Textile Dyeing, Printing and Finishing Sector	21547	19527	10.35	17165	17570	−2.30
麻纺织及染整精加工 Bast Fiber Textile & Dyeing, Printing and Finishing Process	68770	68044	1.07	49246	54992	−10.45
麻纤维纺前加工和纺纱 Bast Fiber Prespinning Processing & Spinning Sector	38214	38659	−1.15	26171	31511	−16.94
麻织造加工 Bast Fiber Weaving Sector	28096	26476	6.12	20604	20381	1.09
麻染整精加工 Bast Fiber Textile Dyeing, Printing and Finishing Sector	2460	2909	−15.44	2471	3101	−20.32
丝绢纺织及印染精加工 Silk and Schappe Textile & Dyeing, Printing and Finishing Process	132167	129476	2.08	107438	113688	−5.50
缫丝加工 Filature Sector	69881	71301	−1.99	57216	61041	−6.27
绢纺和丝织加工 Schappe Spinning & Silk Weaving Sector	52938	48574	8.98	41976	42912	−2.18
丝印染精加工 Silk Printing, Dyeing and Finishing Sector	9347	9601	−2.64	8247	9735	−15.29

Table3–4 Textile Industry Main indicators by Industrial Sectors in 2016 (Enterprises above Designated Size)

单位：万元
Unit:10,000 yuan

利润总额 Total Profit			亏损企业亏损额 Total Loss of Loss–making Enterprises			资产总计 Total Assets		
本月止累计 Current Year	去年累计 Previous Year	同比增减 Change	本月止累计 Current Year	去年累计 Previous Year	同比(%) Compared Ratio	去年累计 Previous Year	去年累计 Previous Year	同比(%) Compared Ratio
6778089	38311874	1723866	1720417	1842910	–6.65	467384333	447300070	4.49
4244017	21201075	740127	770365	867394	–11.19	247263773	237558194	4.09
2816368	13143026	399767	484853	578905	–16.25	150454639	144109578	4.40
1848560	8024021	198831	269254	359569	–25.12	87092159	82068163	6.12
574583	3248271	100219	107439	113298	–5.17	37311329	36477133	2.29
393225	1870733	100717	108160	106038	2.00	26051151	25564282	1.90
325221	1161815	9860	67129	86497	–22.39	17236193	16665809	3.42
188902	675500	–16869	35718	44571	–19.86	10308308	9916649	3.95
118532	373103	13180	22064	35402	–37.68	5499084	5384167	2.13
17788	113212	13549	9347	6524	43.27	1428801	1364993	4.67
54931	351908	–29811	11937	8729	36.74	3634642	3736652	–2.73
31757	185616	–33822	3651	2232	63.57	1683127	1775008	–5.18
20073	164698	3083	7579	4929	53.75	1874393	1882882	–0.45
3101	1594	929	707	1568	–54.92	77122	78761	–2.08
113723	664231	30486	24939	32162	–22.46	7404790	7036896	5.23
62050	382043	32061	14961	22144	–32.44	3642988	3504545	3.95
42464	249515	–15083	7703	6988	10.22	2837467	2785981	1.85
9208	32674	13508	2275	3030	–24.91	924334	746370	23.84

表3-5 2016年纺织工业经济指标分行业完成情况（规模以上全行业）

行业 Industrial Sectors	财务费用 Financial Expenses			其中：利息支出 (Include) Interest		
	本月止累计 Current Year	去年累计 Previous Year	同比(%) Compared Ratio	本月止累计 Current Year	去年累计 Previous Year	同比(%) Compared Ratio
化纤织造及印染精加工 Filament Weaving & Dyeing, Printing and Finishing Process	176929	188809	−0.29	130450	156073	11.70
化纤织造加工 Filament Weaving Sector	132603	143512	−7.60	107501	119513	−10.05
化纤织物染整精加工 Filament Fabric Dyeing, Printing and Finishing Sector	44326	45297	−2.14	30958	37461	−17.36
针织或钩针编织物及其制品制造 Knitting and Braiding Textiles	424560	425881	−0.31	346927	383207	−9.47
针织或钩针编织物织造 Knitted and Braided Fabric Processing Sector	334271	340603	−1.86	276693	305938	−9.56
针织或钩针编织物印染精加工 Knitted and Braided Fabric Dyeing, Printing and Finishing Sector	21244	19910	6.70	14833	17183	−13.67
针织或钩针编织品制造 Knitted and Braided Products Manufacturing Sector	69045	65368	5.63	55401	60086	−7.80
家用纺织制成品制造 Home Textile Made−Ups Manufacturing	169177	179682	−5.85	145649	159189	−8.51
床上用品制造 Bed Linen Manufacturing Sector	74963	79162	−5.30	69925	72243	−3.21
毛巾类制品制造 Towel Manufacturing Sector	46648	54144	−13.85	33385	40808	−18.19
窗帘、布艺类产品制造 Curtain Manufacturing Sector	15157	15726	−3.62	18048	20286	−11.03
其他家用纺织制成品制造 Other Home Textile Made−ups Sector	32410	30650	5.74	24292	25852	−6.04
非家用纺织制成品制造 Non−Home Textile Made−Ups Manufacturing	272100	263742	3.17	204271	220136	−7.21
非织造布制造 Nonwoven Fabric Sector	126912	129106	−1.70	96907	104433	−7.21
绳、索、缆制造 Rope, Cords & Cables Large and Thick Rope Sector	25420	22760	11.69	9485	11185	−15.20
纺织带和帘子布制造 Belt and Cord Fabric Sector	66501	63113	5.37	50886	54685	−6.95
篷、帆布制造 Canvas Manufacturing Sector	15388	15533	−0.93	16697	19221	−13.13
其他非家用纺织制成品制造 Other Non−Home Textile Made−ups Sector	37879	33232	13.98	30297	30613	−1.03

Table3—5 Textile Industry Main indicators by Industrial Sectors in 2016 (Enterprises above Designated Size)

单位：万元
Unit:10,000 yuan

利润总额 Total Profit			亏损企业亏损额 Total Loss of Loss—making Enterprises			资产总计 Total Assets		
本月止累计 Current Year	去年累计 Previous Year	同比增减 Change	本月止累计 Current Year	去年累计 Previous Year	同比(%) Compared Ratio	去年累计 Previous Year	去年累计 Previous Year	同比(%) Compared Ratio
663437	639784	23653	53137	43909	21.02	10737739	10830066	−0.85
536956	520581	16375	46131	37272	23.77	8517361	8681076	−1.89
126481	119203	7278	7006	6637	5.56	2220378	2148990	3.32
1940129	1868214	71915	53167	37239	42.77	23642305	22879081	3.34
1251276	1163860	87416	41295	30102	37.18	17654500	17082350	3.35
368047	382679	−14633	5305	4500	17.90	2446545	2357628	3.77
320807	321674	−868	6567	2637	149.01	3541259	3439103	2.97
1697267	1609054	88213	38879	34657	12.18	15182190	14623363	3.82
874015	835336	38679	17290	12201	41.72	7628865	7232049	5.49
398863	365159	33704	7015	4620	51.85	3542268	3527973	0.41
150680	127422	23258	1500	9110	−83.54	1346165	1395622	−3.54
273710	281137	−7427	13074	8727	49.81	2664893	2467719	7.99
1909087	1763043	146043	36326	45296	−19.80	18971276	17676749	7.32
993471	917889	75583	10610	18718	−43.32	9112601	8384044	8.69
193190	179239	13950	5628	5159	9.10	1338497	1277210	4.80
329429	343986	−14557	3958	7490	−47.15	4329817	4177318	3.65
158027	114726	43300	4737	4950	−4.32	1610371	1475161	9.17
234970	207203	27767	11393	8979	26.88	2579991	2363015	9.18

表3-6 2016年纺织工业经济指标分行业完成情况（规模以上全行业）

行业 Industrial Sectors	财务费用 Financial Expenses			其中：利息支出 (Include) Interest		
	本月止累计 Current Year	去年累计 Previous Year	同比(%) Compared Ratio	本月止累计 Current Year	去年累计 Previous Year	同比(%) Compared Ratio
纺织服装、服饰业 Garment and Accessory Manufacturing	1628322	1547359	5.23	1187254	1274137	-0.02
机织服装制造 Woven Garment Manufacturing	1238365	1173713	5.51	891991	946833	-5.79
针织或钩针编织服装制造 Knitted Garment Manufacturing	296848	284880	4.20	217398	241183	-9.86
服饰制造 Garment Accessory Manufacturing	93109	88766	4.89	77865	86121	-9.59
化学纤维制造业 Chemical Fiber Manufacturing	1244007	1401159	-11.22	1080369	1214519	-11.05
纤维素纤维原料及纤维制造 Cellulose Fiber (Raw Material) and Fiber Manufacture	462857	509257	-9.11	369251	418187	-11.70
化纤浆粕制造 Pulp Sector	66849	65235	2.47	35910	36153	-0.67
人造纤维（纤维素纤维）制造 Man-made Fiber (Cellulose Fiber) Sector	396008	444021	-10.81	333341	382034	-12.75
合成纤维制造 Synthetic Fiber Manufacturing	781151	891902	-12.42	711118	796332	-10.70
锦纶制造 Polyamide Fiber Sector	147424	149627	-1.47	118267	119721	-1.21
涤纶制造 Polyester Fiber Sector	513710	587565	-12.57	493531	546958	-9.77
腈纶制造 Acrylic Fiber Sector	26343	33959	-22.43	24506	34786	-29.55
维纶制造 Polyvinyl Fiber Sector	8349	15031	-44.46	8413	12407	-32.19
丙纶制造 Polypropylene Fiber Sector	6548	6600	-0.78	4602	5199	-11.49
氨纶制造 Polyurethane Fiber Sector	42685	58343	-26.84	32804	41143	-20.27
其他合成纤维制造 Other Synthetic Fiber Sector	36091	40778	-11.49	28997	36118	-19.72
纺织专用设备制造 Textile Machinery Manufacturing	114132	118623	-3.79	95139	104815	-9.23

Table3—6 Textile Industry Main indicators by Industrial Sectors in 2016 (Enterprises above Designated Size)

单位：万元
Unit:10,000 yuan

利润总额 Total Profit			亏损企业亏损额 Total Loss of Loss—making Enterprises			资产总计 Total Assets		
本月止累计 Current Year	去年累计 Previous Year	同比增减 Change	本月止累计 Current Year	去年累计 Previous Year	同比(%) Compared Ratio	去年累计 Previous Year	去年累计 Previous Year	同比(%) Compared Ratio
13647128	13333449	313679	533669	431149	23.78	139553746	131144004	6.41
10563264	10492220	71044	411560	317507	29.62	105565166	98640634	7.02
2320299	2104394	215905	86681	81906	5.83	25178576	24507012	2.74
763565	736835	26730	35428	31736	11.63	8810004	7996358	10.18
3664391	3057188	607203	355904	462884	−23.11	70452809	68662993	2.61
1333765	1070629	263136	48968	91071	−46.23	23162523	22408488	3.36
134731	70165	64566	12495	34899	−64.20	2544351	2446363	4.01
1199034	1000464	198570	36473	56173	−35.07	20618172	19962125	3.29
2330626	1986559	344067	306936	371813	−17.45	47290287	46254505	2.24
433629	409354	24275	36557	61958	−41.00	6596197	6512028	1.29
1523886	1133436	390450	199407	263256	−24.25	31822340	31396206	1.36
36848	31133	5715	2236	3079	−27.40	1279771	1074702	19.08
15492	231	15261	1502	15885	−90.54	976132	921690	5.91
22653	24968	−2316	10041	1644	510.95	325326	312371	4.15
129623	229423	−99801	39638	10023	295.47	3488840	3315952	5.21
168496	158014	10482	17556	15969	9.94	2801681	2721556	2.94
783020	720163	62857	60480	81483	−25.78	10114005	9934879	1.80

表3-7　2016年纺织工业经济指标分行业完成情况（规模以上全行业）

行业 Industrial Sectors	其中：流动资产合计 Total Working Capitals			其中：应收帐款 (Include) Net Receivables		
	本月止累计 Current Year	去年累计 Previous Year	同比(%) Compared Ratio	本月止累计 Current Year	去年累计 Previous Year	同比(%) Compared Ratio
纺织行业 The Overall Textile Industry	244315605	234759833	4.07	53707000	50376130	6.77
纺织业 Textile	126432908	121519069	4.04	26935561	26006282	3.57
棉纺织及印染精加工 Cotton Textile & Dyeing, Printing and Finishing Process	73940491	70666714	4.63	13302056	13103601	1.51
棉纺纱加工 Cotton Spinning Sector	40242620	37636861	6.92	5518966	5518008	0.02
棉织造加工 Cotton Weaving Sector	20337926	19856154	2.43	4542722	4292544	5.83
棉印染精加工 Cotton Textile Dyeing, Printing and Finishing Sector	13359945	13173700	1.41	3240368	3293049	-1.60
毛纺织及染整精加工 Wool Textile & Dyeing,Printing and Finishing Process	10169162	9839729	3.35	2461724	2251289	9.35
毛条和毛纱线加工 Wool Top and Yarn Processing Sector	6393894	6239678	2.47	1581699	1424245	11.06
毛织造加工 Wool Weaving Sector	3026478	2890463	4.71	680293	632287	7.59
毛染整精加工 Wool Textile Dyeing,Printing and Finishing Sector	748790	709589	5.52	199731	194757	2.55
麻纺织及染整精加工 Bast Fiber Textile & Dyeing,Printing and Finishing Process	1741638	1742341	-0.04	328506	330178	-0.51
麻纤维纺前加工和纺纱 Bast Fiber Prespinning Processing & Spinning Sector	791446	782522	1.14	121850	125110	-2.61
麻织造加工 Bast Fiber Weaving Sector	922930	932169	-0.99	200780	199694	0.54
麻染整精加工 Bast Fiber Textile Dyeing,Printing and Finishing Sector	27262	27650	-1.40	5876	5375	9.33
丝绢纺织及印染精加工 Silk and Schappe Textile & Dyeing, Printing and Finishing Process	3955866	3776042	4.76	813266	786486	3.41
缫丝加工 Filature Sector	1953789	1806446	8.16	329473	312123	5.56
绢纺和丝织加工 Schappe Spinning & Silk Weaving Sector	1612719	1603178	0.60	387457	387624	-0.04
丝印染精加工 Silk Printing, Dyeing and Finishing Sector	389357	366419	6.26	96337	86739	11.07

Table3-7 Textile Industry Main indicators by Industrial Sectors in 2016 (Enterprises above Designated Size)

单位：万元
Unit:10,000 yuan

存货 Inventory			其中：产成品 (Include)Manufactured Products			负债合计 Total Liabilities		
本月止累计 Current Year	去年累计 Previous Year	同比增减 Change	本月止累计 Current Year	去年累计 Previous Year	同比(%) Compared Ratio	去年累计 Previous Year	去年累计 Previous Year	同比(%) Compared Ratio
64202409	63733849	0.74	29459030	29504413	−0.15	239661398	232928467	2.89
35242019	34655490	1.69	15126369	15131577	−0.03	128397054	123849123	3.67
20526818	20267629	1.28	8342427	8556817	−2.51	77760564	74742733	4.04
12340399	12103872	1.95	4478915	4672139	−4.14	44337663	41140711	7.77
5333000	5274962	1.10	2735058	2696494	1.43	18751865	18862604	−0.59
2853420	2888795	−1.22	1128455	1188184	−5.03	14671036	14739418	−0.46
3862937	3882608	−0.51	1719783	1666195	3.22	9485415	9071469	4.56
2482650	2445609	1.51	1132337	1126831	0.49	5812191	5521014	5.27
1132253	1201182	−5.74	451233	422021	6.92	2903117	2798973	3.72
248034	235816	5.18	136214	117344	16.08	770108	751482	2.48
618015	627103	−1.45	344400	332849	3.47	1573723	1545339	1.84
246394	243232	1.30	119340	113018	5.59	663875	594126	11.74
364103	372979	−2.38	223820	218069	2.64	875741	912030	−3.98
7517	10891	−30.98	1240	1762	−29.63	34107	39183	−12.95
1381495	1283767	7.61	645902	628041	2.84	3786879	3679623	2.91
763605	708577	7.77	334255	331264	0.90	1951437	1929587	1.13
545244	507414	7.46	278923	267170	4.40	1337487	1340769	−0.24
72646	67776	7.19	32723	29607	10.53	497956	409268	21.67

表3-8 2016年纺织工业经济指标分行业完成情况（规模以上全行业）

行 业 Industrial Sectors	其中：流动资产合计 Total Working Capitals			其中：应收账款 (Include) Net Receivables		
	本月止累计 Current Year	去年累计 Previous Year	同比(%) Compared Ratio	本月止累计 Current Year	去年累计 Previous Year	同比(%) Compared Ratio
化纤织造及印染精加工 Filament Weaving & Dyeing, Printing and Finishing Process	5896050	5847842	0.82	1553802	1450000	6.66
化纤织造加工 Filament Weaving Sector	4946035	4904864	0.84	1292384	1187714	8.81
化纤织物染整精加工 Filament Fabric Dyeing, Printing and Finishing Sector	950015	942978	0.75	261418	269095	−2.85
针织或钩针编织物及其制品制造 Knitting and Braiding Textiles	12267493	11869113	3.36	3479782	3424402	1.62
针织或钩针编织物织造 Knitted and Braided Fabric Processing Sector	9480169	9115397	4.00	2757143	2746583	0.38
针织或钩针编织物印染精加工 Knitted and Braided Fabric Dyeing, Printing and Finishing Sector	954569	934231	2.18	176652	176180	0.27
针织或钩针编织品制造 Knitted and Braided Products Manufacturing Sector	1832755	1819486	0.73	545987	501640	8.84
家用纺织制成品制造 Home Textile Made–Ups Manufacturing	8335946	8177060	1.94	2143841	2037629	5.21
床上用品制造 Bed Linen Manufacturing Sector	4377811	4214610	3.87	1296645	1223076	6.02
毛巾类制品制造 Towel Manufacturing Sector	1834331	1796285	2.12	236559	241488	−2.04
窗帘、布艺类产品制造 Curtain Manufacturing Sector	824528	912126	−9.60	196374	224060	−12.36
其他家用纺织制成品制造 Other Home Textile Made–ups Sector	1299276	1254039	3.61	414263	349005	18.70
非家用纺织制成品制造 Non–Home Textile Made–Ups Manufacturing	10126263	9600227	5.48	2852584	2615888	9.05
非织造布制造 Nonwoven Fabric Sector	4629652	4295349	7.78	1411739	1321503	6.83
绳、索、缆制造 Rope, Cords & Cables Large and Thick Rope Sector	584182	587186	−0.51	167304	163681	2.21
纺织带和帘子布制造 Belt and Cord Fabric Sector	2508892	2406338	4.26	573359	508480	12.76
篷、帆布制造 Canvas Manufacturing Sector	1014759	943025	7.61	251794	210061	19.87
其他非家用纺织制成品制造 Other Non–Home Textile Made–ups Sector	1388778	1368330	1.49	448388	412163	8.79

Table3—8 Textile Industry Main indicators by Industrial Sectors in 2016 (Enterprises above Designated Size)

单位：万元
Unit：10,000 yuan

存货 Inventory			其中：产成品 (Include)Manufactured Products			负债合计 Total Liabilities		
本月止累计 Current Year	去年累计 Previous Year	同比增减 Change	本月止累计 Current Year	去年累计 Previous Year	同比(%) Compared Ratio	去年累计 Previous Year	去年累计 Previous Year	同比(%) Compared Ratio
1567065	1492217	5.02	792294	759307	4.34	6633631	6599020	0.52
1368540	1293876	5.77	720211	686694	4.88	5179003	5144187	0.68
198525	198340	0.09	72083	72614	−0.73	1454628	1454833	−0.01
2836939	2803834	1.18	1321949	1257808	5.10	12704743	12297454	3.31
2252512	2220877	1.42	1052244	994357	5.82	9862743	9523957	3.56
160483	163300	−1.72	76933	79075	−2.71	1004382	987261	1.73
423944	419657	1.02	192773	184376	4.55	1837619	1786237	2.88
2225450	2206849	0.84	968047	997830	−2.98	7447047	7341935	1.43
1121232	1089938	2.87	529224	513034	3.16	3518888	3388984	3.83
480402	495213	−2.99	198712	237768	−16.43	1736254	1795358	−3.29
263552	282281	−6.63	90770	101599	−10.66	786645	805095	−2.29
360265	339417	6.14	149341	145429	2.69	1405260	1352497	3.90
2223300	2091484	6.30	991568	932729	6.31	9005051	8571551	5.06
991181	882011	12.38	429906	386000	11.37	4055297	3723820	8.90
144299	153254	−5.84	67005	68708	−2.48	448351	445401	0.66
498929	500369	−0.29	228636	218771	4.51	2498935	2453767	1.84
281513	258936	8.72	121747	116868	4.17	835515	846892	−1.34
307378	296914	3.52	144275	142383	1.33	1166952	1101671	5.93

表3-9 2016年纺织工业经济指标分行业完成情况（规模以上全行业）

行 业 Industrial Sectors	其中：流动资产合计 Total Working Capitals			其中：应收账款 (Include) Net Receivables		
	本月止累计 Current Year	去年累计 Previous Year	同比(%) Compared Ratio	本月止累计 Current Year	去年累计 Previous Year	同比(%) Compared Ratio
纺织服装、服饰业 Garment and Accessory Manufacturing	78949350	75489517	4.58	20747970	18203002	13.98
机织服装制造 Woven Garment Manufacturing	58915872	56728266	3.86	14862103	12835394	15.79
针织或钩针编织服装制造 Knitted Garment Manufacturing	15127425	14317448	5.66	4490433	4097110	9.60
服饰制造 Garment Accessory Manufacturing	4906053	4443803	10.40	1395440	1271158	9.78
化学纤维制造业 Chemical Fiber Manufacturing	33437534	32328445	3.43	4749594	4772037	−0.47
纤维素纤维原料及纤维制造 Cellulose Fiber (Raw Material) and Fiber Manufacture	10740118	9469143	13.42	1383010	1330820	3.92
化纤浆粕制造 Pulp Sector	1136537	1067029	6.51	181446	208988	−13.18
人造纤维（纤维素纤维）制造 Man−made Fiber (Cellulose Fiber) Sector	9603580	8402114	14.30	1201565	1121832	7.11
合成纤维制造 Synthetic Fiber Manufacturing	22697417	22859302	−0.71	3366584	3441217	−2.17
锦纶制造 Polyamide Fiber Sector	3495172	3597833	−2.85	605202	601980	0.54
涤纶制造 Polyester Fiber Sector	14947286	15238104	−1.91	1917183	1995387	−3.92
腈纶制造 Acrylic Fiber Sector	618188	506184	22.13	85171	59913	42.16
维纶制造 Polyvinyl Fiber Sector	219967	191211	15.04	51903	39625	30.99
丙纶制造 Polypropylene Fiber Sector	217205	213585	1.70	50245	47127	6.62
氨纶制造 Polyurethane Fiber Sector	1605889	1554779	3.29	269836	304841	−11.48
其他合成纤维制造 Other Synthetic Fiber Sector	1593710	1557605	2.32	387042	392345	−1.35
纺织专用设备制造 Textile Machinery Manufacturing	5495813	5422802	1.35	1354869	1394159	−2.82

Table3—9 Textile Industry Main indicators by Industrial Sectors in 2016 (Enterprises above Designated Size)

单位：万元
Unit：10,000 yuan

存货 Inventory			其中：产成品 (Include) Manufactured Products			负债合计 Total Liabilities		
本月止累计 Current Year	去年累计 Previous Year	同比增减 Change	本月止累计 Current Year	去年累计 Previous Year	同比(%) Compared Ratio	去年累计 Previous Year	去年累计 Previous Year	同比(%) Compared Ratio
20162971	19829590	1.68	10410755	9995358	4.16	65652726	62058959	5.79
14936887	14700351	1.61	8255587	7896220	4.55	48655383	45144622	7.78
3987990	3938371	1.26	1638821	1583339	3.50	12835423	12957078	−0.94
1238094	1190868	3.97	516347	515800	0.11	4161920	3957259	5.17
7542313	7928493	−4.87	3455143	3904500	−11.51	40142272	41765579	−3.89
2808346	2898512	−3.11	931483	1030108	−9.57	13715211	13813893	−0.71
328042	330331	−0.69	109111	105240	3.68	1793002	1781155	0.67
2480304	2568181	−3.42	822372	924868	−11.08	11922209	12032738	−0.92
4733967	5029982	−5.89	2523660	2874392	−12.20	26427061	27951686	−5.45
783406	794640	−1.41	456513	500576	−8.80	4194630	4091954	2.51
3090007	3393318	−8.94	1574861	1863440	−15.49	17699693	19435996	−8.93
104957	98041	7.05	65032	58345	11.46	816631	758116	7.72
57974	54437	6.50	31706	28935	9.57	564924	531582	6.27
41578	36053	15.33	15640	13523	15.65	189183	189240	−0.03
306606	332909	−7.90	194673	227058	−14.26	1406546	1363085	3.19
349440	320585	9.00	185236	182515	1.49	1555456	1581711	−1.66
1255106	1320276	−4.94	466763	472978	−1.31	5469347	5254807	4.08

表3-10 2016年纺织工业经济指标分行业完成情况（规模以上全行业）

行 业 Industrial Sectors	出口交货值 Export Delivered Value		
	本月止累计 Current Year	去年累计 Previous Year	同比(%) Compared Ratio
纺织行业 The Overall Textile Industry	92439360	93326695	−0.95
纺织业 Textile	36549270	36429805	0.33
棉纺织及印染精加工 Cotton Textile & Dyeing, Printing and Finishing Process	15092769	15128068	−0.23
棉纺纱加工 Cotton Spinning Sector	4426494	4266969	3.74
棉织造加工 Cotton Weaving Sector	5555186	5370465	3.44
棉印染精加工 Cotton Textile Dyeing, Printing and Finishing Sector	5111089	5490634	−6.91
毛纺织及染整精加工 Wool Textile & Dyeing,Printing and Finishing Process	2030044	2041353	−0.55
毛条和毛纱线加工 Wool Top and Yarn Processing Sector	974272	962524	1.22
毛织造加工 Wool Weaving Sector	844442	864888	−2.36
毛染整精加工 Wool Textile Dyeing,Printing and Finishing Sector	211330	213942	−1.22
麻纺织及染整精加工 Bast Fiber Textile & Dyeing,Printing and Finishing Process	573309	568309	0.88
麻纤维纺前加工和纺纱 Bast Fiber Prespinning Processing & Spinning Sector	161434	159660	1.11
麻织造加工 Bast Fiber Weaving Sector	400563	396992	0.90
麻染整精加工 Bast Fiber Textile Dyeing,Printing and Finishing Sector	11312	11657	−2.96
丝绢纺织及印染精加工 Silk and Schappe Textile & Dyeing, Printing and Finishing Process	939468	957700	−1.90
缫丝加工 Filature Sector	392493	397345	−1.22
绢纺和丝织加工 Schappe Spinning & Silk Weaving Sector	495933	507606	−2.30
丝印染精加工 Silk Printing, Dyeing and Finishing Sector	51042	52748	−3.23

Table3-11 Textile Industry Main indicators by Industrial Sectors in 2016 (Enterprises above Designated Size)

单位：万元
Unit:10,000 yuan

行 业 Industrial Sectors	出口交货值 Export Delivered Value		
	本月止累计 Current Year	去年累计 Previous Year	同比(%) Compared Ratio
化纤织造及印染精加工 Filament Weaving & Dyeing, Printing and Finishing Process	1283382	1294364	-0.85
化纤织造加工 Filament Weaving Sector	1105160	1109347	-0.38
化纤织物染整精加工 Filament Fabric Dyeing, Printing and Finishing Sector	178222	185018	-3.67
针织或钩针编织物及其制品制造 Knitting and Braiding Textiles	5381450	5618237	-4.21
针织或钩针编织物织造 Knitted and Braided Fabric Processing Sector	4415751	4626291	-4.55
针织或钩针编织物印染精加工 Knitted and Braided Fabric Dyeing, Printing and Finishing Sector	109747	120566	-8.97
针织或钩针编织品制造 Knitted and Braided Products Manufacturing Sector	855952	871380	-1.77
家用纺织制成品制造 Home Textile Made-Ups Manufacturing	5992884	5886063	1.81
床上用品制造 Bed Linen Manufacturing Sector	3380595	3205069	5.48
毛巾类制品制造 Towel Manufacturing Sector	975747	973092	0.27
窗帘、布艺类产品制造 Curtain Manufacturing Sector	810091	884876	-8.45
其他家用纺织制成品制造 Other Home Textile Made-ups Sector	826450	823027	0.42
非家用纺织制成品制造 Non-Home Textile Made-Ups Manufacturing	5255965	4935711	6.49
非织造布制造 Nonwoven Fabric Sector	2609494	2466382	5.80
绳、索、缆制造 Rope, Cords & Cables Large and Thick Rope Sector	445905	417036	6.92
纺织带和帘子布制造 Belt and Cord Fabric Sector	805062	668603	20.41
篷、帆布制造 Canvas Manufacturing Sector	840453	798966	5.19
其他非家用纺织制成品制造 Other Non-Home Textile Made-ups Sector	555050	584725	-5.07

表3-12 2016年纺织工业经济指标分行业完成情况（规模以上全行业）
Table3-12 Textile Industry Main indicators by Industrial Sectors in 2016 (Enterprises above Designated Size)

单位：万元
Unit:10,000 yuan

行业 Industrial Sectors	出口交货值 Export Delivered Value		
	本月止累计 Current Year	去年累计 Previous Year	同比(%) Compared Ratio
纺织服装、服饰业 Garment and Accessory Manufacturing	50239532	51591700	-2.62
机织服装制造 Woven Garment Manufacturing	33062116	34534102	-4.26
针织或钩针编织服装制造 Knitted Garment Manufacturing	13934942	13870355	0.47
服饰制造 Garment Accessory Manufacturing	3242475	3187250	1.73
化学纤维制造业 Chemical Fiber Manufacturing	4981156	4606665	8.13
纤维素纤维原料及纤维制造 Cellulose Fiber (Raw Material) and Fiber Manufacture	2064835	1797303	14.89
化纤浆粕制造 Pulp Sector	120836	109819	10.03
人造纤维（纤维素纤维）制造 Man-made Fiber (Cellulose Fiber) Sector	1943999	1687484	15.20
合成纤维制造 Synthetic Fiber Manufacturing	2916321	2809362	3.81
锦纶制造 Polyamide Fiber Sector	276146	321078	-13.99
涤纶制造 Polyester Fiber Sector	1928475	1904423	1.26
腈纶制造 Acrylic Fiber Sector	212155	119218	77.96
维纶制造 Polyvinyl Fiber Sector	72442	62396	16.10
丙纶制造 Polypropylene Fiber Sector	21932	23614	-7.12
氨纶制造 Polyurethane Fiber Sector	220807	220502	0.14
其他合成纤维制造 Other Synthetic Fiber Sector	184364	158132	16.59
纺织专用设备制造 Textile Machinery Manufacturing	669401	698519	-4.17

表4 2016年纺织工业产量汇总表（规模以上全行业）

序号 Number	名称 Products	单位 Unit	本年累计 Current Year	累计同比(%) Percentage Change over Previous Year
1	纱 Yarn	万吨 10,000 ton	3733	5.50
2	布 Cloth	万米 10,000 meters	7144621	2.68
3	印染布 Dyed and Printed Fabric	万米 10,000 meters	5336963	3.27
4	绒线（毛线）Wool Yarn	吨 ton	412012	3.27
5	毛机织物（呢绒）Woolen Fabrics	万米 10,000 meters	59079	-7.23
6	亚麻布(含亚麻≥55%) Linen Fabrics	万米 10,000 meters	28112	-6.42
7	苎麻布（含苎麻≥55%） Ramie Fabrics	万米 10,000 meters	54613	-1.34
8	蚕丝 Silk	吨 ton	158382	0.51
9	其中：绢纺丝 Schappe Silk	吨 ton	8987	-6.89
10	蚕丝及交织机织物(含蚕丝≥50%) Silk Textile	万米 10,000 meters	66756	5.82
11	蚕丝被 Silk Quilt	万条 10,000 pieces	2074	-14.62
12	非织造布 Nonwoven	吨 ton	5783502	6.83
13	帘子布 Cord Fabric	吨 ton	851958	9.17
14	服装 Garments	万件 10,000 pieces	3145223	-1.64

Table4 Main Products Output of Textile Industry in 2015 (Enterprises above Designated Size)

序号 Number	名称 Products	单位 Unit	本年累计 Current Year	累计同比(%) Percentage Change over Previous Year
15	机织服装 Woven Clothes	万件 10,000 pieces	1702623	−2.76
16	其中：羽绒服装 Down & Feather Clothes	万件 10,000 pieces	33358	−5.29
17	西服套装 Suits	万件 10,000 pieces	56752	−5.52
18	衬衫 Shirts	万件 10,000 pieces	102225	−3.96
19	针织服装 Knit Clothes	万件 10,000 pieces	1442706	−0.26
20	化学纤维用浆粕 Pulp for Man-made Fiber	吨 ton	1541866	−9.39
21	化学纤维 Chemical Fiber	万吨 10,000 ton	4944	2.32

表5-1 2016年纺织工业产量分地区汇总表（规模以上全行业）

省市	Region	布(万米) Cloth(10,000 meters)		印染布（万米） Dyed and Printed Fabric (10,000 meters)		绒线（毛线）（吨） Knitting Wool (ton)	
		本年累计 Current Year	累计同比(%) Percentage Change over Previous Year	本年累计 Current Year	累计同比(%) Percentage Change over Previous Year	本年累计 Current Year	累计同比(%) Percentage Change over Previous Year
全　国	National Total	7144621.33	2.68	5336963	3.27	412012	3.27
北京市	Beijing					100	62.03
天津市	Tianjin	24279.09	10.65	490	-39.18	1998	2.04
河北省	Hebei	709553.15	1.25	61999	74.81	85857	4.87
山西省	Shanxi	4175.88	-11.35	14365	3.19	55	45.42
内　蒙	Inner Mongolia					13328	7.41
辽宁省	Liaoning	15552.20	-24.45	9434	2.28	2519	-47.53
吉林省	Jilin	3000.25	-17.58				
黑龙江	Heilongjiang	741.00	-25.83				
上海市	Shanghai	9475.93	23.69	2584	6.22		
江苏省	Jiangsu	914552.46	4.76	670388	2.39	115751	1.09
浙江省	Zhejiang	1490840.76	-0.31	3220936	1.99	34842	-1.47
安徽省	Anhui	165400.39	7.15	27828	1.11	2016	-9.47
福建省	Fujian	816013.98	8.16	476695	13.23	1984	-7.64
江西省	Jiangxi	134572.36	1.97	9142	48.18		
山东省	Shandong	1169582.25	5.09	299803	4.85	64988	5.67
河南省	Henan	257849.70	-0.22	27091	-7.53	61457	14.99
湖北省	Hubei	784907.40	1.56	44995	2.51		
湖南省	Hunan	40054.93	4.76	5803	16.15		
广东省	Guangdong	270968.52	-7.48	379957	-5.45	23972	-4.02
广　西	Guangxi						
海南省	Hainan						
重庆市	Chongqing	44929.79	-7.26	9822	3.28	918	13.47
四川省	Sichuan	189117.23	3.71	70103	22.65		
贵州省	Guizhou	2863.71	-36.56	23			
云南省	Yunnan	104	-11.86	3115	4.57		
西　藏	Tibet						
陕西省	Shaanxi	80358.46	9.56	2392	-18.66		
甘肃省	Gansu					516	-42.27
青海省	Qinghai						
宁　夏	Ningxia	939				1450	24.40
新　疆	Xinjiang	14788.92	236.72			254	-7.86

Table5—1 Main Products Output of Textile Industry by Provinces in 2016 (Enterprises above Designated Size)

毛机织物（呢绒）（万米） Woolen Fabrics (10,000 meters)		亚麻布（万米） Linen (10,000 meters)		苎麻布（万米） Ramie Fabrics (10,000 meters)	
本年累计 Current Year	累计同比(%) Percentage Change over Previous Year	本年累计 Current Year	累计同比(%) Percentage Change over Previous Year	本年累计 Current Year	累计同比(%) Percentage Change over Previous Year
59079	−7.23	28112	−6.42	54613	−1.34
1	−97.61				
30	−48.63				
738	−15.34	1625	0.87		
1278	1.38				
		6686	0.46		
43	−76.19				
24309	−8.60	13925	0.52		
7107	−20.20	663	−24.66		
210	11.64	2020	−17.96		
3856	9.70			37780	6.18
13951	−1.23	1858	−36.29	50	−1.45
829	57.43				
3099	1.60	362	14.69	1697	−6.24
		55	−85.54	10068	−25.52
178	−15.24				
403	−77.65			4025	15.34
480	9.75			994	10.59
		918	−5.03		
8					
532	11.98				
1177	85.12				
390	−0.26				

表5–2 2016年纺织工业产量分地区汇总表（规模以上全行业）

省 市	Region	蚕丝（吨）Silk (ton)		绢纺丝(吨) Schappe Silk (ton)		蚕丝及交织物（万米）Silk Textile (10,000 meters)	
		本年累计 Current Year	累计同比(%) Percentage Change over Previous Year	本年累计 Current Year	累计同比(%) Percentage Change over Previous Year	本年累计 Current Year	累计同比(%) Percentage Change over Previous Year
全 国	National Total	158382	0.51	8987	−6.89	66756	5.82
北京市	Beijing						
天津市	Tianjin						
河北省	Hebei						
山西省	Shanxi	52	−36.29				
内 蒙	Inner Mongolia						
辽宁省	Liaoning	1509	−17.78			13	−74.00
吉林省	Jilin						
黑龙江	Heilongjiang						
上海市	Shanghai					5	83.82
江苏省	Jiangsu	25333	−2.08	1149	20.54	10481	14.22
浙江省	Zhejiang	14000	−11.57	5180	−22.02	20471	−4.12
安徽省	Anhui	6069	−24.67			7400	1.45
福建省	Fujian						
江西省	Jiangxi	7244	8.35			205	10.27
山东省	Shandong	1903	−11.37			1789	3.60
河南省	Henan	1293	30.47			1185	12.11
湖北省	Hubei	1077	13.23				
湖南省	Hunan						
广东省	Guangdong	2240	−17.77				
广 西	Guangxi	47568	1.81	1518	23.74	1703	−25.80
海南省	Hainan						
重庆市	Chongqing	5051	9.20	613	46.58	2100	5.26
四川省	Sichuan	33289	13.95	40	−17.73	20761	18.55
贵州省	Guizhou	772	30.01	85	37.49		
云南省	Yunnan	4656	6.34	402	33.60	249	−0.28
西 藏	Tibet						
陕西省	Shaanxi	6327	−7.94			88	−7.63
甘肃省	Gansu						
青海省	Qinghai					308	219.22
宁 夏	Ningxia						
新 疆	Xinjiang						

Table5-2 Main Products Output of Textile Industry by Provinces in 2016 (Enterprises above Designated Size)

蚕丝被(万条) Silk Quilt (10,000 pieces)		非织造布(吨) Nonwoven Fabric (ton)		帘子布(吨) Cord fabric (ton)	
本年累计 Current Year	累计同比(%) Percentage Change over Previous Year	本年累计 Current Year	累计同比(%) Percentage Change over Previous Year	本年累计 Current Year	累计同比(%) Percentage Change over Previous Year
2074	-14.62	5783502	6.83	851958	9.17
		30249	4.08		
		143212	-2.67		
1		257	-11.38		
3	-87.40	46045	-8.69		
		983	4.13		
		4691	-69.36		
37	-10.60	45287	-9.11		
444	10.53	474343	7.94	188866	14.71
317	-7.89	884554	13.56	162616	14.02
1	-96.85	315141	15.67	22268	32.12
1	-94.12	373213	17.39	8202	-26.80
87	13.83	173101	10.68		
299	-14.71	946500	5.60	315009	3.48
405	-31.92	211062	19.21	81376	26.23
159	-5.84	408227	2.78	3420	-46.00
61	-5.93	131696	-1.68		
67	-1.84	292024	10.51	70202	0.51
11	2.73	1152530	1.81		
		14958	10.56		
19	7.94	10064	-66.37		
115	-25.06	97336	13.34		
2	-46.33				
46	-0.76				
		335	70.05		
		2053	-15.17		
1		9561	217.33		

表5–3 2016年纺织工业产量分地区汇总表（规模以上全行业）

省 市	Region	服装（万件）Garments (10,000 pieces)		机织服装（万件）Woven Clothes(10,000 pieces)		羽绒服（万件）Down & feather clothes (10,000 pieces)	
		本年累计 Current Year	累计同比(%) Percentage Change over Previous Year	本年累计 Current Year	累计同比(%) Percentage Change over Previous Year	本年累计 Current Year	累计同比(%) Percentage Change over Previous Year
全 国	National Total	3145223	–1.64	1702623	–2.76	33358	–5.29
北京市	Beijing	7707	2.02	3050	–1.05	155	–0.20
天津市	Tianjin	28505	19.18	24722	19.36	5046	20.08
河北省	Hebei	60155	7.09	46041	5.26	8	–93.99
山西省	Shanxi	1749	9.45	1536	17.75		
内 蒙	Inner Mongolia	4996	–2.03	3053	–4.88	10	0.99
辽宁省	Liaoning	20810	–42.22	17140	–43.93	83	–66.02
吉林省	Jilin	22772	–0.29	5478	5.88		
黑龙江	Heilongjiang	4060	–33.18	3992	–34.00	20	–11.19
上海市	Shanghai	40429	–5.99	22621	–2.59	114	–32.00
江苏省	Jiangsu	477074	0.71	358724	1.59	7867	–7.03
浙江省	Zhejiang	401300	0.21	160638	–1.92	2034	–0.79
安徽省	Anhui	117158	–2.16	79369	–3.00	1686	2.41
福建省	Fujian	409647	1.87	142252	–0.20	1950	4.46
江西省	Jiangxi	138364	1.58	90516	–0.29	8970	–10.07
山东省	Shandong	304123	–0.50	101009	–0.57	1679	–17.17
河南省	Henan	227827	–7.45	174687	–10.03	1547	–7.09
湖北省	Hubei	110355	5.06	85686	6.09	343	–30.72
湖南省	Hunan	30823	–2.78	19102	–4.71	370	23.20
广东省	Guangdong	663521	–2.53	311087	–0.10	680	–31.71
广 西	Guangxi	23229	–48.99	16038	–58.33		
海南省	Hainan						
重庆市	Chongqing	12567	2.63	4720	–15.13	215	–0.06
四川省	Sichuan	20310	5.81	17446	7.58	359	–1.23
贵州省	Guizhou	8286	6.17	6546	–1.93	200	–6.93
云南省	Yunnan	1927	–12.28	1652	–17.80		
西 藏	Tibet						
陕西省	Shaanxi	2421	19.60	2067	24.89	22	254.84
甘肃省	Gansu	513	–48.06	301	–57.37		
青海省	Qinghai	656	–9.33	656	–9.33		
宁 夏	Ningxia	1413	8.96	171	–12.98		
新 疆	Xinjiang	2445	51.11	1516	61.28		

Table5—3 Main Products Output of Textile Industry by Provinces in 2016 (Enterprises above Designated Size)

西服套装（万件） Suits (10,000 pieces)		衬衫（万件） Shirts (10,000 pieces)		针织服装（万件） Knit Clothes(10,000 pieces)	
本年累计 Current Year	累计同比(%) Percentage Change over Previous Year	本年累计 Current Year	累计同比(%) Percentage Change over Previous Year	本年累计 Current Year	累计同比(%) Percentage Change over Previous Year
56752	-5.52	102225	-3.96	1442706	-0.26
421	-20.19	499	-4.48	3929	6.12
826	22.03	1670	18.02	3783	18.05
466	-1.65	6231	3.41	14113	13.52
238	1.28	484	15.14	213	-27.41
115	96.80	47	-85.04	1943	2.80
1014	-28.05	1623	20.25	3670	-32.63
30	-4.99	77	-26.95	17294	-2.10
45	-42.58	3392	-32.74	68	146.98
604	-12.09	1469	-18.56	17808	-9.99
14842	2.41	28996	-0.45	118350	-1.86
4947	-4.67	22443	-7.58	240663	1.69
1158	4.82	4923	19.17	37789	-0.36
969	2.66	2454	18.34	267395	3.01
4272	2.84	1937	10.90	47848	5.30
5899	-1.24	4385	-8.57	203114	-0.46
4487	-25.27	2565	8.02	53140	2.16
1561	-7.69	1323	-17.82	24669	1.63
11053	-11.53	790	103.81	11721	0.53
1887	4.82	13114	-15.42	352541	-4.55
361	20.74	2007	17.37	7191	2.03
184	-2.21	612	1.05	7847	17.42
367	8.80	732	-0.93	2863	-3.80
20	-11.91	119	55.68	1741	53.97
121	15.19	152	10.64	276	46.82
310	19.85	74	54.36	354	-4.15
18	-94.52			212	-24.77
346	-12.74	18	37.28		
18	18.53	17	-31.45	1241	12.89
173	101.74	72	29.00	929	37.02

表5-4 2016年纺织工业产量分地区汇总表（规模以上全行业）

Table5-4 Main Products Output of Textile Industry by Provinces in 2016 (Enterprises above Designated Size)

省 市	Region	化学纤维用浆粕（吨）Pulp for Man-made Fiber (ton)	
		本年累计 Current Year	累计同比(%) Percentage Change over Previous Year
全 国	National Total	1541866	-9.39
北京市	Beijing		
天津市	Tianjin		
河北省	Hebei	16624	-87.89
山西省	Shanxi		
内 蒙	Inner Mongolia		
辽宁省	Liaoning		
吉林省	Jilin		
黑龙江	Heilongjiang		
上海市	Shanghai		
江苏省	Jiangsu		
浙江省	Zhejiang	38814	29.20
安徽省	Anhui	238055	-0.40
福建省	Fujian	83961	-4.79
江西省	Jiangxi	68956	23.10
山东省	Shandong	214795	-22.01
河南省	Henan	36406	-32.24
湖北省	Hubei	8990	-77.33
湖南省	Hunan	73761	47.17
广东省	Guangdong		
广 西	Guangxi		
海南省	Hainan		
重庆市	Chongqing		
四川省	Sichuan	274085	2.89
贵州省	Guizhou		
云南省	Yunnan		
西 藏	Tibet		
陕西省	Shaanxi	83848	17.23
甘肃省	Gansu	1740	-86.67
青海省	Qinghai		
宁 夏	Ningxia		
新 疆	Xinjiang	401831	7.21

注 规模以上企业划分标准为年主营业务收入2000万元及以上工业法人企业。

Note: Enterprises above designated size refer to enterprises whose revenue from principle business is over 20 million yuan per year.

资料来源（表1～表5）：国家统计局

Source(Table 1～5): National Bureau of Statistics of China

表6 全国纺织品服装出口贸易总值表

单位：亿美元
Unit：USD 100 million

年度 Year	项目 Item	进出口 Import and Export（亿美元）(USD 100 Million)	出口 Export（亿美元）(USD 100 Million)	进口 Import（亿美元）(USD 100 Million)	贸易差额 Balance of Trade（亿美元）(USD 100 Million)	累计同比（%）Percentage Change over Previous Year		
						进出口 Import and Export	出口 Export	进口 Import
2005年	全国 The Whole Nation	14221.20	7620.00	6601.20	1018.80	23.20	28.40	17.60
2005年	纺织 Textile Industry	1346.34	1175.35	170.99	1004.36	17.90	20.69	1.76
2005年	纺织占全国比重 Textile vs. Nation（%）	9.47	15.42	2.59	98.58			
2006年	全国 The Whole Nation	17606.90	9690.80	7916.10	1774.70	23.80	27.20	20.00
2006年	纺织 Textile Industry	1651.36	1470.85	180.51	1290.34	22.66	25.14	5.57
2006年	纺织占全国比重 Textile vs. Nation（%）	9.38	15.18	2.28	72.71			
2007年	全国 The Whole Nation	21738.30	12180.20	9558.20	2622.00	23.50	25.70	20.80
2007年	纺织 Textile Industry	1943.53	1756.16	187.37	1568.79	17.43	19.11	3.69
2007年	纺织占全国比重 Textile vs. Nation（%）	8.94	14.42	1.96	59.83			
2008年	全国 The Whole Nation	25616.30	14285.50	11330.90	2954.60	17.80	17.20	18.50
2008年	纺织 Textile Industry	2082.70	1896.24	186.46	1709.78	7.16	7.98	−0.49
2008年	纺织占全国比重 Textile vs. Nation（%）	8.13	13.27	1.65	57.87			
2009年	全国 The Whole Nation	22072.66	12016.63	10056.03	1960.61	−13.90	−16.00	−11.20
2009年	纺织 Textile Industry	1882.56	1713.32	169.24	1544.08	−9.61	−9.65	−9.24
2009年	纺织占全国比重 Textile vs. Nation（%）	8.53	14.26	1.68	78.76			
2010年	全国 The Whole Nation	29727.60	15779.30	13948.30	1831.00	34.70	31.30	38.70
2010年	纺织 Textile Industry	2323.21	2120.01	203.20	1916.81	23.46	23.76	20.44
2010年	纺织占全国比重 Textile vs. Nation（%）	7.81	13.44	1.46	104.69			

Table6 China's Import and Export Total Value of Textile and Apparel

单位：亿美元
Unit：USD 100 million

年度 Year	项目 Item	进出口 Import and Export	出口 Export	进口 Import	贸易差额 Balance of Trade	累计同比(%) Percentage Change over Previous Year		
						进出口 Import and Export	出口 Export	进口 Import
2011年	全国 The Whole Nation	36420.60	18986.00	17434.60	1551.40	22.50	20.30	24.90
2011年	纺织 Textile Industry	2772.80	2541.23	231.57	2309.66	19.35	19.87	13.96
2011年	纺织占全国比重 Textile vs. Nation(%)	7.61	13.38	1.33	148.88			
2012年	全国 The Whole Nation	38667.6	20489.40	18178.30	2311.10	6.20	7.90	4.30
2012年	纺织 Textile Industry	2873.64	2625.63	248.01	2377.62	3.64	3.32	7.10
2012年	纺织占全国比重 Textile vs. Nation(%)	7.43	12.81	1.36				
2013年	全国 The Whole Nation	41603.1	22100.20	19502.90	2597.30	7.60	7.90	7.30
2013年	纺织 Textile Industry	3196.20	2920.75	275.45	2645.30	11.22	11.24	11.06
2013年	纺织占全国比重 Textile vs. Nation(%)	7.68	13.22	1.41				
2014年	全国 The Whole Nation	43030.4	23427.50	19602.90	3824.60	3.40	6.10	0.40
2014年	纺织 Textile Industry	3343.33	3069.58	273.75	2795.83	4.60	5.10	−0.62
2014年	纺织占全国比重 Textile vs. Nation(%)	7.77	13.10	1.40				
2015年	全国 The Whole Nation	39586.4	22765.7	16820.7	5945	−8	−2.8	−14.1
2015年	纺织 Textile Industry	3176.92	2911.48	265.44	2646.04	−4.48	−4.78	−1.01
2015年	纺织占全国比重 Textile vs. Nation(%)	8.03	12.79	1.58				
2016年	全国 The Whole Nation	36849.3	20974.4	15874.8	5099.6	−6.8	−7.7	−5.5
2016年	纺织 Textile Industry	2942.99	2701.2	241.79	2459.41	−7.36	−7.22	−8.91
2016年	纺织占全国比重 Textile vs. Nation(%)	7.99	12.88	1.52				

表7 全国纺织品服装分月度进出口贸易总值表

年月 Month/Year	进出口 Import and Export	出口 Export	进口 Import	贸易差额 Balance of Trade	1月至当月累计 From January to This Month			
					进出口 Import and Export	出口 Export	进口 Import	贸易差额 Balance of Trade
2015年1月 01/2015	285.98	263.35	22.63	240.72	285.98	263.35	22.63	240.72
2015年2月 02/2015	238.60	223.49	15.11	208.38	524.57	486.83	37.74	449.09
2015年3月 03/2015	154.41	129.25	25.16	104.09	676.42	614.30	62.12	552.18
2015年4月 04/2015	228.13	204.77	23.36	181.41	904.55	819.07	85.48	733.59
2015年5月 05/2015	261.49	240.34	21.15	219.19	1165.98	1059.36	106.62	952.74
2015年6月 06/2015	281.89	259.30	22.59	236.71	1447.82	1318.62	129.20	1189.42
2015年7月 07/2015	303.86	278.66	25.20	253.46	1751.67	1597.23	154.44	1442.79
2015年8月 08/2015	317.89	294.80	23.09	271.71	2069.35	1891.83	177.52	1714.31
2015年9月 09/2015	299.07	275.90	23.17	252.73	2368.26	2167.57	200.69	1966.88
2015年10月 10/2015	263.28	243.15	20.13	223.02	2631.49	2410.67	220.82	2189.85
2015年11月 11/2015	246.67	225.65	21.02	204.63	2877.84	2636.03	241.81	2394.22
2015年12月 12/2015	299.22	275.58	23.64	251.94	3176.92	2911.48	265.44	2646.04

Table7 China's Import and Export Total Value of Textile and Apparel by Month

单位：亿美元
Unit：USD 100 million

年月 Month/Year	进出口 Import and Export	出口 Export	进口 Import	贸易差额 Balance of Trade	1月至当月累计 From January to This Month			
					进出口 Import and Export	出口 Export	进口 Import	贸易差额 Balance of Trade
2015年1月 01/2015	266.73	247.9	18.83	229.07	266.73	247.9	18.83	229.07
2015年2月 02/2015	175.42	160.81	14.61	146.2	442.15	408.71	33.44	375.27
2015年3月 03/2015	195.95	173.64	22.31	151.33	638.11	582.35	55.76	526.59
2015年4月 04/2015	234.22	214.27	19.95	194.32	872.19	796.48	75.71	720.77
2015年5月 05/2015	261.47	241.35	20.12	221.23	1133.66	1037.83	95.83	942
2015年6月 06/2015	266.1	245.73	20.37	225.36	1384.22	1269.3	114.92	1154.38
2015年7月 07/2015	277.63	256.98	20.65	236.33	1656.72	1521.26	135.46	1385.8
2015年8月 08/2015	308.58	286.25	22.33	263.92	1962.8	1805.24	157.56	1647.68
2015年9月 09/2015	254.05	233.79	20.26	213.53	2216.14	2038.33	177.81	1860.52
2015年10月 10/2015	239.62	220.6	19.02	201.58	2436.84	2240.16	196.68	2043.48
2015年11月 11/2015	243.96	222	21.96	200.04	2680.02	2461.4	218.62	2242.78
2015年12月 12/2015	263.86	240.97	22.89	218.08	2942.99	2701.2	241.79	2459.41

表8 2016年纺织品服装进出口额

项目 Item	出口 Export						进口 Import					
	小计 Subtotal		纺织品 Textiles		服装 Garments		小计 Subtotal		纺织品 Textiles		服装 Garments	
	当年 Current Year	同比(%) Percentage Change over Previous Year	当年 Current Year	同比(%) Percentage Change over Previous Year	当年 Current Year	同比(%) Percentage Change over Previous Year	当年 Current Year	同比(%) Percentage Change over Previous Year	当年 Current Year	同比(%) Percentage Change over Previous Year	当年 Current Year	同比(%) Percentage Change over Previous Year
一、贸易方式 Mode of Trade	2701.20	−7.22	1106.73	−3.98	1594.47	−9.35	241.79	−8.91	164.27	−11.92	77.51	−1.80
1.一般贸易 Normal Trade	2090.73	−6.89	913.48	−2.23	1177.24	−10.22	135.82	−4.14	78.81	−8.66	57.01	2.88
2.进料加工 Import Material Processing	240.17	−17.39	101.88	−21.12	138.29	−14.41	59.15	−16.23	57.76	−15.85	1.40	−29.44
3.来料加工 Raw Materials on Client's Demand	49.91	−15.47	4.54	−7.70	45.37	−16.17	22.52	−10.54	20.67	−12.63	1.85	22.12
4.其他贸易 Others	320.39	1.34	86.83	3.09	233.56	0.70	23.60	−13.34	7.01	−11.30	16.59	−14.18
二、主要类型企业 Major Type of Enterprises												
1.国有进出口公司 State-owned Trade Enterprises	297.48	−9.63	106.65	−5.22	190.84	−11.93	26.06	−23.59	18.81	−29.14	7.25	−4.07
2.集体企业 Collective-owned Enterprises	68.91	−11.22	32.87	−4.52	36.04	−16.56	2.80	−11.68	2.66	−11.06	0.15	−21.62
3.三资企业 Foreign-Investment Enterprises	560.61	−11.63	237.31	−8.99	323.30	−13.48	148.22	−5.73	102.51	−9.89	45.71	5.16
4.民营企业 Non State-Owned Enterprises	1774.20	−5.14	729.90	−2.02	1044.30	−7.20	64.71	−8.78	40.29	−6.75	24.42	−11.96
三、主要国家和地区 Major Countries and Regions												
1.亚洲地区 Asia	1201.85	−5.05	617.04	−2.92	584.81	−7.20	197.48	−10.32	140.30	−13.50	57.18	−1.41
(1)中国香港 Hongkong, China	148.65	6.04	61.48	−9.59	87.17	20.77	1.57	−17.42	1.12	−16.01	0.45	−20.75
(2)中国澳门 Macao, China	2.43	26.64	0.67	−22.73	1.76	67.68	0.06	−32.18	0.01	−37.98	0.05	−31.05
(3)中国台湾 Taiwan, China	16.17	−6.79	6.34	−6.12	9.83	−7.22	23.22	−9.79	22.55	−9.98	0.67	−2.76
(4)日本 Japan	211.57	−6.17	50.75	−2.33	160.82	−7.32	33.87	−3.08	22.25	−2.20	11.62	−4.71
(5)韩国 Korea	80.21	−14.17	30.03	−11.46	50.17	−15.71	19.24	−12.04	15.98	−13.87	3.26	−1.80
(6)土耳其 Turkey	17.32	−11.40	12.99	−11.44	4.33	−11.27	4.21	5.31	1.34	−2.23	2.87	9.26

Table8 China's Import and Export of Textile and Apparel in 2016

单位：亿美元
Unit：USD 100 million

项目 Item	出口 Export						进口 Import					
	小计 Subtotal		纺织品 Textiles		服装 Garments		小计 Subtotal		纺织品 Textiles		服装 Garments	
	当年 Current Year	同比(%) Percentage Change over Previous Year	当年 Current Year	同比(%) Percentage Change over Previous Year	当年 Current Year	同比(%) Percentage Change over Previous Year	当年 Current Year	同比(%) Percentage Change over Previous Year	当年 Current Year	同比(%) Percentage Change over Previous Year	当年 Current Year	同比(%) Percentage Change over Previous Year
(7)东盟 Eastern Union	332.84	−8.39	241.78	0.84	91.06	−26.31	48.21	9.88	31.02	8.51	17.19	12.44
2.欧洲 European	602.18	−7.15	156.27	0.93	445.90	−9.69	33.36	−3.29	16.52	0.60	16.84	−6.84
(1)欧盟 EU	500.01	−7.64	129.94	0.45	370.07	−10.18	32.09	−2.74	15.96	1.01	16.13	−6.19
3.非洲 Africa	179.37	−14.99	92.00	−15.80	87.37	−14.12	2.32	9.99	0.31	14.19	2.01	9.36
4.大洋州 Oceania	62.31	−8.09	18.60	−4.50	43.71	−9.53	0.27	7.78	0.25	2.61	0.03	89.31
(1)澳大利亚 Australia	52.19	−8.53	15.17	−4.79	37.02	−9.98	0.23	18.93	0.21	13.95	0.02	92.99
5.北美自由贸易区 North America Free−trade Area	535.26	−6.60	164.43	−3.39	370.83	−7.96	7.95	−0.16	6.75	−6.23	1.20	56.74
(1)美国 USA	469.10	−6.16	136.73	−2.83	332.37	−7.47	7.16	−2.38	6.34	−7.25	0.81	65.12
(2)加拿大 Canada	38.66	−7.35	11.01	−5.42	27.66	−8.10	0.42	44.11	0.19	1.09	0.23	119.83
(3)墨西哥 Mexico	27.49	−12.61	16.69	−6.49	10.80	−20.64	0.38	10.04	0.22	25.99	0.16	−6.26
6.欧盟、美国 EU,USA	967.59	−6.95	266.07	−1.26	701.52	−8.94	39.19	−2.67	22.30	−1.49	16.89	−4.20
7.非欧盟、美国 Non−EU，USA	1733.55	−7.37	840.61	−4.82	892.94	−9.66	202.59	−10.03	141.97	−13.36	60.62	−1.11
四、分原料加工 Divided on Raw Material Processing												
1.棉制产品 Cotton Products	823.36	−6.64	243.90	−4.55	579.47	−7.49	89.75	−14.66	65.18	−19.30	24.57	0.71
2.毛制产品 Wool Products	62.07	−4.97	19.08	−9.99	42.99	−2.55	13.25	−10.64	6.72	−11.76	6.53	−9.45
3.麻制产品 Bast Products	12.29	−33.92	12.29	−33.92	0.00	0.00	1.71	−4.26	1.71	−4.26	0.00	0.00
4.丝制产品 Silk Products	24.23	−6.98	8.49	−12.86	15.74	−3.47	1.88	−6.44	0.48	−10.61	1.40	−4.92
5.化纤制产品 Chemical Fiber Products	1286.64	−7.46	623.16	−2.52	663.48	−11.67	91.54	−6.07	70.43	−7.63	21.12	−0.45
6.未列名其他材料 Others	492.61	−6.92	199.81	−4.09	292.80	−8.75	43.65	−1.24	19.76	1.00	23.89	−3.02

表9-1 2016年纺织品服装分省进出口额

省市名称 Region	出口 Export						进口 Import					
	小计 Subtotal		纺织品 Textiles		服装 Garments		小计 Subtotal		纺织品 Textiles		服装 Garments	
	当年 Current Year	同比(%) Percentage Change over Previous Year	当年 Current Year	同比(%) Percentage Change over Previous Year	当年 Current Year	同比(%) Percentage Change over Previous Year	当年 Current Year	同比(%) Percentage Change over Previous Year	当年 Current Year	同比(%) Percentage Change over Previous Year	当年 Current Year	同比(%) Percentage Change over Previous Year
1.北京 Beijing	25.00	-24.13	6.45	-5.28	18.56	-29.04	9.95	-27.15	6.26	-35.95	3.70	-5.03
2.天津 Tianjin	22.44	-0.07	11.38	14.60	11.06	-11.70	3.37	-1.76	2.02	-13.21	1.35	22.48
3.河北 Hebei	53.30	-1.86	16.52	2.96	36.78	-3.88	1.01	3.08	0.96	4.54	0.05	-19.01
4.山西 Shanxi	1.13	2.56	1.06	4.78	0.07	-22.15	0.04	7.40	0.04	3.61	0.00	1068.89
5.内蒙古 Inner Mongolia	6.38	-27.12	1.59	-10.88	4.79	-31.28	0.02	-27.94	0.01	-68.38	0.02	27.00
6.辽宁 Liaoning	41.46	-11.90	8.35	-12.55	33.11	-11.74	9.51	-2.81	5.77	3.60	3.74	-11.28
沈阳 Shenyang	0.92	-70.57	0.40	-53.22	0.52	-77.08	0.24	-8.39	0.16	-0.94	0.08	-20.33
大连 Dalian	22.76	-5.96	2.54	-5.53	20.22	-6.01	4.82	3.73	2.97	6.51	1.85	-0.42
7.吉林 Jilin	4.64	-22.74	1.65	-6.85	2.99	-29.37	1.44	-36.97	0.69	-3.98	0.74	-52.28
长春 Changchun	0.68	-24.62	0.08	-28.99	0.60	-24.00	0.24	3.15	0.24	3.55	0.00	-42.72
8.黑龙江 Heilongjiang	8.80	-27.02	2.71	-29.50	6.08	-25.85	0.17	25.78	0.14	45.37	0.02	-32.41
哈尔滨 Ha' er bin	0.76	-26.56	0.56	-33.93	0.20	6.41	0.02	-41.11	0.01	-76.24	0.02	4.54
9.上海 Shanghai	183.18	-9.70	71.44	-3.23	111.74	-13.41	66.52	1.76	23.69	-3.37	42.83	4.84
10.江苏 Jiangsu	454.39	-1.42	220.37	-0.06	234.03	-2.68	25.85	-7.03	20.52	-9.68	5.33	4.84
南京 Nanjing	60.35	-0.52	19.99	2.78	40.36	-2.08	2.28	7.64	1.99	8.72	0.29	0.81

Table9—1 China's Import and Export of Textile and Apparel by Provinces in 2016

单位：亿美元
Unit：USD 100 million

省市名称 Region	出口 Export						进口 Import					
	小计 Subtotal		纺织品 Textiles		服装 Garments		小计 Subtotal		纺织品 Textiles		服装 Garments	
	当年 Current Year	同比(%) Percentage Change over Previous	当年 Current Year	同比(%) Percentage Change over Previous	当年 Current Year	同比(%) Percentage Change over Previous	当年 Current Year	同比(%) Percentage Change over Previous	当年 Current Year	同比(%) Percentage Change over Previous	当年 Current Year	同比(%) Percentage Change over Previous
11.浙江 Zhejiang	665.54	−5.85	365.78	−4.03	299.76	−7.99	25.56	−6.08	19.08	−11.05	6.48	12.38
宁波 Ningbo	73.49	−6.49	29.48	−1.47	44.01	−9.57	2.92	−11.63	2.73	−11.00	0.20	−19.47
12.安徽 Anhui	36.70	−12.56	16.04	−10.16	20.66	−14.34	3.15	−14.53	3.11	−15.10	0.04	80.99
13.福建 Fujian	215.27	−8.42	66.38	1.04	148.89	−12.10	9.04	−13.66	8.05	−17.55	0.99	40.48
厦门 Xiamen	7.00	−15.70	3.28	−9.48	3.71	−20.52	1.16	−14.24	1.03	−17.11	0.13	18.41
14.江西 Jiangxi	44.93	−14.57	10.45	−16.83	34.47	−13.85	1.38	−0.22	1.33	1.03	0.05	−26.78
15.山东 Shandong	210.60	−2.88	98.00	0.05	112.60	−5.29	15.25	−7.09	14.36	−8.49	0.89	23.15
青岛 Qingdao	37.72	−5.32	16.79	−5.32	20.94	−5.31	2.07	−17.17	1.89	−19.40	0.18	15.82
16.河南 Henan	17.34	−5.88	8.92	−5.75	8.42	−6.03	0.95	−31.54	0.56	15.57	0.38	−57.05
17.湖北 Hubei	30.79	−0.87	6.98	−6.30	23.81	0.84	1.46	−11.11	1.28	−13.13	0.18	6.50
武汉 Wuhan	6.04	−11.36	1.47	−3.78	4.57	−13.55	0.10	−20.87	0.07	−22.85	0.03	−15.37
18.湖南 Hunan	15.09	33.83	3.55	14.96	11.54	40.94	1.35	25.03	1.30	29.60	0.05	−35.14
19.广东	506.45	−4.77	122.66	−7.11	383.78	−3.99	62.10	−16.76	53.32	−15.07	8.77	−25.75
广州 Guangzhou	80.05	−10.16	14.71	0.80	65.34	−12.31	5.93	−14.05	5.38	−14.37	0.56	−10.83
深圳 Shenzhen	14.76	−13.22	3.59	−14.65	11.17	−12.75	3.14	−18.28	3.07	−18.48	0.07	−7.57

表9-2 2016年纺织品服装分省进出口额
Table9-2 China's Import and Export of Textile and Apparel by Provinces in 2016

单位：亿美元
Unit：USD 100 million

省市名称 Region	出口 Export						进口 Import					
	小计 Subtotal		纺织品 Textiles		服装 Garments		小计 Subtotal		纺织品 Textiles		服装 Garments	
	当年 Current Year	同比(%) Percentage Change over Previous Year	当年 Current Year	同比(%) Percentage Change over Previous Year	当年 Current Year	同比(%) Percentage Change over Previous Year	当年 Current Year	同比(%) Percentage Change over Previous Year	当年 Current Year	同比(%) Percentage Change over Previous Year	当年 Current Year	同比(%) Percentage Change over Previous Year
20.广西 Guangxi	47.73	-36.43	29.04	-12.23	18.70	-55.50	0.40	-12.85	0.39	-12.24	0.01	-29.16
21.海南 Hainan	0.64	-43.17	0.50	-4.09	0.14	-76.81	0.73	11.74	0.05	-22.34	0.67	15.87
22.四川 Sichuan	15.34	-22.85	8.10	-16.80	7.24	-28.65	0.79	11.92	0.32	17.10	0.47	8.58
成都 Chengdu	8.46	-14.93	3.89	-14.64	4.57	-15.17	0.57	10.50	0.11	12.53	0.46	10.01
23.重庆 Chongqing	10.32	-60.24	3.81	-58.29	6.52	-61.30	0.92	4.22	0.43	-15.32	0.49	30.73
24.贵州 Guizhou	2.54	-75.13	0.57	-71.31	1.98	-76.05	0.04	299.92	0.00	39.43	0.04	413.31
25.云南 Yunnan	6.34	-53.94	4.41	-29.57	1.93	-74.30	0.04	-20.25	0.03	-9.73	0.00	-57.21
26.西藏 Tibet	2.70	-26.27	0.29	-19.44	2.41	-27.02	0.06	-3.89	0.02	-6.20	0.04	-2.92
27.陕西 Shaanxi	3.00	-19.08	2.08	-17.14	0.92	-23.16	0.07	-8.96	0.05	0.25	0.02	-28.76
西安 Xi' an	1.33	-21.28	0.71	-18.59	0.62	-24.12	0.03	-0.78	0.01	8.50	0.01	-8.78
28.甘肃 Gansu	5.59	-40.01	1.26	-19.95	4.33	-44.07	0.10	-69.68	0.00	-87.95	0.09	-67.78
29.青海 Qinghai	4.30	43.61	1.82	6.78	2.49	91.95	0.02	15.73	0.01	2.75	0.00	826.06
30.宁夏 Ningxia	5.36	-6.71	1.79	11.98	3.57	-13.89	0.05	-59.60	0.02	-34.23	0.03	-70.38
31.新疆 Xinjiang	53.90	18.35	12.78	7.81	41.12	22.06	0.48	-34.20	0.43	-37.06	0.05	15.00

纺织天下◆强国版图
中国纺织
CHINA TEXTILE
中国纺织工业联合会会刊
曹咬强：“海宁家纺”成就是责任更是使命
胡广敏：骨子里的创新DNA
3月沪动 大展魅力
张永钢：争做针布行业的领航者
NEW
—栏目设置—
服装/Fashion
专栏/Column [声音][来信]
封面人物/Feature
面料/Fabric [焦点][一线]
封面故事/Cover Story
视野/View
特别策划/Special Report
纺织之光/Textile Vision
纤维/Fiber [热点][一线]
纺机/Textile Machinery
中纺联/CNTAC
决策者的智囊
创业者的指南
—联系方式—
地址:北京市朝阳区东三环中路16号京粮大厦4层
邮编:100022
E-Mail:zgfz530@126.com
Web:www.tex1951.com
发行热线:010-85229008
1951年创刊/每月5日出版
定价/30元
《中国纺织》微信二维码

表10-1　2016年纺织原料及制品章类进出口额

类、章 Category and Chapter	全贸易方式 Multi-Trade Mode		一般贸易 Normal Trade		进料加工 Import Material Processing		来料加工 Raw Materials on Client's Demand	
	当年 Current Year	同比(%) Percentage Change over Previous Year	当年 Current Year	同比(%) Percentage Change over Previous Year	当年 Current Year	同比(%) Percentage Change over Previous Year	当年 Current Year	同比(%) Percentage Change over Previous Year
一、出口 Export								
十一大类(50～63章) Eleven Categories (Chapter 50-63)	2533.60	-7.36	1954.08	-7.02	226.63	-17.67	49.12	-13.57
50章 丝及丝绸 Chapter 50:Silk and Silk Cloth	11.59	-8.77	11.42	-9.05	0.03	-25.48	0.01	396.78
51章 毛及毛织品 Chapter 51:Wool and Woolen Fabric	21.41	-6.17	14.82	-5.17	3.97	-11.65	1.75	9.10
52章 棉及棉织品 Chapter 52:Cotton and Cotton Fabric	149.64	-5.30	120.64	2.89	22.01	-33.15	0.16	-37.48
53章 麻及麻织品 Chapter 53:Bast and Bast Fabric	10.55	-32.75	9.46	-34.72	0.80	0.35	0.00	0.00
54章 化纤长丝及织品 Chapter 54:Chemical Fiber Filament and Fabric	165.64	1.13	140.68	3.01	16.38	-21.45	0.14	7.37
55章 化纤短纤织品 Chapter 55:Chemical Fiber Spun Fabric	121.21	-6.03	88.75	-0.49	12.75	-20.92	0.69	46.18
56章 絮、毡、非织造布 Chapter 56:Wadding, Felt, Non-woven Fabric	49.06	0.95	38.78	0.41	5.07	-10.37	0.44	-10.89
57章 铺地织品 Chapter 57:Floor Cloth	25.23	-4.04	21.51	-4.89	1.17	-3.07	0.18	-14.44
58章 特种织物花边 Chapter 58:Special Fabric Lace	45.14	-6.04	36.95	-7.89	2.17	-17.67	0.66	-21.25
59章 涂层布及工业用布 Chapter 59:Coating and Industrial Fabric	69.00	-3.23	59.99	-2.59	6.40	-6.78	0.20	-17.31

Table10—1 Import and Export of Textile Raw Material and Manufactures by Chapters in 2016

单位：亿美元
Unit：USD 100 million

类章 Category and Chapter	全贸易方式 Multi—Trade Mode		一般贸易 Normal Trade		进料加工 Import Material Processing		来料加工 Raw Materials on Client's Demand	
	当年 Current Year	同比(%) Percentage Change over Previous Year	当年 Current Year	同比(%) Percentage Change over Previous Year	当年 Current Year	同比(%) Percentage Change over Previous Year	当年 Current Year	同比(%) Percentage Change over Previous Year
60章 针织布 Chapter 60：Knitting Fabric	144.20	−1.43	111.88	0.46	21.46	−19.77	0.39	1.67
61章 针织服装及附件 Chapter 61：Knitting Garments and Accessories	744.25	−11.20	592.25	−10.30	50.91	−15.13	11.80	−20.47
62章 机织服装及附件 Chapter 62：Tatting Garments and Accessories	721.44	−8.08	493.63	−11.40	66.12	−13.59	31.35	−12.31
63章 其他纺织织物 Chapter 63：Other Fabric	255.24	−5.26	213.33	−4.86	17.39	−14.81	1.35	−16.36
二、进口 Import								
十一大类(50～63章) Eleven Categories (Chapter 50—63)	283.44	−12.37	156.69	−8.19	69.24	−15.81	24.18	−10.86
50章 丝及丝绸 Chapter 50：Silk and Silk Cloth	0.57	−4.54	0.15	24.79	0.26	−20.49	0.13	−5.71
51章 毛及毛织品 Chapter 51：Wool and Woolen Fabric	31.45	−8.03	20.73	−0.22	4.01	−9.75	3.31	−16.24
52章 棉及棉织品 Chapter 52：Cotton and Cotton Fabric	77.33	−24.60	43.75	−19.80	23.16	−24.39	2.56	−20.71
53章 麻及麻织品 Chapter 53：Bast and Bast Fabric	7.95	−7.42	6.23	−7.98	1.05	−0.40	0.16	−17.26
54章 化纤长丝及织品 Chapter 54：Chemical Fiber Filament and Fabric	29.11	−6.90	12.21	0.58	11.45	−12.49	3.98	−6.79
55章 化纤短纤织品 Chapter 55：Chemical Fiber Spun Fabric	20.38	−21.73	10.30	−27.55	5.94	−14.65	3.12	−4.84

表10-2 2016年纺织原料及制品章类进出口额
Table12-2 Import and Export of Textile Raw Material and Manufactures by Chapters in 2016

单位：亿美元
Unit：USD 100 million

类章 Category and Chapter	全贸易方式 Multi-Trade Mode		一般贸易 Normal Trade		进料加工 Import Material Processing		来料加工 Raw Materials on Client's Demand	
	当年 Current Year	同比(%) Percentage Change over Previous Year	当年 Current Year	同比(%) Percentage Change over Previous Year	当年 Current Year	同比(%) Percentage Change over Previous Year	当年 Current Year	同比(%) Percentage Change over Previous Year
56章 絮、毡、非织造布 Chapter 56：Wadding, Felt, Non-woven Fabric	11.70	-0.54	6.88	6.75	3.17	-11.62	0.92	-14.19
57章 铺地织品 Chapter 57：Floor Cover	1.37	-6.36	0.68	-10.30	0.09	96.04	0.11	-22.67
58章 特种织物花边 Chapter 58：Special Fabric Lace	5.42	-7.64	1.12	-8.40	2.56	-8.62	1.54	-9.59
59章 涂层布及工业用布 Chapter 59：Coating and Industrial Fabric	17.20	-4.36	7.79	4.61	6.79	-10.14	1.83	-17.31
60章 针织布 Chapter 60：Knitting Fabric	17.01	-7.96	3.08	-6.34	8.99	-4.26	4.63	-14.35
61章 针织服装及附件 Chapter 61：Knitting Garments and Accessories	23.80	3.05	17.49	10.14	0.33	-34.69	0.18	3.43
62章 机织服装及附件 Chapter 62：Non-Knit Garments and Accessories	35.67	-3.43	23.87	-3.24	0.73	-31.99	1.55	28.94
63章 其他纺织织物 Chapter 63：Other Fabric	4.49	-2.93	2.42	1.01	0.70	-8.72	0.16	4.77

资料来源（表8～表12）：中国海关
Source（Table8～12）：China Customs

国际统计

表1 世界纺织纤维产量（含PP纤维）
Table1 Worldwide Textile Fiber Production (Including Olefin Fiber)

单位：万吨
Unit: 10,000 ton

年份 Year	总计 Total	天然纤维 Natural Fiber	化学纤维 Chemical Fiber	
			小计 Subtotal	合纤 Synthetic Fiber
2000	5515.0	2125.6	3389.4	3199.4
2007	7622.9	2834.6	4788.3	4450.1
2008	7095.0	2538.8	4556.2	4311.7
2009	7175.4	2383.4	4792.0	4474.4
2010	7817.9	2651.2	5166.8	4839.3
2011	7995.0	2425.8	5569.1	5206.2
2012	8564.1	2512.5	6051.6	5624.4
2013	8982.3	2544.9	6437.4	5957.7
2014	9304.9	2600.5	6704.3	6207.0
2015	9482.0	2519.3	6962.7	6448.4

表2 世界天然纤维及化学纤维比重（含PP纤维）
Table2 The Proportion of Natural Fiber and Chemical Fiber (Olefin Fiber included) all over the World

单位：%
Unit: %

年份 Year	总计 Total	天然纤维 Natural Fiber	化学纤维 Chemical Fiber	
			小计 Subtotal	合纤 Synthetic Fiber
2000	100.0	38.5	61.5	58.8
2007	100.0	37.2	62.8	58.4
2008	100.0	35.8	64.2	60.8
2009	100.0	33.2	66.8	62.4
2010	100.0	34.0	66.0	61.9
2011	100.0	30.3	69.7	65.1
2012	100.0	29.3	70.7	65.7
2013	100.0	28.3	71.7	66.3
2014	100.0	27.9	72.1	66.7
2015	100.0	26.6	73.4	68.0

表3 全球纺织纤维结构变化（含PP纤维）
Table3 The Structural Change of Global Textile Fiber(Olefin Fiber included)

单位：万吨
Unit：10,000 tonon

年 份 Year		2015年 Year 2015		2011年 Year 2011		2015/2011增减 Percentage Change of 2015 over 2011	
		需求量 Demand	占(%) Proportion(%)	需求量 Demand	占(%) Proportion(%)	增减量 Change	年均 (%) Annual Average Change(%)
总计	Total	9482.0	100.0	7994.9	100.0	1487.1	4.4
化纤	Chemical Fiber	6962.7	73.4	5569.1	61.5	1393.6	5.7
棉花	Cotton	2360	24.9	2278.4	34.8	81.6	0.9
羊毛	Wool	115.7	1.7	111.7	2.4	4.0	0.9
丝、麻等	Silk, Linen & others	43.6	1.8	35.7	1.3	7.9	5.1

注 羊毛为洗净毛，麻中不含黄麻。
Note The wool refers to the scoured wool, and the jute is not included.

表4 世界合成纤维产量（含PP纤维）
Table4 The Output of Global Synthetic Fiber(Olefin Fiber included)

单位：万吨
Unit：10,000 ton

年份 Year	合计 Total	涤纶 Terylene			锦纶 Polyamide Fiber	腈纶 Acrylic Fiber	其他 Others
		小计 Subtotal	长丝 Filament	短纤 Staple Fiber			
2000	3199.4	1891.2	1088.9	802.3	411.8	266.8	629.6
2007	4450.1	3109.4	1894.9	1244.6	389.1	240.6	710.9
2008	4311.7	3099.1	1886.7	1212.4	359.6	183.7	669.3
2009	4474.2	3281.3	2026.9	1254.4	360.8	198.0	634.1
2010	4839.3	3719.7	2372.4	1347.3	382.6	195.8	541.2
2011	5206.1	4059.6	2637.6	1422.0	387.4	199.0	560.1
2012	5624.4	4447.3	2943.2	1504.2	406.5	194.2	576.4
2013	5957.8	4736.5	3190	1546.5	434.9	190.4	596.0
2014	6207.1	4978.2	3434.1	1544.1	449.9	179.7	599.3
2015	6448.4	5211.2	3617	1594.1	450.3	180.4	606.5

表5　世界合成纤维分品种构成（含PP纤维）
Table5　The Categories of Global Synthetic Fiber(Olefin Fiber included)

单位：%
Unit：%

年份 Year	合计 Total	涤纶 Terylene			锦纶 Polyamide Fiber	腈纶 Acrylic Fiber	其他 Others
		小计 Subtotal	长丝 Filament	短纤 Staple Fiber			
2000	100.0	59.1	34.0	25.1	12.9	8.3	19.7
2007	100.0	69.8	42.0	27.8	8.7	5.5	16.0
2008	100.0	71.9	43.8	28.1	8.3	4.3	15.5
2009	100.0	73.3	45.3	28.0	8.1	4.4	14.2
2010	100.0	76.9	49.0	27.8	7.9	4.0	11.2
2011	100.0	78.0	50.7	27.3	7.4	3.8	10.8
2012	100.0	79.1	52.3	26.7	7.2	3.5	10.2
2013	100.0	79.5	53.5	26.0	7.3	3.2	10.0
2014	100.0	80.2	55.3	24.9	7.2	2.9	9.7
2015	100.0	80.8	56.1	24.7	7.0	2.8	9.4

表6　世界主要国家（地区）化纤产量（含PP纤维）
Table6　Worldwide Chemical Fiber Production by Countries and Regions (Including Olefin Fibers)

单位：万吨
Unit：10,000 ton

年份 Year	全球 World	中国 China	美国 USA	西欧 West Europe	中国台湾 Taiwan, China	韩国 Korea	日本 Japan	印度 India	中国占(%) Proportion of China
2000	3389.4	694.2	475.1	430.9	341.1	278.1	161.2	180.0	20.3
2007	4788.5	2397.2	365.9	*445.3	268.9	162.6	116.6	291.7	50.1
2008	4556.2	2430.5	309.9	*322.5	221.1	148.4	101.6	308.2	53.3
2009	4792.2	2733.5	267.6	289.1	234.3	152.9	81.2	343.4	57.0
2010	5166.8	2983.3	248.6	224.2	250.3	168.6	87.0	378.3	57.7
2011	5570.2	3361.0	240.9	215.2	232.0	174.7	88.0	399.5	60.3
2012	6051.6	3796.5	247.5	209.2	222.7	174.8	84.7	436.9	62.7
2013	6437.4	4107.5	253.8	201.5	224.2	172.4	84.9	480.6	63.8
2014	6704.4	4340.3	253	195.9	220.6	176.5	83.3	515.2	64.7
2015	6962.7	4552.8	247.1	195.7	214.4	186.2	81.3	541.2	65.4

注　* 为全欧洲产量。
Note　The data with "*" refers to the output of the whole Europe.

表7 世界主要国家（地区）合成纤维产量（含PP纤维）
Table7 Worldwide Synthetic Fiber Production by Countries and Regions (Including Olefin Fibers)

单位：万吨
Unit：10,000 ton

年 份 Year	全 球 World	中 国 China	美 国 USA	西 欧 West Europe	中国台湾 Taiwan, China	韩 国 Korea	日 本 Japan	印 度 India	中国占(%) Proportion of China
2000	3199.4	629.5	459.2	385.2	326.9	277.5	147.3	150.2	19.7
2007	4450.1	2239.2	360.9	*392.3	255.3	160.8	108.0	256.1	50.3
2008	4311.7	2267.8	307.6	*355.0	210.5	147.6	94.7	278.1	52.6
2009	4541.3	2552.2	265.6	253.1	223.5	152.9	75.7	310.6	56.2
2010	4839.3	2808.2	246.1	183.2	240.5	168.6	80.7	343.3	58.0
2011	5206.1	3151.7	238.3	175.3	223.9	174.7	81.8	362.6	60.5
2012	5624.4	3529.9	245.0	169.4	212.9	174.8	78.6	397.7	62.8
2013	5957.8	3789.8	251.2	162.5	212.3	172.4	78.7	439.3	63.6
2014	6207.1	4011.5	250.5	157.4	208.1	176.5	77	470.9	64.6
2015	6448.4	4216.8	244.8	156.1	201.8	186.2	75.4	490.1	65.4

注 * 为全欧洲产量。
Note The data with "*" refers to the output of the whole Europe.

表8 全球化学纤维产量地域分布（不含PP纤维）（一）
Table8 Worldwide Chemical Fiber Production by Regions (Except Olefin Fiber) ——Part1

单位：万吨
Unit：10,000 ton

年 份 Year	全 球 World		亚 洲 Asia		西 欧 Western Europe	
	产 量 Output	占(%) Proportion	产 量 Output	占(%) Proportion	产 量 Output	占(%) Proportion
2000	2822.2	100.0	1877.4	66.5	279.8	9.9
2007	4102.7	100.0	3388.8	82.6	206.5	5.0
2008	3956.8	100.0	3349.8	84.7	181.6	4.6
2009	4227.9	100.0	3696.2	87.4	149.3	3.5
2010	4709.3	100.0	4112.2	87.3	167.0	3.5
2011	5098.5	100.0	4504.6	88.4	158.5	3.1
2012	5566.1	100.0	4962.4	89.2	152.9	2.7
2013	5939.4	100.0	5332.5	89.8	145.4	2.4
2014	6210.4	100.0	5609.9	90.3	139.8	2.3
2015	6462.4	100.0	5868	90.8	139.5	2.2

表9 全球化学纤维产量地域分布（不含PP纤维）（二）
Table9 Worldwide Chemical Fiber Production by Regions (Except Olefin Fiber) ——Part2

单位：万吨
Unit:10,000 ton

年 份 Year	东 欧 Eastern Europe		北 美 North America		南美、非洲等 South America, Africa etc.	
	产 量 Output	占(%) Proportion	产 量 Output	占(%) Proportion	产 量 Output	占(%) Proportion
2000	70.2	2.5	408.4	14.5	186.4	6.6
2007	60.7	1.5	275.6	6.7	171.1	4.2
2008	57.0	1.4	224.9	5.7	143.5	3.6
2009	48.3	1.1	194.2	4.6	139.9	3.3
2010	51.7	1.1	220.0	4.7	158.4	3.4
2011	52.0	1.0	216.7	4.2	166.7	3.3
2012	52.1	0.9	223.7	4.0	175.0	3.2
2013	50.5	0.9	230.3	3.9	180.7	3.0
2014	47.4	0.8	233.9	3.8	179.4	2.8
2015	46.5	0.7	229	3.5	179.4	2.8

表10 全球合成纤维产量地域分布（不含PP纤维）（一）
Table10 Worldwide Synthetic Fiber Production by Regions (Except Olefin Fiber) ——Part1

单位：万吨
Unit:10,000 ton

年 份 Year	全 球 World		亚 洲 Asia		西 欧 Western Europe	
	产 量 Output	占(%) Proportion	产 量 Output	占(%) Proportion	产 量 Output	占(%) Proportion
2000	2601.1	100.0	1738.4	66.8	234.1	9.0
2007	3803.4	100.0	3152.2	82.9	159.9	4.2
2008	3702.3	100.0	3144.6	84.9	139.4	3.8
2009	3906.3	100.0	3421.9	87.6	113.3	2.9
2010	4381.8	100.0	3833.0	87.5	126.0	2.9
2011	4734.4	100.0	4187.6	88.5	118.6	2.5
2012	5138.9	100.0	4582.0	89.2	113.1	2.2
2013	5459.8	100.0	4897.2	89.7	106.4	1.9
2014	5713.1	100.0	5155.6	90.2	101.3	1.8
2015	5948.1	100.0	5397.6	90.7	99.9	1.7

表11 全球合成纤维产量地域分布（不含PP纤维）（二）

Table11 Worldwide Synthetic Fiber Production by Regions (Except Olefin Fiber) ——Part2

单位：万吨

Unit：10,000 ton

年份 Year	东欧 Eastern Europe		北美 North America		南美、非洲等 South America, Africa etc.	
	产量 Output	占(%) Proportion	产量 Output	占(%) Proportion	产量 Output	占(%) Proportion
2000	58.9	2.3	391.0	15.0	178.7	6.9
2007	54.3	1.4	270.6	7.1	166.2	4.4
2008	54.4	1.5	222.6	6.0	141.3	3.9
2009	45.8	1.2	192.2	4.9	136.7	3.5
2010	49.2	1.1	217.5	5.0	156.1	3.6
2011	49.5	1.0	214.0	4.5	164.7	3.5
2012	49.8	1.0	221.2	4.3	172.8	3.3
2013	48.7	0.9	227.7	4.2	179.8	3.3
2014	45.6	0.8	231.4	4.1	179.2	3.1
2015	44.7	0.8	226.7	3.8	179.2	3

表12 全球合成纤维主要生产国(地区)(不含PP纤维)

Table12 The Proportion of Synthetic Fiber Production and Producing Capacity of Main Countries and Regions (Except Olefin Fiber)

序号 Rank	国别（地区） Countries (Regions)		产量占全球(%) Proportion of Output			产能占全球(%) Proportion of Producing Capacity		
			2013	2014	2015	2015	2016	2017
1	中国	China	67.8	68.6	69.3	71.6	70.1	69.3
2	印度	India	7.8	8.0	8	6.6	8.4	8.7
3	美国	U.S.A.	3.6	3.5	3.3	3.2	3.1	3.3
4	中国台湾	Taiwan, China	3.6	3.3	3.1	3.1	2.9	2.9
5	韩国	Korea	2.9	2.9	2.9	2.5	2.6	2.6
6	西欧	Western Europe	1.9	1.8	1.7	1.6	1.6	1.6
7	土耳其	Turkey	1.5	1.5	1.4	1.3	1.3	1.3
8	日本	Japan	1.1	1.0	0.9	1	0.9	0.9
	合计	Total	90.2	90.6	90.6	90.9	90.9	90.6

资料来源（表1～12）：Fiber Organon

Source (Table 1～12): Fiber Organon

表13　全球棉花产量地域分布
Table13　Worldwide Cotton Production by Producing Regions

单位：万吨
Unit：10,000 ton

年份 Year	全球 World	亚、澳洲 Asia, Australia	北美 North America	南美 South America	西欧 Western Europe	东欧 Eastern Europe	非洲 Africa
2000	1919.7	1081.1	381.9	121.6	52.0	139.4	143.9
2005	2442.9	1374.2	494.8	165.9	45.9	172.5	189.5
2010	2491.0	1571.0	410.6	200.2	22.5	154.4	96.9
2011	2747.8	1823.7	367.2	191.3	22.5	154.4	159.1
2012	2636.9	1742.2	400.3	129.1	30.8	155.9	154.4
2013	2593.3	1760.2	300.8	174.1	33.0	148.9	145.6
2014	2621.0	1704.4	386.2	158.5	34.7	140.1	168.6
2015	2113.2	1357.6	301.0	137.5	27.4	127.4	139.6
*2016	2256.5	1408.8	369.3	147.5	27.2	134.3	146.2

注　*为预计数。
Note　The data with "*" is the estimated data.

表14　世界主要国家棉花产量
Table14　Worldwide Cotton Production by Producing Countries

单位：万吨
Unit：10,000 ton

年份 Year	全球 World	中国 China	美国 U.S.A.	印度 India	巴基斯坦 Pakistan	巴西 Brazil	土耳其 Turkey	中国占(%) The Proportion of China
2000	1917.0	432.0	379.0	235.0	170.0	85.8	88.0	22.5
2007	2627.7	807.7	418.2	535.4	184.5	160.3	85.0	30.7
2008	2339.6	672.8	278.9	458.9	209.1	119.3	67.5	28.8
2009	2177.5	684.9	265.4	504.9	201.9	119.4	44.0	31.5
2010	2487.5	639.9	394.1	552.5	190.7	196.0	38	25.7
2011	2727.7	739.9	339.1	560.0	229.4	188.4	45.0	27.1
2012	2677.6	730.0	377.0	629.0	200.2	131.0	75.0	27.3
2013	2617.2	695.0	281.1	676.6	207.6	173.4	55.0	26.6
2014	2618.8	650.0	355.3	656.2	230.5	156.3	63.9	24.8
2015	2104.0	475.3	280.6	574.6	151.4	128.9	64.0	22.6
*2016	2278.0	474.0	375.0	580.0	168.0	144.0	64.4	20.8

注　*为预计数。
Note　The data with "*" is the estimated data.

表15 全球棉花耗用量地域分布
Table15 Worldwide Cotton Consumption by Regions

单位：万吨
Unit：10,000 ton

年 份 Year	全 球 World	亚、澳洲 Asia and Australia	南北美 South and North America	西 欧 Western Europe	东 欧 Eastern Europe	非 洲 Africa
2000	1972.7	1298.9	378.0	107.4	91.0	97.3
2005	2395.5	1842.3	315.7	56.3	74.0	107.2
2010	2486.2	2078.9	266.0	18.1	63.0	60.2
2011	2280.8	1916.4	234.4	17.2	43.2	69.6
2012	2373.9	2022.1	237.1	16.4	45.3	53.0
2013	2350.7	1988.6	246.4	16.5	60.5	38.7
2014	2426.8	2071.4	230.1	18.6	62.3	44.5
2015	2381.1	2034.2	221.6	17.2	61.6	46.6
*2016	2383.7	2043.5	215.6	17.5	62.2	45.0

注 *为预计数。
Note The data with "*" is the estimated data.

表16 全球棉花耗用量地域分布比例
Table16 Worldwide Cotton Consumption Proportion by Regions

单位：%
Unit：%

年 份 Year	全 球 World	亚、澳洲 Asia and Australia	南北美 South and North America	西 欧 Western Europe	东 欧 Eastern Europe	非 洲 Africa
2000	100.0	65.8	19.2	5.4	4.6	4.9
2005	100.0	76.9	13.2	2.3	3.1	4.5
2010	100.0	83.6	10.7	0.7	2.5	2.4
2011	100.0	84.0	10.3	0.8	1.9	3.1
2012	100.0	85.2	10.0	0.7	1.9	2.2
2013	100.0	84.6	10.5	0.7	2.6	1.6
2014	100.0	85.4	9.5	0.8	2.6	1.8
2015	100.0	85.4	9.3	0.7	2.6	2.0
*2016	100.0	85.7	9.0	0.7	2.6	1.9

注 *为预计数。
Note The data with "*" is the estimated data.

资料来源（表13/15/16）：F;ber organon
Source (Table 13/15/16)：F;ber organon

表17　世界主要国家棉花耗用量（一）
Table17　Worldwide Cotton Consumption by Countries ——Part1

单位：万吨
Unit：10,000 ton

年份 Year	全球 World	占总(%) Proportion	中国 China	占总(%) Proportion	美国 U.S.A.	占总(%) Proportion	印度 India	占总(%) Proportion
2000	1969.9	100.0	538.5	27.3	192.9	9.8	288.5	14.6
2007	2638.7	100.0	1089.8	41.3	100.2	3.8	401.0	15.2
2008	2309.5	100.0	899.8	39.0	78.4	3.4	382.6	16.6
2009	2461.1	100.0	1010.1	41.0	75.4	3.1	422.1	17.2
2010	2462.9	100.0	1002.3	40.7	73.8	3.0	456.0	18.5
2010	2449.2	100.0	979.2	40.0	84.9	3.5	448.2	18.3
2011	2277.5	100.0	1029.9	45.2	71.8	3.2	442.0	19.4
2012	2378.2	100.0	829.0	34.9	76.2	3.2	473.1	19.9
2013	2400.2	100.0	751.7	31.3	77.3	3.2	505.7	21.1
2014	2444.0	100.0	747.9	30.6	77.8	3.2	526.1	21.5
2015	2413.3	100.0	744.2	30.8	75.1	3.1	527.7	21.9
*2016	2410.0	100.0	759.0	31.5	72.0	3.0	512.0	21.2

注　*为预计数。
Note　The data with "*" is the estimated data.

表18　世界主要国家棉花耗用量（二）
Table18　Worldwide Cotton Consumption by Countries ——Part2

单位：万吨
Unit：10,000 ton

年份 Year	巴基斯坦 Pakistan	占总(%) Proportion	土耳其 Turkey	占总(%) Proportion	日本 Japan	占总(%) Proportion	巴西 Brazil	占总(%) Proportion
2000	171.0	8.7	112.1	5.7	25.0	1.3	90.0	4.6
2007	257.4	9.8	135.0	5.1	12.5	0.5	99.6	3.8
2008	245.2	10.6	114.0	4.9	10.3	0.4	93.7	4.1
2009	230.7	9.4	130.0	5.3	7.5	0.3	100.2	4.1
2010	220.0	9.0	125.0	5.1	8.1	0.3	99.0	4.0
2011	216.3	9.5	125.0	5.5	6.3	0.3	88.8	3.9
2012	221.6	9.3	132.5	5.6	5.7	0.2	91.0	3.8
2013	247.0	10.3	140.4	6.0	6.0	0.3	86.2	3.6
2014	249.2	10.2	140.6	6.0	6.0	0.3	79.7	3.3
2015	225.6	9.3	150.0	6.2	6.7	0.3	73.3	3.0
*2016	223.0	9.3	145.0	6.0	6.5	0.3	71.9	3.0

注　*为预计数。
Note　The data with "*" is the estimated data.

资料来源（表14/17/18）：国际棉花咨询委员会
Source（Table 14/17/18）：ICAC

表19 美国人均纤维表观消费量
Table19 U.S. Per Capita Fiber Apparent Consumption

年份 Year	国内总纤维消费量(万吨) Total Fiber Consumption (10,000 ton)					人口(百万) Population (million persons)	人均消费(kg/年) Consumption Per Capita (kg/year)
	化纤 Chemical Fiber	棉花 Cotton	羊毛 Wool	其他 Others	合计 Total		
1990	446.1	262.5	13.3	29.6	751.6	250.0	30.1
2000	620.0	446.6	14.8	33.9	1115.2	282.4	39.5
2005	668.2	502.1	18.8	41.4	1230.4	296.4	41.5
2010	584.4	451.2	18.3	30.4	1084.4	309.3	35.1
2011	583.8	384.6	18.2	32.9	1019.5	311.6	32.7
2012	601.3	370.8	17.6	31.8	1021.6	313.9	32.5
2013	632.1	381.6	17.8	28.1	1059.5	316.4	33.5
2014	671.7	379.2	20.9	31.4	1103.2	318.9	34.6
2015	725.8	394.2	21.5	33.1	1174.6	321.4	36.5

表20 美国化学纤维最终用途分布
Table20 The End Use of Chemical Fiber in USA

单位：万吨
Unit:10,000 ton

年份 Year	衣着 Clothing	家用 Home textile	地毯 Carpet	工业及其他 Industial Textile and others	合计 Total
2000	274.1	130.0	204.1	203.3	811.5
2005	156.5	70.7	205.2	195.3	627.6
2010	58.3	30.1	133.2	163.9	385.5
2011	38.2	18.0	96.1	160.7	312.9
2012	39.8	18.0	118.4	170.1	346.3
2013	40.0	18.4	123.8	171.6	353.8
2014	39.0	19.3	122.9	179.3	360.5
2015	37.9	20.7	124.3	188.6	371.5

资料来源（表19～20）：Fiber Organon
Source (Table 19～20): Fiber Organon

表21 2015年全球纺织品、成衣进出口额
Table21 Global Import and Export of Textile and Apparel in 2015

单位：亿美元
Unit：USD 100 million

年 份 Year	出口额 Export			进口额 Import		
	合计 Total	纺织品 Textiles	成衣 Garments	合计 Total	纺织品 Textiles	成衣 Garments
2015	7444.1	2905.2	4538.9	8625.2	3321.7	5303.5
2014	8037.9	3136.2	4901.7	8612.3	3352.0	5259.0
2013	7655.1	3035.0	4620.1	8271.2	3245.1	5026.1
2012	7049.8	2834.3	4215.5	7589.8	3019.5	4570.3
2011	7123.7	2938.4	4185.2	7494.9	3113.0	4381.9
2015/2014（%）	−7.4	−7.4	−7.4	0.2	−0.9	0.8
2015/2000年均增长(%) Average Annual Change from 2000 to 2015	5.1	4.3	5.7	10.1	4.8	6.6

注 全球纺织品、成衣进口额为中国纺织工业联合会产业经济研究院根据WTO相关数据测算所得。

表22 2015年中国纺织品、成衣进出口额
Table22 China's Import and Export of Textile and Apparel in 2015

单位：亿美元
Unit：USD 100 million

年 份 Year	出口额 Export			进口额 Import			贸易顺差 Trade Surplus
	合计 Total	纺织品 Textiles	成衣 Garments	合计 Total	纺织品 Textiles	成衣 Garments	
2015	2829.0	1088.2	1740.8	255.2	189.8	65.4	2573.8
2014	2984.3	1117.3	1867.0	263.8	202.5	61.3	2720.5
2013	2841.5	1066.2	1775.3	269.0	215.6	53.4	2572.5
2012	2552.5	955.0	1597.5	243.4	198.1	45.3	2309.1
2011	2481.9	944.1	1537.7	229.1	189.0	40.1	2252.8
2015/2014（%）	−5.2	−2.6	−6.8	−3.2	−6.3	6.8	−5.4
2015/2000年均增长(%) Average Annual Change from 2000 to 2015	11.9	13.6	11.1	4.1	2.6	12.0	13.6

表23 中国纺织品、成衣出口额占全球出口份额
Table23 The Proportion of China's Export Value of Textile and Garment to the World's

单位：亿美元
Unit：USD 100 million

年 份 Year	纺织品出口 Export Value of Textile			成衣出口 ExportValue of Garment		
	全球 World	中国 China	中国占(%) Ratio of China(%)	全球 World	中国 China	中国占(%) Ratio of China(%)
2000	1547.8	161.4	10.4	1980.3	360.7	18.2
2007	2388.0	560.3	23.5	3484.5	1155.2	33.2
2008	2496.4	653.7	26.2	3642.7	1204.1	33.1
2009	2110.4	598.2	28.3	3173.3	1072.6	33.8
2010	2521.4	768.7	30.5	3541.5	1298.2	36.7
2011	2938.4	944.1	32.1	4185.2	1537.7	36.7
2012	2834.3	955.0	33.7	4215.5	1597.5	37.9
2013	3035.0	1066.2	35.1	4620.1	1775.3	38.4
2014	3136.2	1117.3	35.6	4901.7	1867.0	38.1
2015	2905.2	1088.2	37.5	4538.9	1740.8	38.4

表24 中国纺织品、成衣进出口贸易状况
Table24 China's Export of Textile and Garment

单位：亿美元
Unit：USD 100 million

年 份 Year	出口额 Export			进口额 Import			贸易顺差 Trade Surplus
	合计 Total	纺织品 Textiles	成衣 Garments	合计 Total	纺织品 Textiles	成衣 Garments	
2000	522.1	161.4	360.7	140.2	128.3	11.9	381.9
2007	1715.5	560.3	1155.2	186.2	166.5	19.8	1529.3
2008	1857.7	653.7	1204.1	185.7	162.9	22.8	1672.0
2009	1670.9	598.2	1072.6	167.9	149.5	18.4	1503.0
2010	2066.9	768.7	1298.2	202.0	176.8	25.2	1864.9
2011	2481.9	944.1	1537.7	229.1	189	40.1	2252.8
2012	2552.5	955.0	1597.5	243.4	198.1	45.3	2309.1
2013	2841.5	1066.2	1775.3	269.0	215.6	53.4	2572.5
2014	2984.3	1117.3	1867.0	263.8	202.5	61.3	2720.5
2015	2829.0	1088.2	1740.8	255.2	189.8	65.4	2573.8

表25 2015年全球纺织品进出口国(地区)15强
Table25 The Top 15 Textile Trading Countries (Regions) in the World in 2015

单位：亿美元
Unit：USD 100 million

出口 Export				进口 Import			
国家(地区) Countries(Regions)		金额 Value	占全球(%) Proportion to the world(%)	国家(地区) Countries(Regions)		金额 Value	占全球(%) Proportion to the world(%)
全　球	World	2905.2	100.0	全　球	World	3321.7	100.0
中　国	China	1088.2	37.46	欧盟(28国)	EU(28)	734.1	22.10
欧盟(28国)	EU(28)	646.3	22.25	美　国	United States	295.6	8.90
印　度	India	172.9	5.95	中　国	China	189.8	5.71
美　国	United States	137.6	4.74	越　南	Vietnam	132.9	4.00
德　国	Germany	132.1	4.55	德　国	Germany	124.6	3.75
意大利	Italy	117.5	4.04	中国香港	Hong Kong, China	85.2	2.56
土耳其	Turkey	109.5	3.77	日　本	Japan	81.8	2.46
韩　国	Korea, Republic of	106.5	3.67	意大利	Italy	77.0	2.32
中国台湾	Chinse Taipei	96.8	3.33	孟加拉	Bangladesh	70.2	2.11
中国香港	Hong Kong, China	91.1	3.14	英　国	United Kingdom	68.7	2.07
巴基斯坦	Pakistan	82.3	2.83	法　国	France	66.2	1.99
越　南	Vietnam	62.0	2.13	墨西哥	Mexico	65.3	1.97
日　本	Japan	61.6	2.12	土耳其	Turkey	62.3	1.88
比利时	Belgium	57.0	1.96	印度尼西亚	Indonesia	57.1	1.72
法　国	France	47.2	1.62	韩　国	Korea, Republic of	51.7	1.56

注 全球纺织品进口额为中国纺织工业联合会产业经济研究院根据WTO相关数据测算所得。

表26　全球成衣进出口国(地区)15强

Table26 The Top 15 Garment Trading Countries (Regions) in the World in 2015

单位：亿美元

Unit：USD 100 million

出口 Export				进口 Import			
国家(地区) Countries(Regions)		金额 Value	占全球(%) Proportion to the world(%)	国家(地区) Countries(Regions)		金额 Value	占全球(%) Proportion to the world(%)
全　球	World	4538.9	100.0	全　球	World	5303.5	100.0
中　国	China	1740.8	38.4	欧盟(28国)	EU(28)	1803.2	34.0
欧盟(28国)	EU(28)	1122.7	24.7	美　国	United States	969.2	18.3
孟加拉	Bangladesh	266.0	5.9	德　国	Germany	344.9	6.5
越　南	Vietnam	234.6	5.2	日　本	Japan	185.8	3.5
意大利	Italy	212.5	4.7	英　国	United Kingdom	232.7	4.4
中国香港	Hongkong, China	184.2	4.1	法　国	France	229.9	4.3
印　度	India	182.5	4.0	西班牙	Spain	163.4	3.1
德　国	Germany	168.5	3.7	意大利	Italy	153.8	2.9
土耳其	Turkey	151.2	3.3	中国香港	Hongkong, China	149.0	2.8
西班牙	Spain	117.6	2.6	荷　兰	Netherlands	130.5	2.5
法　国	France	106.9	2.4	加拿大	Canada	98.9	1.9
比利时	Belgium	84.0	1.9	韩　国	Korea, Republic of	85.1	1.6
英　国	United Kingdom	81.9	1.8	比利时	Belgium	79.8	1.5
印度尼西亚	Indonesia	75.9	1.7	澳大利亚	Australia	66.0	1.2
荷　兰	Netherlands	75.2	1.7	中　国	China	65.4	1.2

注　全球成衣进口额为中国纺织工业联合会产业经济研究院根据WTO相关数据测算所得。

表27 2015年全球纺织品、成衣出口国(地区)10强

Table27 The Top 10 Export Countries (Regions) of Textile and Garment in the World in 2015

单位：亿美元

Unit：USD 100 million

排序 Rank	国家(地区) Countries(Regions)		合计 Total	纺织品 Textiles	成衣 Garments	占全球(%) Proportion to the world(%)
	全　　球	World	7444.1	2905.2	4538.9	100.0
1	中　　国	China	2829.0	1088.2	1740.8	168.4
2	欧盟（28国）*	EU(28)	1769.0	646.3	1122.7	100.0
3	印　　度	India	355.4	172.9	182.5	26.8
4	意大利	Italy	330.0	117.5	212.5	18.2
5	德　　国	Germany	300.6	132.1	168.5	20.4
6	越　　南	Vietnam	296.6	62.0	234.6	9.6
7	孟加拉	Bangladesh	291.3	25.3	266.0	3.9
8	中国香港	Hong Kong, China	275.3	91.1	184.2	14.1
9	土耳其	Turkey	260.7	109.5	151.2	16.9
10	美　　国	United States	198.3	137.6	60.7	21.3

表28 2015年全球纺织品、成衣进口国(地区)前10名

Table28 The Top 10 Import Countries(Regions) of Textile and Garment in the world in 2015

单位：亿美元

Unit：USD 100 million

排序 Rank	国家(地区) Countries(Regions)		合计 Total	纺织品 Textiles	成衣 Garments	占全球(%) Proportion to the world(%)
	全　　球	World	8625.2	3321.7	5303.5	100.0
1	欧盟（28国）*	EU(28)	2537.3	734.1	1803.2	29.4
2	美　　国	United States	1264.8	295.6	969.2	14.7
3	德　　国	Germany	469.5	124.6	344.9	5.4
4	英　　国	United Kingdom	301.4	68.7	232.7	3.5
5	法　　国	France	296.1	66.2	229.9	3.4
6	日　　本	Japan	267.6	81.8	185.8	3.1
7	中　　国	China	255.2	65.4	189.8	3.0
8	中国香港	Hong Kong, China	234.2	85.2	149.0	2.7
9	意大利	Italy	230.8	77.0	153.8	2.7
10	韩　　国	Korea, Republic of	136.8	51.7	85.1	1.6

注　全球纺织品、成衣进口额为中国纺织工业联合会产业经济研究院根据WTO相关数据测算所得。

表29　2014～2015年亚洲主要国家(地区)纺织品、成衣出口贸易变化

Table29　The Export of Textile and Garment in Asia from 2014 to 2015

单位：亿美元

Unit：USD 100 million

排序 Rank	国家(地区) Countries and Regions		纺织品出口 Textile Export		成衣出口 Garment Export		合计 Total	
			2015	2014	2015	2014	2015	2014
1	中　国	China	1088.2	1117.3	1740.8	1867.0	2829.0	2984.3
2	印　度	India	172.9	183.4	182.5	177.4	355.4	360.8
3	中国香港	Hongkong，China	91.1	97.9	184.2	205.1	275.3	303.0
4	孟加拉	Bangladesh	25.3	23.6	266.0	245.8	291.3	269.4
5	越　南	Vietnam	62.0	53.3	234.6	201.7	296.6	255.0
6	韩　国	Korea	106.5	119.1	21.2	22.5	127.7	141.6
7	巴基斯坦	Pakistan	82.3	90.8	50.2	49.9	132.5	140.7
8	印度尼西亚	Indonesia	43.9	47.3	75.9	76.7	119.8	124.0
9	中国台湾	Chinese Taipei	96.8	102.6	8.5	9.1	105.3	111.7
10	泰　国	Thailand	34.7	38.9	37.1	41.3	71.8	80.2
11	日　本	Japan	61.6	66.8	5.0	5.0	66.6	71.8
12	马来西亚	Malaysia	16.7	19.0	48.0	47.7	64.7	66.7
13	柬埔寨	Cambodia	1.2	0.6	59.4	53.4	60.6	54.0
14	斯里兰卡	Sri Lanka	2.9	2.7	47.7	49.2	50.6	51.9
15	新加坡	Singapore	7.7	8.8	13.5	13.5	21.2	22.3
16	菲律宾	Filipine	2.0	2.5	14.6	18.4	16.6	20.9
以上合计		Total Value of the Above	3910.8	3988.6	5004.2	5097.7	8915.0	9086.3

资料来源（表21～29）：世界贸易组织

Source（Table 21～29）：World Trade Organization

中国纺织职工思想政治工作研究会
中国纺织企业文化建设协会

Chinese Assoition For TextileEnterprises Culture Construction

中国纺织职工思想政治工作研究会（以下简称中纺政研会）成立于1983年5月，现有会员单位360多家，是经中华人民共和国民政部登记注册，具有独立法人资格，由全国纺织行业企事业单位、社会团体自愿组成的学术性、非营利性、全国性的社会团体，在国际对外交往中称中国纺织企业文化建设协会。英文名称：Chinese Association For Textile Enterprises Culture Construction ,英文缩写为：CATECC.

中纺政研会现下设企业党建专业委员会、企业宣传教育专业委员会、企业群工专业委员会、《东方企业文化》杂志社等分支机构。

中纺政研会主要任务是：组织开展职工思想政治工作和企业文化建设的各类实践活动、工作调研及成果的交流和推广；评选和表彰在思想政治工作和企业文化建设的理论和实践中做出显著成绩的优秀纺织企业、优秀思想政治工作者、优秀政研会和优秀研究成果；承办全国纺织工业先进集体和劳动模范评选表彰活动；举办思想政治工作和企业文化建设的培训、咨询和国际交流考察；编辑出版思想政治工作和企业文化建设成果丛书和会刊、会讯资料。

中纺政研会秘书处为政研会常设办事机构，在秘书长的领导下处理日常工作。秘书处内设综合事业部、信息拓展部、文化发展部、对外联络部。

中纺政研会是全国最早成立并具有重要影响的行业性职工思想政治工作研究团体。建会30年来，秉承勇于创新、不断进取、求真务实、服务纺织的精神，在职工思想政治工作领域做了大量开拓性的工作，总结推广了众多在全纺乃至全国有重要影响的基层思想政治工作实践经验，形成了一大批具有理论指导性和实践操作性的企业思想政治工作和企业文化建设研究成果，组织撰写和出版了20多部思想政治工作理论专著，多次荣获中国思想政治工作研究会授予的“政研会工作奖”。进入新世纪以来，中纺政研会围绕行业提升科技贡献率和品牌贡献率的中心工作，积极推进纺织企业文化建设，相继组织开展了“中国纺织企业文化年活动”、“中国纺织十大品牌文化推介活动”、“创建全国纺织劳动关系和谐企业”、“创建全国纺织精神文明示范基地”、“创建全国纺织党建工作先进示范单位”、“创建郝建秀小组式全国纺织先进班组”等具有行业影响力的活动，向全行业推介了一批在上述活动中做出突出成绩的全国纺织优秀企业和杰出人物。2006年以来，组织承办人力资源和社会保障部、中国纺织工业联合会每五年一次的全国纺织劳模和先进集体评选表彰活动，大力弘扬新时期纺织劳模精神，在全行业产生了重要影响。2013年，中纺政研会被评为“国资委直属机关先进集体”，被国家民政部评为4A级社会组织。